SOCIOLOGIA E RELIGIÃO

DANIELE HERVIEU-LÉGER
JEAN-PAUL WILLAIME

SOCIOLOGIA E RELIGIÃO
Abordagens clássicas

Direção Editorial:
Marcelo C. Araújo

Comissão Editorial:
Avelino Grassi
Márcio F. dos Anjos

Tradução:
Ivo Storniolo

Coordenação editorial:
Ana Lúcia de Castro Leite

Revisão Técnica:
Brenda Carranza

Diagramação:
Juliano de Sousa Cervelin

Capa:
SImone Godoy

Coleção *Sujeitos e Sociedades* coordenada por Brenda Carranza

Título original: *Sociologies et Religion – Approches Classiques*
Copyright © Presses Universitaires de France, 2001
6, avenue Reille, 75014, Paris
ISBN 2 13 051486 3

Todos os direitos em língua portuguesa, para o Brasil, reservados à Editora Ideias & Letras, 2015.
1ª Reimpressão.

Rua Tanabi, 56 – Água Branca
Cep: 05002-010 – São Paulo/SP
(11) 3675-1319 (11) 3862-4831
Televendas: 0800 777 6004
vendas@ideiaseletras.com.br
www.ideiaseletras.com.br

Dados Internacionais de Catalogação na Publicação (CIP)
(Câmara Brasileira do Livro, SP, Brasil)

Sociologia e religião: abordagens clássicas / Danièle Hervieu-Léger, Jean-Paul Willaime; [tradução Ivo Storniolo] – Aparecida-SP: Ideias & Letras, 2009. (Coleção Sujeitos e Sociedades / coordenada por Brenda Carranza)

Título original: *Sociologies et Religion: Approches Classiques*
ISBN 978-85-7698-032-2

1. Religião – Aspectos culturais 2. Religião e cultura 3. Sociologia religiosa I. Willaime, Jean-Paul. II. Carranza, Brenda. III. Título. IV. Série.

09-00182   CDD-306.6

Índice para catálogo sistemático:

1. Sociologia e religião 306.6

SUMÁRIO

Introdução 9

1. Karl Marx (1818-1883) e Friedrich Engels (1820-1895) 17
    Pertinência e limites da análise marxista da religião 17
    Karl Marx e Friedrich Engels: Uma vida de militantes 18
    Crítica filosófica e política da religião e análise sociológica 20
    A análise da religião como contribuição para uma sociologia
    das ideologias 26
    A análise da religião no quadro de uma abordagem
    macrossociológica 32
    A análise da religião no quadro de uma problemática de
    classes sociais 35
    Contribuições e limites da análise marxista para a sociologia
    das religiões 39
    Bibliografia 41

2. Alexis de Tocqueville (1805-1859) 43
    As virtudes da religião nas sociedades democráticas 43
    Um aristocrata democrata 46
    O pensador da democracia 51
    A religião nas sociedades democráticas: crenças necessárias 55
    A concordância entre o espírito de religião e o espírito de liberdade ... 59
    A separação completa entre a Igreja e o Estado 62
    O papel da religião nos Estados Unidos 63
    A religiosidade intramundana dos americanos 65
    A Revolução Francesa: Uma revolução religiosa? 66
    Conclusão 69
    Bibliografia 70

3. Max Weber (1864-1920) 71
Gênese religiosa da modernidade ocidental,
racionalização e carisma 71
A recepção lenta e difícil da sociologia de Weber na França 75
Uma metodologia 79
Uma sociologia da dominação religiosa 82
As relações entre as diversas esferas de atividade e a religião 91
Religião e meios sociais 98
A racionalização ocidental da conduta 102
Desmagificação e racionalização do mundo 105
A ética protestante e o espírito do capitalismo 111
Max Weber e a "guerra dos deuses" 121
Bibliografia 123

4. Georg Simmel (1858-1918) 125
Permanência e fluidez da religiosidade 125
Religião: Uma formalização particular do mundo 132
A religiosidade como "disposição irredutível e fundamental" 137
O que é crer 142
Formas de socialização e vida religiosa 144
Algumas considerações de Simmel sobre história
comparada das religiões 151
A religião e a arte 154
Conclusão 157
Bibliografia 161

5. Émile Durkheim (1858-1917) 163
O sagrado e a religião 163
Durkheim em seu tempo: A busca de uma saída para o
"frio moral que reina na superfície de nossa vida coletiva" 165
As primeiras abordagens da religião: em busca de uma definição ... 170
A elaboração da noção de "sagrado":
A contribuição da escola durkheimiana 174
Um tratado do sagrado e da religião: "Formas
elementares da vida religiosa" (1912) 180

    Da experiência do sagrado à religião institucional:
    Os dois "patamares" do religioso 193
    A permanência do sagrado e a questão do futuro da religião
    na sociedade moderna: Alguns debates pós-durkheimianos 201
    Bibliografia 211

6. Maurice Halbwachs (1877-1945) 215
    Religião e memória 215
    O percurso comprometido de um intelectual racionalista 216
    A sociologia da memória 219
    A memória dos grupos religiosos: Uma memória de combate 229
    A dinâmica criadora da tradição: a topografia legendária
    dos evangelhos, na Terra Santa 244
    A religião reduzida à memória? 249
    Bibliografia 254

7. Gabriel Le Bras (1891-1970) 255
    Um iniciador da sociologia do catolicismo na França 255
    O homem e a obra 257
    Contar os praticantes 263
    Da medida das observâncias à geografia da prática 270
    No centro da herança lebrasiana: A opção pela história 279
    Bibliografia 286

8. Henri Desroche (1914-1994) 287
    Uma sociologia da esperança 287
    A formação de um "atravessador de fronteiras":
    A experiência de "economia e humanismo" 289
    Do marxismo à sociologia das religiões 295
    A atenção às "margens religiosas" 298
    Messianismos, milenarismos, utopias: Uma sociologia da expectativa... 305
    Bibliografia 314

INTRODUÇÃO

A presente obra provém de um seminário de DEA comum à *École des hautes études en sciences sociales* e à *École pratique des hautes études* (seção de "Sciences Religieuses"), intitulado *Approches et concepts fondamentaux en sciences sociales des religions*, seminário que os autores deram juntos desde 1993, alternativamente, no bulevar Raspail e na Sorbonne.[1] Além dos estudantes inscritos em DEA, no EHESS ou no EPHE, esse seminário, que reuniu cada ano cerca de cinquenta pessoas, dirigiu-se igualmente a doutorandos que preparavam tese em sociologia das religiões, assim como a pesquisadores interessados por essa apresentação de autores clássicos em sociologia das religiões (alguns desses doutorandos e pesquisadores vinham de outras universidades). A publicação deste livro não marca o fim dessa colaboração durante sete anos, pois o seminário continuou, sob forma renovada. Mas esta publicação marca uma etapa. Com efeito, pareceu-nos importante difundir o fruto desse seminário para um público mais amplo. O interesse manifestado por esse empreendimento e o sucesso que encontrou mostraram que ele correspondia a uma necessidade, expressa não só por estudantes que não tinham tido sua formação principal em sociologia, mas também por diplomados em sociologia: a necessidade de dispor de uma apresentação sistemática das análises que os pais fundadores da sociologia deram a respeito do fato religioso. Se as discussões às quais esse seminário deu lugar contribuíram para alimentar

---

[1] A cada ano associamos alguns colegas que, especialistas de um dos autores tratado, tinham desejado aceitar animar uma ou duas sessões desse seminário. Sintam-se vivamente agradecidos.

essas apresentações, seja-nos permitido lembrar aqui, de início, como o fizemos ao longo desses sete anos, que nenhuma introdução jamais substitui o confronto direto com os autores, nem a leitura completa de suas obras, a ser retomada sem cessar...

Por que os clássicos? Porque eles colocaram as bases da disciplina, e porque seus trabalhos definiram algumas grandes orientações da pesquisa em sociologia, delimitando espaços de questionamento que deram prova de sua fecundidade heurística. Reler os clássicos sob o ângulo de sua análise do fato religioso revelou-se, por outro lado, um excelente modo de entrar em sua problemática geral e de expor seu método. É preciso lembrar isso? Todos os grandes clássicos da sociologia se confrontaram com a análise do religioso e essa análise ocupa frequentemente um lugar não pequeno no conjunto de sua obra. É que o nascimento da sociologia como disciplina científica encontrou-se fortemente ligado a uma interrogação sobre o futuro do religioso nas sociedades modernas. É pelo fato de os autores clássicos da sociologia terem sido sociólogos da modernidade (econômica, política, social, cultural) – por terem sido habitados pela consciência histórica de um sentimento de ruptura com o passado – que eles não podiam, ao pesquisar para descobrir a emergência da sociedade moderna, deixar de encontrar o fenômeno religioso. E é justamente por sua problemática – retomada, transformada, desviada – continuar a inspirar as pesquisas atuais que nos pareceu importante voltar aos clássicos. Tal retorno é mais imperativo ainda pelo fato de que o abalo de alguns grandes paradigmas interpretativos – como o da secularização – arrisca-se, tanto na sociologia das religiões como em outros domínios da sociologia, a reduzir a investigação sociológica para formas mais ou menos sofisticadas de positivismo dos dados, esquecendo as grandes interrogações epistemológicas e a profundidade histórica dos grandes clássicos da sociologia. Voltar à análise sociológica do fato religioso, realizada por esses autores, é também, inevitavelmente, medir a pertinência de sua abordagem para analisar as mutações religiosas contemporâneas.

Introdução

Se os sociólogos das religiões têm uma conhecida predileção de retomar incansavelmente as "obras clássicas" de sua disciplina, significaria isso que o interesse – ainda que científico – pela religião caminha, necessariamente, em paralelo com uma propensão espontânea de se apegar ao estudo dos textos fundadores e dos autores "sagrados"? Essa suposição irônica pode não estar desprovida de todo fundamento, mas o essencial se encontra, com evidência, em outro lugar. Se os sociólogos das religiões não podem se dispensar dessa volta constante às fontes, isso se deve, em primeiro lugar, à questão de que a religião foi, desde a origem do pensamento sociológico, inseparável da questão do objeto da ciência social como tal. Sabemos que os pais da sociologia haviam atribuído à disciplina nascente uma grande ambição: a de estabelecer as leis e as regularidades que regem a vida em sociedade. Todos eles se dedicaram, a partir de orientações metodológicas e de paradigmas teóricos totalmente diferentes, a tentar uma colocação em ordem geral de um mundo social que se apresenta à experiência comum como um caos inextricável. Tal projeto implicava – conforme o imperativo formulado por Durkheim na introdução do *Règles de la méthode sociologique* – de explicar a vida social "não pela concepção que dela fazem aqueles que nela participam, mas por causas profundas, que escapam à consciência". Ele requeria, ao mesmo tempo, empreender a desmontagem crítica e sistemática das interpretações que os atores sociais dão de seus atos e das situações que eles vivem. Essa crítica das experiências e das expressões espontâneas e "ingênuas" do mundo social era, evidentemente, inseparável do achatamento das concepções metafísicas desse mundo, particularmente das que admitem e recorrem a qualquer intervenção extra-humana na história.

Sobre esses dois terrenos, portanto, a sociologia entrava inevitavelmente em colisão com a religião. Ela se chocava com a religião, de início, pelo fato de que a religião é um modo de construção social da realidade, um sistema de referências ao qual os atores recorrem espontaneamente, a fim de pensar o universo em que vivem. Quanto a essa primeira questão, certa crítica da religião foi (e continua a ser) um ponto de passagem obrigatório do trabalho de objetivação dos dados imediatos da experiência na qual os fatos sociais estão enviscados. Mas a sociologia também encontrou a religião enquanto ela própria é a formalização sábia de uma explicação do mundo social que, por mais longe que ela chegue no reconhecimento da liberdade da ação humana, só pode conceber a autonomia do mundo nos limites que lhe são permitidos pelo projeto divino. O desígnio crítico da sociologia se chocava, desse modo, de um ao outro lado, com a ambição que toda religião tem de dar um sentido total ao mundo e de recapitular a multiplicidade infinita das experiências humanas.

Nesse choque entre o projeto unificador das ciências sociais nascentes e a visão unificadora dos sistemas religiosos, a sociologia só podia se definir como um empreendimento de desconstrução racional das totalizações religiosas do mundo. Ela podia encontrar mais forte confirmação da legitimidade de seu próprio projeto crítico apenas na análise do processo pelo qual o próprio movimento dessa história se inscreve na repressão progressiva da influência do pensamento e das instituições religiosas na vida das sociedades modernas. Esse processo do estreitamento social da religião – que designamos comumente como o da "secularização" – aparecia, com efeito, como o inverso exato do processo de expansão da ciência, que englobava o desenvolvimento da inteligência científica dos próprios fenômenos religiosos.

Nenhum dos fundadores da sociologia, apesar dos afastamentos e até das contradições que suas teorias do social opõem, deixou de colocar o tema da evolução da religião, e até de sua inevitável decomposição, no centro de sua reflexão. Voltar regularmente aos trabalhos deles é se recolocar diante do próprio projeto da sociologia, realimentar-se nas fontes de uma reflexão, da qual é preciso reencontrar a dinâmica, mas passando ela própria sob o crivo de sua própria ambição crítica. Neste livro, com efeito, há algo além do projeto de oferecer aos estudantes que se empenham no estudo sociológico dos fatos religiosos uma abertura cômoda para as grandes problemáticas que constituem o fundo cultural da disciplina. Nossa ambição, ao lhes propor essa introdução às abordagens clássicas na sociologia das religiões, é igualmente a de despertar seu interesse pelo trabalho de reconstrução teórica permanente, que é o de uma ciência social viva. Os "pais fundadores", dos quais aqui tratamos, traziam consigo o projeto de uma ciência unificada, cujo desenvolvimento devia se inscrever no movimento irresistível da racionalização e do desencantamento do mundo. A maioria, com saliências diversas, retomou e desenvolveu o motivo de certa perda da influência da religião nas sociedades modernas. Alguns celebraram a desalienação, associada a essa perda. Outros deploraram o esfriamento emocional e a drenagem dos valores que ela acarreta consigo. Outros, ainda, meditaram longamente sobre sua possível substituição por uma moral comum, fundada sobre a ciência. Nossa época nos leva a salientar fortemente os limites, os riscos e os ricochetes desse desencantamento racional, a inventariar as proliferações da crença e as formas novas da comunalização religiosa, que faz surgir a condição incerta das sociedades que entraram na pós-modernidade. Ela convida a identificar as formas inéditas de uma experiência coletiva do sagrado, que sua disjunção com a religião institucional não fez desaparecer, e que ressurge sob outras formas. Essa retomada crítica da trajetória chamada de "secularização" não invalida as análises clássicas: ao contrário, ela convida a relê-las de outro modo, delas fazendo surgir novas potencialidades, a dialetizar mais refinadamente o movimento histórico do enfraquecimento do poder social da religião e o da dinâmica utópica, sempre relançada de formas novas, da imaginação religiosa. Todavia, o que é um clássico, e como justificar a seleção que aqui foi feita? À primeira questão, parcialmente já respondemos, indicando que a sociologia se formou em torno de algumas obras maiores, que traçaram verdadeiras matrizes de análise e de questionamento, que são constitutivas da disciplina. Mas a apresentação dessas "obras fundadoras", entretanto, nos obrigaram a escolhas difíceis. Algumas se impunham por si mesmas, pois é verdade que alguns "clássicos" são mais "clássicos" que outros: Marx e Engels, Max Weber, Georg Simmel e Émile Durkheim se impunham de modo tão mais evidente quanto possível, em cada um desses casos, por identificar um corpus de textos teóricos que tratam especificamente da religião. Resolvemos o dilema, retendo inicialmente dois autores que raramente são contados no número dos clássicos da sociologia da religião, mas cujas obras, por outro lado situadas à distância no tempo, nos pareciam singularmente pertinentes, do ponto de vista das discussões atuais sobre a modernidade religiosa e de suas tendências. O primeiro é Tocqueville, cuja reflexão sobre as relações entre religião, liberdade e democracia se refere de modo direto às questões contemporâneas sobre a regulação e a gestão do religioso no espaço público. O segundo é Halbwachs, que coloca, por meio da questão da ruptura, da pluralização e das recomposições da memória nas sociedades modernas, todas as questões maiores que são hoje as de uma sociologia das identidades religiosas na modernidade. A seleção dos dois autores sobre os quais se encerra esta obra salienta outros critérios. Se nos pareceu importante reter Gabriel Le Brás e Henri Desroche nessa galeria de retratos dos "fundadores", não é por sua obra fazer necessariamente parte da bagagem cultural obrigatória de um pesquisador que se inicia. É porque o papel que um e outro desempenharam na constituição da sociologia francesa e francófona das religiões é demasiadamente pouco conhecido e, até certo ponto, desconhecido. Apresentando-os, quisemos estabelecer seu papel histórico na estruturação da disciplina, fazendo descobrir duas obras demasiadamente pouco lidas hoje e das quais pensamos que ainda abram, em diversos aspectos, pistas sugestivas. Ocasião de dizer que, para aquilo que se refere mais especificamente à sociologia das religiões, levamos em conta nesta obra os autores clássicos do mundo anglo-saxão (como, por exemplo, Peter Berger). Para a sociologia anglo-saxônica das religiões, particularmente a sociologia norte-americana, uma outra obra seria, com efeito, necessária. Os oito clássicos que finalmente selecionamos são de fato reconhecidos como tais, com alguns matizes de apreciação, na comunidade científica dos sociólogos. O que, evidentemente, não impede que nossa escolha reflita igualmente nossos gostos e interesses, próprios de pesquisadores. Os capítulos deste livro tratam sucessivamente de Karl Marx, de Aléxis de Tocqueville, de Max Weber, de Georg Simmel, de Émile Durkheim, de Maurice Halbwachs, de Gabriel Le Bras e de Henri Desroche. Danièle Hervieu-Léger redigiu os capítulos consagrados a Durkheim, Halbwachs, Le Bras e Desroche, e Jean-Paul Willaime os capítulos dedicados a Marx, Tocqueville, Weber e Simmel. Se os dois autores, que colaboram há numerosos anos, assumem conjuntamente o conjunto da obra, cada um conservou seu estilo próprio e suas orientações privilegiadas de pesquisa. O que não apresentou problemas para os autores não deveria apresentá-los para os leitores, tanto mais pelo fato de cada capítulo ser autônomo e poder ser lido separadamente. Para cada um dos sociólogos apresentados, acrescentamos uma seleção bibliográfica em duas partes: 1) seus principais escritos para a análise do religioso; 2) os estudos mais importantes que foram consagrados a esse aspecto de sua obra.

Deixemos claro, finalmente, que nosso objetivo aqui não foi o de nos dedicar a apresentações no estilo de "o homem e sua obra", nem de oferecer sobre cada autor uma exposição erudita sobre a constituição própria de sua obra, as influências que sobre ela foram exercidas, as interpretações que ela provocou. Encontraremos, sem dúvida, elementos que provêm desses dois gêneros, mas eles se inscrevem em um objetivo mais amplo, que é o de oferecer aos estudantes e aos pesquisadores perspectivas e instrumentos que lhes permitam trabalhar sobre os tratados de sociologia contemporânea ou de sociologia histórica do religioso que a eles cabem. Nós próprios, ao trabalhar sobre o contemporâneo, forçosamente privilegiamos as reflexões que mostram a pertinência de tal ou tal perspectiva para a análise das mutações contemporâneas do religioso. Se, de fato, nós próprios lemos e relemos os clássicos, é porque neles encontramos fontes permanentes de inspiração e de questionamento para analisar as decomposições e recomposições atuais do religioso.

Danièle Hervieu-Léger e Jean-Paul Willaime

KARL MARX (1818-1883) E FRIEDRICH ENGELS (1820-1895)

Pertinência e limites da análise marxista da religião

Por que se interessar pelo marxismo do ponto de vista da sociologia das religiões? Com efeito, conhecemos melhor Marx e Engels como críticos filosóficos e políticos da religião ("a religião é o ópio do povo") do que como sociólogos dos fatos religiosos. Se for verdade que os elementos de análise do fato religioso que encontramos em Marx e em Engels – em Engels ainda mais que em Marx – estão englobados em uma crítica de conjunto da religião, não será menos verdade que Marx e Engels forneceram elementos essenciais de análise e colocaram questões que pertencem sem dúvida à abordagem sociológica. As questões da alienação, da dominação e do conflito são centrais na análise marxista. A alienação, com a questão das deformações e os diversos aspectos que intervêm na visão do mundo social que os atores forjam para si. A dominação, com a importância crucial das relações de poder na análise dos fatos sociais, particularmente das relações de classes, provindas das relações que se forjam na atividade de produção. O conflito, com o antagonismo de classes, como dimensão essencial da vida das sociedades e de sua evolução. Essas questões, que estruturam a análise da sociedade capitalista, desenvolvida por Marx e Engels, estruturam também sua abordagem da religião: a religião como alienação que obscurece a percepção do mundo social, a religião como legitimação da dominação, a religião atravessada pelos conflitos de classes. Tudo isso tomado em uma perspectiva filosófica e política, que conclui pelo fim próximo do religioso, um religioso que seria substituído pelo materialismo dialético, considerado como uma alternativa científica e progressista em relação às visões religiosas do homem e do mundo.

O discurso marxista sobre a religião não consiste, com efeito, em uma análise sociológica da religião; ele consiste igualmente em uma crítica filosófica e política da religião, herdeira da filosofia das Luzes e da abordagem de Ludwig Feuerbach (1804-1872) que, em *A essência do cristianismo* (1841), efetuou uma redução antropológica da religião, ao analisar a "alienação religiosa" como projeção ilusória, feita pelo homem, de seu ser genérico em um ser divino. Quanto à crítica política, ela vê na religião essencialmente um meio empregado pela classe dominante para legitimar seu poder e impedir qualquer revolta dos dominados. De um ponto de vista sociológico, veremos que o marxismo considera as religiões como fenômenos superestruturais que gozam apenas de uma autonomia muito relativa em relação à base real da sociedade: o setor da produção material e as relações sociais que nele se formam. Embora seja a análise sociológica que nos interessa aqui é, entretanto, necessário avaliar a crítica política expressa por Marx e Engels porque, em sua abordagem, a crítica política da religião frequentemente determina de antemão a análise sociológica dos fenômenos religiosos.

Karl Marx e Friedrich Engels: Uma vida de militantes

Karl Marx nasceu em Treviri, em 1818, em uma família de origem judaica que passara para a indiferença religiosa e fora penetrada pelo espírito liberal das Luzes. Tanto do lado paterno quanto materno, Marx proveio de uma família de rabinos. Seu pai, Hirschel Marx, recebeu o batismo protestante em 1816, a fim de não renunciar a sua função de advogado na Renânia sob a dominação prussiana. O próprio Marx foi batizado na religião protestante. Estudou filosofia e direito em Bonn e em Berlim, e obteve um doutorado em filosofia em 1841. Jornalista e depois redator-chefe da *Rheinische Zeitung (Gazeta renana)*, jornal de tendência democrática revolucionária, ele emigra para a França em 1843 depois da proibição da *Gazeta renana* pelo governo prussiano. Foi expulso da França por Guizot, a pedido da Prússia, e refugiou-se em Bruxelas em 1845. Expulso de Bruxelas em março de 1848, foi convidado a voltar para a França pelo governo provisório saído da Revolução de 1848 (fevereiro). É o ano em que apareceu o *Manifesto comunista*, que lhe fora pedido pela Liga dos comunistas por ocasião de seu II Congresso em Londres, em novembro de 1847. Voltando à Alemanha, teve de fugir de seu país, e acabou por se refugiar em Londres, em 1849. Foi aí que publicou o livro I do *Capital* (1867) e fundou a Associação internacional dos trabalhadores (a 1ª Internacional). Morreu em Londres em 1883. Marx jamais foi professor de universidade. Sem meios estáveis de subsistência, pôde sobreviver graças ao sustento financeiro proporcionado por seu amigo e colaborador Engels, rico manufatureiro que encontrou em Paris, em 1844.

Friedrich Engels nasceu em Barmen (Renânia), em 1820, em uma família de industriais fiandeiros, que se encontrava igualmente instalada em Manchester, na Inglaterra. Engels teve uma profunda fé religiosa em sua infância e foi marcado pelo pietismo protestante. "Fui educado nos extremos da ortodoxia e do pietismo", diz Engels. Manteve correspondência com dois amigos de infância, os irmãos Graeber, estudantes de teologia protestante.[1] Essa correspondência mostra um Engels repartido entre suas convicções racionais e sua velha consciência religiosa (devemos a Engels um poema a Cristo). Mas Engels perdeu rapidamente a fé religiosa de sua infância.

---

[1] Cf. Marx-Engels. *Correspondance*, t. I, novembro de 1835 a dezembro de 1848, publicada sob a responsabilidade de Gilbert Badia e Jean Mortier. Éditions Sociales, Paris, 1971. No dia 9 de abril de 1939, Engels, que se definia como "um sobrenaturalista honesto, muito liberal em relação a outrem", aconselha até que seu amigo Friedrich Graeber se torne "pastor de aldeia", para expulsar "o maldito pietismo exangue e estagnado" (p. 98).

Crítica filosófica e política da religião e análise sociológica

Em sua *Crítica da filosofia do direito de Hegel* (editado em 1844 nos *Annales franco-allemandes*), Marx explica que, segundo ele, sendo a crítica da religião um assunto já sabido, tratava-se agora de concentrar a análise e a crítica não sobre a religião, mas sobre uma sociedade que produz a ilusão religiosa e a mantém:

> No que se refere à Alemanha, *a crítica da religião* está, no essencial, terminada, e a crítica da religião é a condição preliminar de toda crítica. (...). O fundamento da crítica irreligiosa é: *é o homem que faz a religião*; não é a religião que faz o homem. (...). O homem é *o mundo do homem*, o Estado, a sociedade. Esse Estado, essa sociedade produzem a religião, *consciência invertida do mundo*, porque eles próprios são *um mundo ao inverso*. A religião é a teoria geral deste mundo, sua soma enciclopédica, sua lógica sob forma popular, seu ponto de honra espiritualista, seu entusiasmo, sua sanção moral, seu complemento solene, sua consolação e sua justificação universais. Ela é a *realização fantástica* do *ser humano*, porque o ser humano não possui verdadeira realidade. Lutar contra a religião é, portanto, indiretamente lutar contra esse *tipo de mundo*, do qual a religião é o *aroma* espiritual.
> O desespero religioso é, de um lado, a *expressão* do desespero real e, do outro, o *protesto* contra o desespero real. A religião é o suspiro da criatura oprimida, a alma de um mundo sem coração, assim como ela é o espírito de condições sociais de onde o espírito foi excluído. Ela é o *ópio* do povo.
> A abolição da religião enquanto felicidade *ilusória* do povo é a exigência que formula sua felicidade *real*. Exigir que ele renuncie às ilusões sobre sua situação é *exigir que ele renuncie a uma situação que tem necessidade de ilusões*. A crítica da religião é, portanto, *em germe, a crítica desse vale de lágrimas*, do qual a religião é a *auréola*. (...). A crítica do céu se transforma, desse modo, em crítica da terra, a *crítica da religião* em *crítica do direito, a crítica da teologia* em *crítica da política*" (SR, 41-42).[2]

---

[2] A citação que segue é tirada de Karl Marx, Friedrich Engels, *Sur la religion*, textos escolhidos, traduzidos e anotados por G. Badia, P. Bange e E. Bottigelli, Éditions Sociales, Paris, 1968. Doravante, nós nos referiremos a esse volume, indicando sua data e a natureza do texto original, pela menção *"SR"*, seguida do número da página.

Esse texto importante, de início, mostra que, do ponto de vista marxista, a análise da religião é, ao mesmo tempo, essencial e secundária. Essencial, porque é o ponto de partida de uma análise crítica da condição humana e da sociedade; e secundária, porque a crítica, depois de ter sido em grande parte realizada, é preciso passar para a análise dessa sociedade que produz a alienação religiosa, uma alienação que constitui "o paradigma da alienação sob todas as suas formas (alienação, exploração, fetichismo); o homem criou fora de si uma força que ele não reconhece como sua própria força e que o subjuga".[3] A partir disso, compreendemos por que, nos textos marxistas, a religião não é considerada em si mesma como uma realidade *sui generis*, que tem sua lógica própria, mas como uma realidade derivada de condições sociais determinadas. Esse ângulo de vista não impede que Marx e Engels reconheçam que a religião não é apenas "uma expressão da miséria real", mas também um "protesto" contra essa miséria real, modo de dizer que, se a religião é alguma coisa de ilusório, isso não é uma ilusão: ela corresponde a uma situação real de dilaceramento do homem, que só poderá ser superada quando a alienação econômica – base real de toda a alienação – for abolida. Qualificando a religião como "ópio", Marx retoma uma metáfora que não era particularmente original em sua época. Moses Hess (1812-1875) e Heinrich Heine (1797-1856) haviam-na utilizado antes dele, da mesma forma que Immanuel Kant, em uma nota da segunda edição (1794) de *A religião nos limites da simples razão*.[4] Contudo, ao falar de "ópio do povo", Marx já de início inscreve sua crítica da religião em uma perspectiva política. Para ele, trata-se "de libertar as consciências da obsessão religiosa" (*Crítica do programa do partido operário alemão*, 1875).[5] Nesse sentido, ele criticará a "liber-

---

[3] Frédéric Vandenbherghe. *Une critique de la sociologie allemande. Aliénation et réification*, t. I: *Marx, Simmel, Weber, Lukács*. La Découverte/MAUSS, Paris, 1997, p. 69.

[4] Se o sacerdote, intervindo no fim da vida como consolador, apazigua a consciência moral, em vez de aguçá-la, diz Kant, ele dá então "ópio de algum modo para a consciência" (*La religion dans les limites de la simple raison*, trad. de J. Gibelin, revista, introduzida e indexada por M. Naar. Vrin, Paris, 1983, pp. 112-113).

[5] Karl Marx. *Oeuvres*, t. I, *Économie* I. Gallimard, Paris, col. "La Pléiade", 1963, p. 1432. Citada, doravante, como "*Oeuvres*, t. I".

dade de consciência" burguesa, que lhe parecerá tão-somente como "todos os tipos possíveis de liberdade de consciência religiosa". No *Capital*, livro 1 (1867), "o reflexo religioso do mundo real só poderá desaparecer, afirma Marx, quando as condições de trabalho e da vida prática apresentarem ao homem relações transparentes e racionais com seus semelhantes e com a natureza".[6] Trata-se de retirar a vida social dessa "nuvem mística que vela seu aspecto".

Ao afirmar que "*é o homem que faz a religião*; não é a religião que faz o homem", Marx enuncia um princípio que, em uma perspectiva diferente, é retomado pelas ciências sociais em sua abordagem dos fatos religiosos: as representações da divindade, as condutas rituais, os modos de vida e formas de reuniões ligadas a mundos religiosos nelas são considerados como fenômenos humanos, do qual se estuda as origens, as evoluções, os efeitos. Mas a perspectiva é diferente, na medida em que a abordagem científica dos fatos religiosos não tem como finalidade criticar as expressões religiosas no quadro de uma teoria qualquer de denúncia da religião, mas de percebê-la como fenômeno social. Os efeitos críticos incontestáveis de tal abordagem são de natureza totalmente diferente dos que emanam de uma tomada de posição filosófica antirreligiosa.

Crítica filosófica e crítica política se reforçam mutuamente na abordagem marxista. Marx escreve a uma época e em um país em que ele efetivamente se confrontou com uma situação de imbricação muito forte entre o religioso e o político, uma situação em que a Igreja luterana se inscreve em um Estado qualificado de cristão – a Prússia de Frederico Guilherme III e IV, e depois de Guilherme I – e participa ativamente na legitimação dos poderes estabelecidos e do status quo social. Isso é tanto mais importante de notar pelo fato de que o socialismo anterior a Marx não apresentava nenhuma hostilidade de princípio em relação à religião em geral e ao cristianismo em particular. Se eram frequentemente heterodoxos, os socialistas,

---

[6] *Ibid.*, p. 614.

no entanto, eram numerosos em professar uma religiosidade filantrópica de inspiração cristã (cf. Fourier, Cabet, Weitling...). Marx e Engels criticarão firmemente esse socialismo utópico de inspiração religiosa, por exemplo, Wilhelm Weitling (1808-1875), que misturava comunismo e cristianismo messiânico em um evangelismo anticlerical, em que Jesus era apresentado como o primeiro revolucionário (*Evangelho de um pobre pecador*, 1843-1845). À proposta de Weitling de escolher "todos os homens são irmãos" como divisa do partido comunista nascente, Marx e Engels responderão que, sentindo-se dificilmente irmãos de certos homens, eles preferiam a fórmula "proletários de todos os países, uni-vos". Moses Hess (1812-1875), "apelidado de 'rabino comunista'", exerceu uma profunda influência sobre Marx e Engels, mas estes criticarão cada vez mais seu comunismo escatológico. A profunda indiferença entre crítica filosófica e crítica política da religião em Marx e Engels complicará suas relações com os socialistas franceses, que se mostrarão desconfiados "em relação à obsessão antirreligiosa dos alemães".[7]

Em 1847, na *Gazeta alemã de Bruxelas*, Marx incrimina vivamente os "princípios sociais do cristianismo" que, segundo ele, inspiram a política social do governo prussiano (ele responde assim a um artigo publicado no *Observador renano*, o órgão oficioso do governo). Um texto desse tipo mostra bem o caráter polêmico da abordagem de Marx, uma polêmica que se explica pelo combate político no qual ele estava engajado:

> Os princípios sociais do cristianismo contaram agora com dezoito séculos para se desenvolver, e não têm necessidade de um suplemento de desenvolvimento pelos conselheiros no consistório prussiano.

---

[7] Charles Wackenheim. *La faillite de la religion d'après Karl Marx*. PUF, Paris, 1963, p. 163: "Foi o dogma ateu, professado por Ruge, Fröbel e Marx, que encalhou suas negociações em vista de obter a colaboração dos socialistas franceses nos Annales franco-allemandes", explica Ch. Wackenheim.

Os princípios sociais do cristianismo justificaram a escravidão antiga, engrandeceram a servidão medieval e querem igualmente, caso necessário, defender a opressão do proletariado, ainda que o façam com ar um tanto desolado.

Os princípios sociais do cristianismo pregam a necessidade de uma classe dominante e de uma classe oprimida, e só têm a oferecer a esta o voto piedoso de que a primeira queira se mostrar caridosa.

Os princípios sociais do cristianismo colocam no céu essa compensação de todas as infâmias de que fala nosso conselheiro, justificando assim sua permanência sobre esta terra.

Os princípios sociais do cristianismo declaram que todas as infâmias dos opressores em relação aos oprimidos são o justo castigo do pecado original e de outros pecados, ou então as provações que o Senhor, em sua sabedoria infinita, inflige àqueles que resgatou.

Os princípios sociais do cristianismo pregam a fraqueza, o desprezo de si mesmo, o aviltamento, a servilidade, a humildade, em poucas palavras, todas as qualidades do canalha; o proletariado, que não quer se deixar tratar como canalha, tem necessidade de sua coragem, do sentimento de sua dignidade, de sua altivez e de seu espírito de independência muito mais ainda do que de seu pão.

Os princípios sociais do cristianismo são princípios de hipócritas, e o proletariado é revolucionário (SR, pp. 82-83).

Para avaliar tal crítica política da religião, do ponto de vista das ciências sociais é possível apenas um caminho: referir-se aos fatos, ou seja, às posições e atitudes efetivas das Igrejas e dos cristãos diante dos problemas sociais, particularmente da questão operária do século XIX. Trata-se de estudar, histórica e empiricamente, os efeitos sociopolíticos dos cristianismos, e não de deduzir de uma definição geral do cristianismo efeitos sociopolíticos que eles só poderiam ter tido. O modo de agir do historiador e do sociólogo só pode aqui se precaver de uma análise que, por causa de seus pressupostos filosóficos, considera, a partir do exemplo do cristianismo, que toda religião é conservadora e reacionária. As expressões religiosas foram, são ainda hoje e o serão amanhã, um "ópio do povo": isso é incontestável. No nascimento da sociedade industrial, eclesiásticos, ainda que não se preocupassem com a miséria operária, efetivamente a caucionaram, ao pregar "a lei divina da desigualdade natural", "o trabalho como expiação" e ao incitar os operários a "não colocar unicamente sobre a terra suas esperanças e seus apegos".[8] Mas também é totalmente incontestável que as expressões religiosas foram, são hoje e o serão amanhã, vetores de emancipação e de libertação para as populações oprimidas.[9] Os efeitos sociopolíticos de uma religião – quer se trate do cristianismo, do islamismo ou de outra religião – não estão lacrados para sempre, e uma mesma tradição religiosa pode, conforme as épocas e os contextos, legitimar a dominação ou então legitimar o protesto, quando não as duas coisas ao mesmo tempo. A crítica política de Marx é tanto mais unilateral pelo fato de se articular em uma crítica filosófica que vê na religião uma alienação do homem e que ela se alimentou de uma situação histórica que, em grande parte, a validava empiricamente.

Por outro lado, podemos dizer que, diante da revolução industrial e da formação da classe operária, as Igrejas optaram mais pelo conservadorismo sociopolítico do que pelos interesses dos operários, que tinham sido assumidos por um movimento socialista que se encostava em uma crítica radical da religião. Com efeito, não devemos esquecer que, como particularmente bem mostraram os trabalhos de Émile Poulat,[10] a Igreja católica se opôs frontalmente à burguesia liberal e foi portadora não só de uma crítica do socialismo, mas também do capitalismo: a encíclica de Pio IX *Quanta cura* e o *Syllabus* (1864) condenam a injustiça do liberalismo econômico, ao mesmo tempo em que o comunismo e o socialismo. Em 1843, cerca de cinquenta anos antes da *Rerum Novarum* (a encíclica social de 1891), certo monsenhor Affre fazia então em Paris "o processo do próprio sistema do capitalismo industrial, da

---

[8] Jean Bruhat. "Anticléricalisme et Mouvement ouvrier en France avant 1914", em *Christianisme et monde ouvrier*, estudos coordenações por François Bedarida e Jean Maitron, Cahiers du "Mouvement social", n. 1. Les Éditions Ouvrières, Paris, 1975, pp. 106-109.
[9] Um clássico o mostra muito bem: Vittorio Lanternari. *Les mouvements religieux de liberté et de salut des peuples opprimés*, trad. do italiano de Robert Paris (1960). Maspero, Paris, 1979.
[10] Émile Poulat. *Église contre bourgeoisie*. Calmann-Lévy, Paris, 1977.

liberdade econômica sem freio jurídico ou moral, com suas consequências: o salário, reduzido 'ao necessário mais estrito', o trabalhador, subjugado à nova 'escravidão', que é o 'pauperismo', ao passo que a economia científica 'se pôs a calcular o que seria preciso de miséria e de opressão, a fim de contê-lo".[11] Sem pretender em nada diminuir a responsabilidade de uns e de outros, e sem negar as difíceis relações do cristianismo com o mundo operário nos séculos XIX e XX,[12] podemos dizer que o ateísmo marxista reforçou ainda mais o conservadorismo sociopolítico das Igrejas, pelo fato de que o movimento operário se identificava com a crítica da religião e que o marxismo desenvolveu ainda mais uma crítica da religião, ao constatar que os representantes das religiões se situavam em um campo considerado reacionário.

Embora ela tenha se fechado nessa crítica filosófica e política da religião e determinada de antemão por ela, encontramos, todavia, na análise marxista, elementos de análise sociológica do fato religioso que são interessantes do ponto de vista das ciências sociais. Esses elementos se desdobram em três grandes direções: 1) Uma contribuição para uma sociologia das ideologias; 2) Uma análise macrossociológica; 3) Uma contribuição para uma sociologia das classes sociais. Nesses três registros, a contribuição da sociologia marxista é importante. Nós os passaremos sucessivamente em revista.

A análise da religião como contribuição para uma sociologia das ideologias

A noção de ideologia é complexa e polissêmica na obra de Marx e Engels. Com efeito, conforme o ângulo de visão privilegiado – político, filosó-

---

[11] Paul Droulers. "Catholicisme et mouvement ouvrier en France au XIXe siècle. L'attitude de l'épiscopat", em *Christianisme et monde ouvrier, op. cit.*, p. 41.

[12] Cf. François-André Isambert. *Christianisme et classe ouvrière*. Casterman, Paris, 1961; "Les ouvriers et l'Église catholique", em *Revue française de sociologie*, vol. XV, outubro-dezembro de 1974, pp. 529-551.

fico ou histórico – os fenômenos ideológicos aparecem de modo diferente. Como sistemas de representações a serviço do poder, se nos colocarmos de um ponto de vista político. Nessa óptica, a ideologia se define essencialmente por meio de sua função de legitimação do poder, e aparece então como um conjunto de representações ligado à dominação. Se, ao contrário, nos colocarmos de um ponto de vista filosófico, que percebe a ideologia como um sistema de representações que traduzem a realidade de modo deformado e artificioso, é a função de ignorância que aparece em primeiro plano, ou seja, o fato de que a ideologia constitui uma representação falsa da realidade social. Por fim, se nos colocarmos de um ponto de vista histórico, a ideologia aparece então como um sistema de representação que incita à ação, e a ideologia é definida, neste caso, por meio de sua função prática de mobilização das energias. O próprio marxismo, como filosofia oficial do movimento comunista, por outro lado, ilustra perfeitamente essa tríplice função da ideologia: o marxismo foi uma ideologia de dominação quando se tornou a concepção oficial de alguns Estados, foi uma ideologia que introduziu a ignorância, tanto como ideologia de dominação quanto como ideologia de protesto e, por fim, foi um formidável fermento ideológico, mobilizando as massas em nome de um futuro melhor.

Em Marx, o conceito de ideologia tem sua fonte em um debate político com Hegel, no qual ele denuncia o hegelianismo político como cobertura ideológica do *status quo* alemão. Marx viu na filosofia política de Hegel, que teoriza a noção de Estado cristão, um conjunto de representações que visavam a justificar um sistema de dominação e a dar crédito a certa imagem do político. Marx critica, portanto, uma concepção precisa: a filosofia de Hegel como apologia do Estado burocrático moderno, do Estado racionalizado e legitimado pelo cristianismo. Ele censura Hegel de transformar o ser em dever-ser, de universalizar de modo ilegítimo conceitos históricos, de dar uma garantia de eternidade a uma situação empírica. Marx incrimina vigorosamente a noção de Estado cristão, tal como a observa na Prússia de seu tempo: "No Estado germano-cristão, o poder da religião é a religião do poder", diz ele em *A respeito da questão judaica* (1844).[13] Um Estado religioso é um Estado imperfeito, que manifesta "uma atitude política em relação à religião e uma atitude religiosa em relação à política" (*QJ*, 85), diz ele, com muita pertinência. Ainda que, para Marx, a "emancipação do Estado em relação à religião não seja a emancipação do homem verdadeiro em relação à religião" (*QJ*, 95), resta o fato de que ele preconiza – e, segundo ele, é o único modo para o judeu, para o cristão ou para o membro de uma religião qualquer de se emancipar politicamente – a "emancipação do Estado em relação ao judaísmo, ao cristianismo, e à religião em geral" (*QJ*, 67), ou seja, a laicização do Estado: "O homem se emancipa politicamente da religião ao expulsá-la do direito público para o direito privado" (*QJ*, 79).[14] Contudo, tal laicização do Estado, na qual Marx vê uma característica do Estado democrático, não é suficiente, a seu ver, pois ela permite que a religião subsista como um fenômeno individual que, segundo ele, "separa o homem do homem", a vida individual da vida genérica. Marx desenvolve, de fato, até uma crítica do Estado que, pelo fato de introduzir uma cisão em relação à sociedade civil que separa o cidadão do homem concreto, mantém com a sociedade civil uma atitude "tão espiritualista quanto a do céu em relação à terra" (*QJ*, 75). Em outras palavras, Marx vê no Estado uma reiteração secular do religioso: "A religião é precisamente o reconhecimento do homem por um caminho desviado. Por meio de um *mediador*. O Estado é o mediador entre o homem e a liberdade do homem. Assim como Cristo é o mediador, ao qual o homem faz carregar a carga de toda a sua natureza divina, de todo *o limite que a religião lhe impõe*, o Estado, da mesma forma, é o mediador a quem ele transfere toda a sua natureza não divina, *toda a sua liberdade de ho-*

---

[13] Karl Marx. *À propos de la question juive (Zur Judenfrage)*, edição bilíngue, com uma introdução de François Châtelet, trad. de Marianna Simon. Aubier Montaigne, Paris, 1971, p. 89. Citaremos esse texto de 1844 como *"QJ"*.
[14] Uma laicização que, sem empregar o termo, Marx já vê realizada na América do Norte, onde "a atomização infinita da religião" "já lhe dá *exteriormente* a forma de um assunto puramente individual" (*QJ*, 79).

mem em relação aos preconceitos" (*QJ*, 70-71). A partir disso, compreendemos que, paradoxalmente, Marx expressa uma bela homenagem ao cristianismo, dele fazendo um elemento essencial da democracia: "A democracia política é cristã, pelo fato de que o homem – não só um homem, mas cada homem – nela é considerado como um ser soberano, supremo; trata-se, porém, do homem que se apresenta como inculto, como não social (...), alienado (...), em uma palavra, do homem que ainda não é um ser genérico verdadeiro" (*QJ*, 93). Essa crítica marxista da "democracia burguesa" terá grande peso na utilização que dela será feita para justificar a exigência estatal em nome da emancipação do homem. Por outro lado, as observações de Marx têm a vantagem de colocar o problema central, para além até da laicização do Estado, das relações entre o político e o religioso, relações que, sem dúvida, são mais profundas do que frequentemente se pensa (cf. principalmente as discussões sobre o "teológico-político", sobre a "religião civil", sobre o universal político que a noção de cidadania representa).

Em *A ideologia alemã* (1845-1846), Marx e Engels vêem na ideologia uma representação invertida do real. É em nome do modo da produção que Marx e Engels conduzem sua crítica do mundo das representações: na esfera das ideias e da consciência, a base real da vida social é ocultada, travestida. A análise das realidades superestruturais consiste então em levantar o véu que elas põem sobre o real, a reencontrar, por trás da linguagem inadequada que lhes é própria, a transparência desse real que elas obscurecem:

> A produção das ideias, das representações e da consciência está, de início, direta e intimamente ligada à atividade material e ao comércio material dos homens; ela é a linguagem da vida real. As representações, o pensamento, o comércio intelectual dos homens ainda aparecem aqui como a emanação direta de seu comportamento material. Acontece o mesmo com a produção intelectual, tal como ela se apresenta na linguagem da política, das leis, da moral, da religião, da metafísica etc., de um povo. São os homens que são os produtores de suas representações, de suas ideias etc., mas os homens reais, que agem, tais como são condicio-

nados por um desenvolvimento determinado de suas forças produtivas e das relações que a elas correspondem, nisso compreendendo as formas mais amplas que estas podem assumir. A consciência não pode jamais ser outra coisa que o Ser consciente *(das Bewusste Sein)* e o Ser dos homens é seu processo de vida real. E se, em toda a ideologia, os homens e suas relações nos parecem postos de cabeça para baixo, como em uma câmara escura, esse fenômeno decorre de seu processo histórico de vida, absolutamente, assim como a inversão dos objetos sobre a retina decorre diretamente de seu processo físico de vida.

Ao contrário da filosofia alemã, que desce do céu para a terra, é da terra para o céu que subimos aqui. Em outras palavras, não partimos daquilo que os homens dizem, imaginam, representam, nem absolutamente daquilo que eles são nas palavras, no pensamento, na imaginação e na representação de outrem, para acabar, em seguida, nos homens de carne e osso; não, nós partimos dos homens em sua atividade real, é conforme seu processo de vida real que representamos também o desenvolvimento dos reflexos e dos ecos ideológicos desse processo vital. (...). Por isso, a moral, a religião, a metafísica e todo o resto da ideologia, assim como as formas de consciência que lhes correspondem, perdem imediatamente qualquer aparência de desenvolvimento. Elas não têm história, elas não têm desenvolvimento; ao contrário, são os homens que, ao desenvolverem sua produção material e suas relações materiais, transformam, com essa realidade que lhes é própria, tanto seu pensamento como os produtos de seu pensamento. Não é a consciência que determina a vida, mas a vida que determina a consciência (*SR*, 73-75).

A natureza reativa desse texto contra a tradição idealista da filosofia alemã leva Marx e Engels a uma crítica radical do mundo das ideias, negando a estas qualquer forma de autonomia. Observaremos particularmente essa negação de uma história específica das religiões, como se as evoluções e transformações destas só pudessem ser determinadas pelas mudanças técnico-econômicas. É sobre essa versão radicalizada da crítica do mundo das ideias que se apoiará a teoria do reflexo, que considera as representações e as concepções do homem e do mundo como simples reflexos da base socioeconômica.

Em textos históricos, porém, Marx e Engels têm uma abordagem mais dialética dos fenômenos ideológicos em geral e da religião em particular. Desse modo, em seu estudo de 1852 sobre *O 18 Brumário de Luís Bonaparte* (o golpe de Estado de 2 de dezembro de 1951, pelo qual Luís Napoleão se apossou do poder), Marx se pergunta "como uma nação de 36 milhões de indivíduos" pôde ser surpreendida "por três vulgares cavaleiros de indústria" e levada, sem resistência, ao cativeiro.[15] A influência de um fator ideal como a tradição é plenamente reconhecida por Marx nas lutas políticas que, segundo ele, são apenas lutas de classes. "A tradição de todas as gerações mortas pesa com grande peso sobre o cérebro dos vivos", diz Marx no início do *18 Brumário*. Ela é uma grande força retardatária, a *vis inertiae* da história, diz Engels. Ela explica em parte o atraso do desenvolvimento das ideias em relação às transformações da base econômica, e exerce também uma ação de freamento frequentemente muito importante sobre o próprio desenvolvimento econômico. Engels expressa a mesma ideia diversos anos mais tarde, em uma carta a Joseph Bloch: "Nós próprios fazemos nossa história; todavia, em primeiro lugar, com premissas e em condições bem determinadas. Entre elas todas, são as condições econômicas que são, finalmente, determinantes. Mas as condições políticas etc., até mesmo a tradição que povoa os cérebros dos homens, desempenham igualmente um papel, embora não decisivo" (*Carta a Joseph Bloch*, 1890, *SR*, 269). Daí uma concepção mais dialética das relações entre ideologia e infraestrutura, como o testemunham estas precisões, trazidas por Engels nessa mesma carta:

> Conforme a concepção materialista da história, o fator determinante na história é, em última instância, a produção e a reprodução da vida real. Nem Marx nem eu jamais afirmamos [isso] antes. Se, em seguida, alguém torturar essa proposição, para fazê-la dizer que o fator econômico

---

[15] Karl Marx. *Oeuvres*, t. IV: *Politique I*, edição estabelecida, apresentada e anotada por Maximilien Rubel. Gallimard, Paris, col. "La Pleiade", 1994, p. 442.

é o único determinante, ele a transformará em uma frase vazia, abstrata, absurda. A situação econômica é a base, mas os diversos elementos da superestrutura – as formas políticas da luta das classes e de seus resultados –, as Constituições estabelecidas depois de a batalha ter sido ganha pela classe vitoriosa etc. – as formas jurídicas, e até os reflexos de todas essas lutas reais no cérebro dos participantes, teorias políticas, jurídicas, filosóficas, concepções religiosas e seu desenvolvimento posterior em sistemas dogmáticos, exercem igualmente sua ação sobre o curso das lutas históricas e, em muitos casos, determinam de modo preponderante sua forma. Há ação e reação de todos esses fatores, no seio dos quais o movimento econômico acaba por abrir seu caminho como uma necessidade por meio da multidão infinita de acasos (...) (*SR*, 168-169).

A análise da religião no quadro de uma abordagem macrossociológica

Uma das grandes características do ponto de vista marxista é a prioridade atribuída ao quadro macrossociológico da análise. Todo fenômeno social particular, como a religião, é situado no quadro global de uma análise que dá primazia ao fator econômico e à posição dos indivíduos nas relações de produção. Conforme esse esquema, a sociedade é constituída de uma base: a infraestrutura, constituída pelo setor da produção material, e de superestruturas institucionais e ideológicas, que gozam de uma autonomia tão somente relativa em relação à infraestrutura econômica. Essa última é a instância determinante; os outros níveis, ou seja, as instituições (políticas, jurídicas, educativas, religiosas...) e as ideologias (teorias, concepções, representações...) são dependentes dessa base. Nessa representação, a sociedade é vista como um edifício constituído de diferentes níveis e que repousa sobre uma fundação, constituída pela base material. O que repousa sobre essa fundação, as superestruturas institucionais e ideológicas (o termo alemão empregado, *Uberbau*, é muito significativo aqui, pelo fato de que ele expressa bem a ideia de estar construído em cima), agem sem dúvida de volta, sobre a infraestrutura – como o afirma Engels no texto acima citado –, mas, em última instância, são as forças produtivas e as relações de produção que são determinantes. Os sistemas políticos e os mundos simbólicos são a partir disso, nesse esquema, instâncias mais determinadas que determinantes. Se, em outras épocas, a religião ou a política puderam parecer desempenhar um papel determinante, isso se explica pelas condições econômicas. A respeito da Idade Média e da Antiguidade, Marx afirma também, em *O Capital*: "As condições econômicas de então explicam ao contrário porque lá o catolicismo e aqui a política desempenhavam o papel principal" (*Obras*, vol. I, 617). Como acreditamos tê-lo mostrado,[16] fazendo disso uma lei geral da estruturação social, esse esquema de análise oculta o processo histórico que leva ao fato de que o econômico se torne, nas sociedades ocidentais, uma instância tão determinante da vida das sociedades. Mais que projetar sobre o passado e de outras civilizações, uma determinação em última instância pelo econômico, é preciso estudar a relação própria de cada época e de cada sociedade com o econômico, o que não significa deixar de integrar o fato de que há sempre determinações econômicas em toda atividade social. Da mesma forma, abordar os fenômenos culturais como superestruturas ideológicas mais determinadas do que determinantes oculta o fato histórico do futuro superestrutural de certas referências culturais.[17] Em outras palavras, é preciso analisar em cada caso o modo como, em uma determinada sociedade em uma determinada época, se articulam os dados econômicos, demográficos, políticos, culturais, religiosos... Como o escreve, com pertinência, Michel de Certeau, "em uma sociedade, os símbolos coletivos e as 'ideias' não são mais a causa, e sim o reflexo das mudanças",

---

[16] Jean-Paul Villaime. "L'opposition des infrastructures et des superstructures: une critique", *Cahiers internationaux de sociologie*, vol. LXI, julho-dezembro de 1976, pp. 309-327.

[17] Jean-Paul Villaime. "La relégation superstructurelle des références culturelles. Essai sur le champ religieux dans les sociétés capitalistes postindustrielles", *Social Compass*, XXIV, 1977, p. 323-338. pp. 323-338.

as mutações "tocam, ao mesmo tempo, nas estruturas e no 'crível' em uma sociedade;[18] "é um mesmo movimento que organiza a sociedade e as ideias que nela circulam. Ele se distribui em regimes de manifestação (econômica, social, científica etc.), que constituem entre si funções imbricadas mas diferenciadas, das quais nenhuma é a realidade ou a causa das outras. Desse modo, os sistemas socioeconômicos e os sistemas de simbolização se combinam, sem se identificar ou se hierarquizar".[19]

Permanecendo no quadro analítico do esquema infraestrutura/superestruturas, Marx e Engels salientam algumas afinidades entre o capitalismo e o cristianismo, particularmente sob sua forma protestante. A sociedade capitalista "encontra no cristianismo, com seu culto do homem abstrato, e principalmente em seus tipos burgueses, protestantismo, deísmo etc., o complemento religioso mais conveniente" (*ibid.*, 613-614). Observaremos que Marx, bem antes de Weber, estabelece certa ligação entre o capitalismo e o protestantismo, considerado como "uma religião burguesa" (*ibid.*, 1.117), mas ele não desenvolve sistematicamente o sentido dessa relação. Segundo ele, a "era capitalista data apenas do século XVI" (*ibid*, 1.170). A Reforma protestante, e a espoliação dos bens de Igrejas que ela acarretou, deu assim, na Inglaterra, um novo impulso "à expropriação violenta do povo no século XVI" (*ibid.*, 1.176), pois o protestantismo desempenhou, "pela transformação que opera de quase todos os dias feriados em dias de trabalho, um papel importante na gênese do capital" (*O Capital*, 1.170). Quanto a Engels, ao retraçar as diferentes etapas da luta da burguesia contra o feudalismo e depois de ter notado que o luteranismo foi "a religião da qual a monarquia absoluta precisamente necessitava", vê uma ligação direta entre o calvinismo e o capitalismo: "O dogma calvinista respondia às necessidades da burguesia mais avançada da época. Sua doutrina da predestinação era a expressão

---

[18] Michel de Certeau. *L'écriture de l'histoire*. Gallimard, Paris, 1975, p. 153.
[19] *Ibid.*, p. 70.

religiosa do fato de que, no mundo comercial da concorrência, o sucesso e o insucesso não dependem nem da atividade nem da habilidade do homem, mas de circunstâncias independentes a seu controle".[20]

Todavia, descobrir algumas afinidades entre expressões religiosas e interesses econômicos e políticos é uma coisa, e reduzir a religião a uma máscara que exprime, de forma escondida, esses interesses, é outra coisa. Um filósofo marxista como Ernst Bloch (1885-1977), que estudou, entre outras, a figura de Thomas Munzer, um dos representantes da reforma radical no século XVI, como um "teólogo da revolução",[21] desenvolve uma abordagem mais sutil, ao insistir sobre a importância, que ele qualifica como universal, das "estruturas espirituais": "Se os apetites econômicos são de fato os mais substanciais e os mais constantes, eles não são os únicos nem, com o tempo, os mais poderosos; eles absolutamente não constituirão as motivações mais específicas da alma humana, principalmente nos períodos em que domina a emoção religiosa", escreve Bloch, que continua, notando que "contra os acontecimentos econômicos ou em paralelismo com eles, vemos sempre agir não só decisões voluntariamente livres, mas também estruturas espirituais de uma importância absolutamente universal, e às quais não podemos negar uma realidade ao menos sociológica".[22]

A análise da religião no quadro de uma problemática de classes sociais

A estruturação da atividade econômica é o lugar que Marx considera como a matriz das relações sociais. Ele descobre um antagonismo fundamental entre duas classes que são definidas pelo lugar que elas ocupam

---

[20] Friedrich Engels. "Le matérialisme historique" (1892), em Karl Marx, Friedrich Engels. *Études philosophiques*, nova edição, revista e aumentada. Éditions Sociales, Paris, 1968, p. 125.
[21] Ernst Bloch, Thomas Munzer. *Théologien de la révolution* (1921), trad. de Maurice de Gandillac. UGE, Paris, "10/18", 1975.
[22] *Ibid.*, pp. 79-80.

nas relações de produção: a burguesia, definida pela propriedade dos meios de produção, e o proletariado, definido pelo fato de que ele possui apenas sua força de trabalho para vender. Entre essas duas classes, Marx e Engels descobrem um processo de exploração: o proletário é utilizado pelo capitalismo como uma mercadoria que tem essa qualidade extraordinária de poder produzir a mais-valia. A teoria marxista da exploração é uma teoria dos conflitos entre assalariados e detentores do capital, pela apropriação do valor. Se a abordagem marxista privilegia a bipolarização conflituosa das duas classes sociais, o próprio Marx, em alguns de seus textos, admite a existência de mais de duas classes sociais. Quando, com efeito, ele se coloca em um ponto de vista mais descritivo e em nível mais estático, as classes aparecem mais numerosas, e ele presta atenção na classe camponesa, na pequena burguesia, na aristocracia fundiária, no subproletariado... De modo geral, conforme privilegiamos a objetividade ou a subjetividade das classes sociais, a abordagem é um pouco diferente. Podemos, por outro lado, falar de classe social sem que haja um mínimo de consciência de classe? É o famoso problema da consciência de classes. Nesse domínio, como em outros, podemos dificilmente fazer a economia das representações que os próprios autores fazem de sua situação para estudar o modo como eles se relacionam uns com os outros. Por outro lado, o ser de classe, a pertinência a uma determinada classe, determina de modo absoluto e unilateral as representações? De modo nenhum. Como Jean-Paul Sartre salientava, a respeito do escritor Paul Valéry, ainda que admitamos uma determinação social forte de uma obra literária, esta não se reduz a essa determinação: "Paul Valéry é um escritor pequeno-burguês, mas nem todo escritor pequeno-burguês é Paul Valéry".

A problemática das classes sociais cruza, em Marx e Engels, com a da dominação. "Os pensamentos da classe dominante são também, em todas as épocas, os pensamentos dominantes", escrevem eles em *A ideologia alemã*; em outras palavras, a classe que domina materialmente em uma determinada sociedade é também a potência dominante em nível ideológico.

A classe dominante acredita sinceramente que ela representa os interesses da sociedade inteira, e que suas ideias jurídicas, filosóficas, morais etc., são expressões de uma verdade eterna, absoluta.

Essa atenção à divisão da sociedade em classes levou Engels a prestar atenção detida nas diferenciações sociais das expressões religiosas, e muito particularmente as do cristianismo. É, em particular, o caso de seu estudo sobre *A guerra dos camponeses* (1850) em que, analisando esse conflito sóciorreligioso do século XVI, ele distingue um campo "católico ou reacionário", um campo luterano "burguês-reformador" e um campo "revolucionário", representado por Thomas Munzer. Ele mostra tanto as interferências entre oposições religiosas e antagonismos de classes como a dimensão protestatária das concepções religiosas de Munzer, que queria revolucionar tanto a religião como a sociedade. Contudo, ao fazer isso, Engels não pode deixar de colar sobre sua análise um esquema interpretativo, segundo o qual as lutas religiosas se reduzem a um travestismo de lutas de classes: "Mesmo naquilo que chamamos de guerras de religiões no século XVI, tratar-se-ia, antes de tudo, de interesses de classes muito positivos, assim como as colisões interiores que se produziram mais tarde na Inglaterra e na França. Se essas lutas de classes tinham, nessa época, um caráter religioso, se os interesses, as necessidades, as reivindicações das diferentes classes se dissimulavam sob a máscara da religião, isso em nada muda a questão e se explica facilmente pelas condições da época" (*SR*, 99). De fato, no mundo do século XVI, as imbricações entre o religioso e o político eram de tal modo fortes que as revoluções sociais e políticas deviam essencialmente se expressar sob a forma de "heresias teológicas", mas devemos, por isso, reduzir essas lutas religiosas do século XVI a interesses de classes? É nisso que faz sentir todo o seu peso um esquema de análise do religioso que lhe recusa qualquer autonomia. De um ponto de vista sociológico, saberemos agradecer a Engels ter salientado o fato de que os antagonismos sociais atravessam os mundos religiosos, e que as próprias expressões das religiões se diferenciam conforme os meios sociais. Quanto a isso, podemos dizer que Engels antecipava um aspecto importante dos primeiros trabalhos de sociologia religiosa, ou seja, que as expressões religiosas não escapam evidentemente às determinações sociais e que a referência universalista e homogeneizadora de uma religião – tal como "somos todos irmãos" apesar de nossas diferenças – não deve ocultar as profundas diferenças de sensibilidades religiosas segundo os meios sociais. É assim que, entre os primeiros trabalhos de sociologia do catolicismo, insistiu-se não só sobre o peso histórico de uma geografia religiosa, mostrando a importância das culturas locais e regionais, mas também sobre as abordagens diferentes do cristianismo segundo os meios sociais: Émile Pin distinguia, assim, em seu estudo *Prática religiosa e classes sociais*, publicado em 1956,[23] um cristianismo burguês, um cristianismo popular e um cristianismo de classes médias. A referência a uma simbólica religiosa qualquer não suprime as ancoragens sociais dos fiéis, ainda que seja verdadeiro que, como qualquer ideal, a religião pode contribuir para relativizá-la. Em todo caso, cabe à sociologia das religiões mostrar em quê os diversos mundos religiosos se diferenciam profundamente conforme as pertinências sociais dos indivíduos. Max Weber, sem entrar, porém, em uma problemática de luta das classes, também está extremamente atento à diferenciação das expectativas e das representações religiosas segundo os meios sociais (cf. capítulo seguinte).

Engels ficou um pouco fascinado pela relação que se podia fazer entre o cristianismo primitivo e o movimento operário. Em sua *Contribuição para a história do cristianismo primitivo*, publicada em 1894-1895, ele escreve: assim como o movimento operário moderno, "o cristianismo era, na origem, o movimento dos oprimidos: ele apareceu, de início, como a religião dos escravos e dos libertos, dos pobres e dos homens privados de direitos, dos povos subjugados ou dispersos por Roma. Os dois, tanto o cristianismo como o socialismo operário, pregam uma libertação próxima da servidão e da miséria;

---

[23] Émile Pin. *Pratique religieuse et classes socials dans une paroisse urbaine Saint-Pothin à Lyon*. Éd. Spes, Paris, 1956.

o cristianismo transpõe essa libertação para o além, em uma vida depois da morte, no céu; o socialismo a coloca neste mundo, na transformação da sociedade. Ambos são perseguidos e acuados (...). E, apesar das perseguições, e até diretamente favorecidos por elas, tanto um como o outro abrem, vitoriosa e irresistivelmente, seu caminho" (*SR*, 310). Cristianismo e socialismo são movimentos de massa que, em seus inícios, se dividiram em "inumeráveis seitas". Engels cita até a frase de Ernest Renan, invertendo a perspectiva comparatista: "Se vocês quiserem fazer uma ideia das primeiras comunidades cristãs, olhem uma seção local da Associação internacional dos trabalhadores".

Engels avança uma explicação materialista do desdobramento do cristianismo como religião universal: ao reivindicar a ideia de um único sacrifício que expia de uma vez por todas os pecados de todos os homens e de todos os tempos, ele "se desembaraçou de cerimônias que entravavam ou proibiam o comércio com homens de crenças diferentes" (*SR*, 321-322). Todavia, é o exemplo do cristianismo que Engels assumirá em 1895, quando, confrontado com os fracassos e dificuldades do movimento operário, ele procurará para apoiar sua convicção da vitória inevitável desse movimento, falando dos cristãos dos primeiros séculos como de um "perigoso partido subversivo", que "minava a religião e todos os fundamentos do Estado", e que, alguns anos mais tarde, dele se tornou não menos que religião de Estado (cf. *Oeuvres*, t. IV: 1.139). A crítica filosofia e política do cristianismo não impediu que Engels ficasse fascinado pelo destino histórico e social dessa religião.

Contribuições e limites da análise marxista para a sociologia das religiões

Conservaremos da análise marxista uma referência metodológica, uma referência temática e uma referência política. Uma referência metodológica, com a preocupação constante de pôr em evidência a interação das diversas instâncias da sociedade, ou seja, a preocupação da globalidade, que convida a restituir cada fato social, particularmente tudo aquilo que se refere ao mundo das representações e das ideias, em um conjunto que inclui todas as dimensões do social (o econômico, o político, as clivagens sociais e as oposições que elas geram). Uma referência temática com a importância atribuída aos meios sociais (as classes sociais, na terminologia marxista) e aos conflitos que os atravessam. Uma referência que nos lembra que, se "a verdade do mundo social é um jogo de lutas" (Pierre Bourdieu), podemos dizer também que a verdade de cada religião é um jogo de lutas, tanto mais que toda expressão religiosa, como tradição viva sustentada por homens e mulheres ancorados socialmente, não pára de se redefinir de modo conflituoso em contextos socioculturais mutantes. Uma referência política com a importância atribuída aos sistemas de dominação e às legitimações do poder, uma referência que nos faz descobrir paradoxalmente a própria importância das mediações simbólicas na ação social, seja por legitimarem a dominação ou por alimentarem o protesto, colocando-a em questão...

Marx e Engels não prestaram suficientemente atenção às dimensões protestatárias da religião, ainda que as tenham descoberto em suas análises históricas. Levados por suas convicções filosóficas, eles prognosticaram erradamente o fim da religião. Como escreve um filósofo marxista como Michèle Bertrand, "Marx e Engels se enganaram sobre a evolução posterior do cristianismo. Eles desconheceram – e é preciso reconhecer que o cristianismo do século XIX tornava esse erro possível – sua capacidade de assumir as aspirações dos oprimidos e dos pobres".[24] Marx e Engels "subestimaram sua capacidade de reinterpretação em um mundo que mudava", escreve ainda Michèle Bertrand, que confessa que "o fim do sentimento religioso, de uma relação religiosa com o mundo, é muito mais problemática", e que "na medida em que as bases do sentimento religioso não são todas de

---

[24] Michèle Bertrand. *Le statut de la religion chez Marx et Engels*. Éditions Sociales, Paris, 1979, p. 34.

origem social, a hipótese de uma permanência da religião (como forma da consciência) não está excluída".[25]

A utopia marxista se distingue das outras utopias do século XIX não só por sua amplitude e seu gigantismo, mas principalmente por sua pretensão e sua aparência científica. A utopia marxista pretendia que as contradições do capitalismo iriam obrigatoriamente se exacerbar a tal ponto que a revolução seria inevitável e, com ela, a vitória do comunismo e o estabelecimento da sociedade sem classes. Para o movimento operário, tal utopia que lhe dizia que seu combate caminhava no sentido da história, e que sua vitória estava inscrita na própria lógica do sistema, podia tão somente representar um formidável apoio. O próprio impacto do marxismo como ideologia se explica por esse duplo caráter utópico e científico. E é uma ironia suplementar da história constatar que é justamente por causa de seu aspecto profético e milenarista que essa ideologia, que denunciava a religião como "um ópio do povo", pesou tanto, para o melhor e para o pior, na história dos homens.

Bibliografia

Obras de Marx e de Engels

Karl Marx, Friedrich Engels. *Sur la religion*, textos selecionados, traduzidos e anotados por G. Badia, P. Bande e E. Bottigelli. Éditions Sociales, Paris, 1968.

Karl Marx. *À propos de la question juive (Zur Judenfrage)*, edição bilíngue, com uma introdução de François Châtelet, trad. de Marianna Simon. Aubier Montaigne, Paris, 1971.

---

[25] *Op. cit.*, p. 184.

Karl Marx. *Oeuvres*. Gallimard, Bibliothèque de "La Pléiade", Paris, t. I: *Économie* 1, 1963; t. III: *Philosophie*; t. IV: *Politique* 1, 1994.

Obras sobre Marx e Engels

Ernst Bloch. Thomas Munzer, *Théologien de la revolution*. "10/18", Paris, 1964 (1921).

Michèle Bertrand. *Le statut de la religion chez Marx et Engels*. Éditions Sociales, 1979.

Jean-Yves Calvez. *La pensée de Karl Marx*. Seuil, Paris, 1956 (7ª edição, revista e corrigida).

Henri Desroche. *Marxisme et religions*. PUF, Paris, 1962.

Henri Desroche. *Socialismes et sociologie religieuse*. Éd. Cujas, Paris, 1965.

Nguyen Ngoc Vu. *Idéologie et religion d'après Karl Marx et F. Engels*. Aubier Montaigne, Paris, 1975.

Charles Wackenheim. *La faillite de la religion d'après Karl Marx*. PUF, Paris, 1963.

ALEXIS DE TOCQUEVILLE (1805-1859)

As virtudes da religião nas sociedades democráticas

Não é costume contar Alexis de Tocqueville entre os sociólogos das religiões,[1] assim como, por muito tempo, não foi costume contá-lo entre os clássicos da sociologia. Para Robert Nisbet, em *The Sociological Tradition* (1966),[2] e para Raymond Aron, em *Les étapes de la pensée sociologique* (1967),[3] Tocqueville pertence, sem nenhuma dúvida, aos pais fundadores da sociologia. Para o primeiro, porque ele constitui, ao lado de Marx e em uma perspectiva totalmente diferente, um dos autores mais influentes do pensamento social do século XIX; para o segundo, porque ele é um dos grandes analistas da sociedade moderna, uma sociedade da qual ele estuda a emergência e as evoluções não a partir das mutações da economia, mas pelas do político: a chegada da democracia e todas as suas consequências. E, como todo clássico da sociologia, Tocqueville integrou a análise da religião em sua investigação sobre a sociedade moderna. Tocqueville, como seu contemporâneo Marx, como Durkheim, e Weber depois dele, reflete sobre a mudança social: trata-se de perceber as formidáveis convulsões que representa a chegada das sociedades modernas, e de tentar indicar as

---

[1] Em nosso *Sociologie des Religions* (1995, 1ª ed.), já havíamos tomado o partido de incluir Tocqueville entre os clássicos.
[2] Robert A. Nisbet. *La tradition sociologique*. PUF, Paris, 1984.
[3] Raymond Aron. *Les étapes de la pensée sociologique*. Gallimard, Paris, 1967.

evoluções possíveis dessas sociedades. Ao fazer isso, era inevitável pensar o futuro do religioso no conjunto dessas convulsões. Neste ponto preciso, Tocqueville merece atenção: ele é, com efeito, aquele que, longe de considerar a religião como um elemento cuja importância social diminui à medida que a sociedade se moderniza, afirma, ao contrário, a permanência do religioso, e estuda certos modos de sua recomposição nas democracias. Seu terreno de referência: os Estados Unidos, o país moderno que, justamente, sempre colocou problema aos teóricos da secularização, identificando modernidade e recuo do religioso.[4] O país que oferece também um outro modelo de relações que se teceram entre política e religião na construção democrática, modelo que, como bem viu Pierre Bouretz, se opõe ao da França: "A oposição real reside, sem dúvida, no fato de que, de um lado do Atlântico, é a liberdade religiosa que está em primeiro lugar, de modo que a separação [entre a Igreja e o Estado] dela decorre, ao passo que, do outro, e em um imaginário de combate contra o obscurantismo, o horizonte é o de uma emancipação em relação às crenças, exatamente mesclada de liberalidade em relação às opiniões 'ainda que religiosas'. Em tal sentido, não é uma diferença política sobre o grau de autonomia do Estado que separa a América da França, mas a existência de dois modelos, estranhos um ao outro, da relação das sociedades modernas no que se refere à experiência religiosa".[5] Não podemos dizer melhor e sem dúvida que essa oposição França-América a respeito da religião – oposição que é, por outro lado, sempre perceptível hoje – desempenhou um papel não desprezível na difícil recepção do pensamento de Tocqueville na França.[6]

---

[4] Cf., principalmente, Philipp E. Hammond (ed.). *The Sacred in a Secular Age, Toward Revision in the Scientific Study of Religion*. University of California Press, Berkeley-Los Angeles-London, 1985. Steve Bruce. *Religion and Modernization... Sociologists and Historians Debate the Secularization Thesis*. Clarendon Press Oxford, Oxford, 1992.

[5] Pierre Bouretz. "La démocratie française au risque du munde", em *La démocratie en France* (sob a direção de Marc Sadoun), *1. Idéologies*. Gallimard, Paris, 2000, p. 58.

[6] Cf. Françoise Mélonio. *Tocqueville et les Français*. Aubier, Paris, 1993.

No cerne do procedimento de Tocqueville: a comparação. Grande viajante (Estados Unidos, Canadá, Grã-Bretanha, Irlanda, Suíça, Sicília, Argéria), Tocqueville observa minuciosamente os usos e costumes dos países que visita, e constrói comparações a partir da questão central que o preocupa: a nova configuração sociopolítica constituída pela sociedade democrática e todas as mudanças que provoca e que acompanha essa nova configuração. Seu procedimento, como salienta Jean-Claude Lamberti, é ideal típico: ele elabora o tipo ideal da sociedade democrática, opondo-a sistematicamente ao da sociedade aristocrática. "Tocqueville, escreve Lamberti, define seu método deste modo: 'Para ser compreendido, obriguei-me a tomar estados extremos: uma aristocracia sem mistura de democracia, e uma democracia sem mistura de aristocracia. Acontece que atribuo a um ou a outro dos dois princípios efeitos mais completos dos que aqueles que eles em geral produzem, porque, geralmente, eles não estão sozinhos. O leitor deve discernir em minhas palavras entre aquilo que é minha opinião verdadeira e aquilo que é dito para torná-la bem compreendida".[7] Outro traço que encontraremos em Max Weber: a Tocqueville repugna toda explicação monocausal: "De minha parte, detesto, escreve ele, esses sistemas absolutos que fazem todos os acontecimentos da história dependerem das grandes causas primeiras, ligando-se uns aos outros por uma cadeia fatal, e que suprimem os homens, por assim dizer, da história do gênero humano".[8] Tocqueville, sem dúvida, atribui uma importância central a todas as consequências do princípio de igualdade das condições, pois está convicto da marcha inevitável das sociedades para a democracia, mas os caminhos da passagem para a democracia lhe parecem múltiplos, assim como as formas tomadas pela democracia (o modelo americano não é o único possível). Carregando em germe o risco de novas formas de despotismo, é com os

---

[7] Jean-Claude Lamberti. *Tocqueville et les deux démocraties.* PUF, Paris, 1983, pp. 40-41. Lamberti cita um inédito de Tocqueville: L'inédit CV, k, cahier 1, 51.
[8] Alexis de Tocqueville. *Souvenirs, Oeuvres complètes*, t. XII. Gallimard, Paris, 1964, p. 84.

próprios atores sociais que, longe de qualquer determinismo, Tocqueville conta para fazer viver a liberdade. Tocqueville compreendeu muito bem que não existiria democracia sem democratas, ou seja, sem indivíduos profundamente convictos da legitimidade dos costumes democráticos.

Um aristocrata democrata

Descendente de uma família de antiga nobreza normanda, Alexis de Tocqueville nasceu em Paris em 1805, em um meio familiar profundamente católico. Pertencendo ao mundo derrotado pela Revolução Francesa, esse aristocrata, grande leitor dos filósofos do século XVIII, se convenceu da marcha irreversível das sociedades para a democracia: foi, como bem viu Guizot (do qual Tocqueville seguiu os cursos na Sorbonne), "como aristocrata derrotado e convicto de que seu vencedor tem razão",[9] que ele julgou a democracia moderna. Observando que a igualdade de condições ia cada vez mais caracterizar as sociedades, a grande preocupação de Tocqueville foi a conciliação desse movimento profundo e inevitável para a igualdade com a preservação da liberdade, uma liberdade que ele prezava mais que tudo ("a liberdade foi a primeira de minhas paixões", declarou ele). Ligando-se inteiramente à democracia, Tocqueville viu então também seus perigos: individualismo exacerbado, fragilizando o laço social e desviando os homens do bem público, perda das virtudes cívicas, despotismo brando, ditadura da opinião, recuo do pensamento independente e criativo. Como ele tem um pé no mundo aristocrático e o outro no da democracia, ele percebe bem as questões essenciais que a chegada da sociedade democrática coloca. É nesse sentido que podemos dizer, com François Furet, que "é com o arcaísmo de sua posição existencial que ele fabrica a modernidade de sua interrogação

---

[9] Carta de Guizot a Tocqueville de 30 de junho de 1856.

conceitual".[10] Tocqueville viveu em uma época de tipo dobradiça, entre o fim do I Império (1815) e o início do Segundo em 1852, uma época marcada pelas revoluções de 1830 e 1848. Morreu em Cannes em 1859, oito anos depois do golpe de Luís Napoleão.

Eleito membro da Academia de ciências morais e políticas em 1838 e membro da Academia francesa em 1841, Tocqueville cumpriu igualmente diferentes mandatos eletivos; eleito deputado de Valognes (Manche), ele o continuará até 1851, participando nas assembléias – constituinte de 1848 e legislativa de 1849. De junho a outubro de 1849 será ministro dos Negócios estrangeiros, tempo em que teve de assumir a responsabilidade pela expedição enviada a Roma para restaurar o poder temporal do papa Pio IX (o papa que, em 1864, publicará o *Syllabus*, que condenava os principais ideais da sociedade moderna e, principalmente, os da Revolução Francesa). Preocupado com a reconciliação entre a Igreja e a sociedade moderna, Tocqueville desejava que, se o poder temporal do papa fosse restabelecido, ele tomasse a forma de um regime constitucional. Decepcionado pela falta de apoio para sua posição, e furioso por constatar que o papa não mudava seu modo de governo, ele declarou: "Se o Soberano Pontífice, logo depois de restaurado, trabalha para restabelecer abusos que a própria Europa absolutista não quer mais, se ele se entregasse a rigores que a história não perdoa sequer a príncipes seculares, seria a Igreja católica que não só ficaria enfraquecida, mas desonrada em todo o universo".[11]

Depois dos tímidos inícios do liberalismo na França sob a restauração (1815-1830), com as monarquias constitucionais de Luís XVIII e de Charles X, Tocqueville assistirá, inquieto, à revolução de 1830 e a suas consequências, ainda que tenha aprovado a Carta de 1830 e as leis que a completaram. A instauração da monarquia de Juillet (Louis-Philippe), não criando uma situação fácil para o jovem magistrado saído de uma família legitimista como Toc-

---

[10] François Furet, Prefácio à edição de *De la démocratie en Amérique*, I, editada em GF-Flammarion em 1981, p. 41.
[11] Citado por André Jardin em *Alexis de Tocqueville 1805-1859*. Hachette, Paris, 1984, p. 416.

queville, era oportuno tomar distância. O que ele fez com seu colega e amigo Gustave de Beaumont (1802-1866), embarcando em 1831 para os Estados Unidos, a fim de estudar as instituições penitenciárias americanas. A viagem, que durou de abril de 1831 a março de 1832, desembocou em um relatório, redigido em 1833 e intitulado: *Du système pénitenciaire aux États-Unis et de son application en France*. Em uma carta de 1835, Tocqueville confessará que "o sistema penitenciário era um pretexto" para penetrar em todo lugar nos Estados Unidos, e o que lhe interessava era examinar nesse país se a marcha para a igualdade, marcha que lhe parecia inevitável, seria compatível com a liberdade. Em 1835, ele publicará o primeiro volume de *De la démocratie en Amérique* – que constitui os dois primeiros tomos da obra –, sendo que o segundo volume – os tomos três e quatro – aparecerá em 1840.

No plano religioso, Tocqueville foi um cético. Adolescente, confessou a seu preceptor: "Creio, mas não pratico mais". Mais tarde, em uma carta de 20 de outubro de 1843, ele escreveu: "Não sou crente (o que estou longe de dizer para me vangloriar) mas, por mais descrente que seja, jamais pude evitar uma emoção profunda ao ler o Evangelho". Com efeito, Tocqueville atribui uma importância central à religião na vida das sociedades e reconhece a contribuição essencial do cristianismo. Ele pensa que o Evangelho não esgotou sua fecundidade moral nos tempos modernos: "A mais notável inovação dos modernos em moral parece-me consistir no desenvolvimento imenso e na forma nova dadas em nossos dias a duas ideias que o cristianismo já havia posto em grande relevo: saber o direito igual de todos os homens aos bens deste mundo e o dever daqueles que têm mais desses bens a vir em socorro daqueles que deles têm menos". Em outras palavras, Tocqueville pensa que "o cristianismo é o grande fundo da moral moderna". Se ele aceita o conteúdo moral da Revolução Francesa, observa J.-Cl. Lamberti, é "porque ele vê nisso uma consequência da revolução cristã".[12] Todavia,

---

[12] Jean-Claude Lamberti. *Tocqueville et les deux démocraties*. PUF, Paris, p. 206.

apesar de reconhecer esse papel importante do cristianismo, Tocqueville não exclui "um futuro em que a religião seria apenas um outro nome dado aos valores fundamentais do consenso social" (J.-Cl. Lamberti, 208). Além disso, Tocqueville foi extremamente crítico em relação à Igreja católica de seu tempo: ele denunciou a adesão do clero ao Segundo Império. Depois do golpe de Estado de 2 de dezembro de 1851, que pôs fim à Segunda República, ele declarou: "Fico mais do que nunca entristecido e perturbado quando percebo em tantos católicos essa aspiração pela tirania, essa atração pela servidão, esse gosto pela força, pela polícia, pelo censor, pelo cadafalso". Testemunha, na França, da luta entre a Igreja católica e o Estado, muito particularmente em torno da questão do ensino, Tocqueville, que deplorava que o espírito de religião e o espírito de liberdade não tivessem bom entendimento na França, não se reconhece nem nos panfletos dos eclesiásticos que acusam o ensino oficial de irreligião e de corrupção da juventude, nem nas críticas que denunciam como ridículos alguns atos de devoção e como duvidosos os costumes do clero. É significativo que essa posição lhe custou certo isolamento na França.

Tocqueville, todavia, não pensava que houvesse uma radical incompatibilidade entre o catolicismo e a democracia. "Penso que erramos ao considerar a religião católica como um inimigo natural da democracia", escrevia ele em 1835,[13] pois o catolicismo, contrariamente ao protestantismo "que, em geral, leva os homens não tanto para a igualdade, mas para a independência",[14] é favorável à igualdade de condições, que é a própria base das sociedades democráticas. Se, com efeito, "apenas o sacerdote se

---

[13] No tomo I de *De la démocratie en Amérique*, p. 393 (Éd. GF-Flammarion, 1981). Citado doravante como *DA* I ou II.

[14] Essa observação de Tocqueville é corroborada pelos dados de pesquisas européias de 1981 e 1900, que revelam que, na Europa, os católicos estão mais a favor da igualdade e os protestantes mais a favor da liberdade (cf. principalmente Jean Stoetzel. *Les valeurs du temps présent: une enquête européene*. PUF, Paris, 1983, p. 52).

eleva acima dos fiéis, tudo é igual abaixo dele": tanto o rico como o pobre, o sábio como o ignorante, o poderoso como o fraco. O catolicismo, escreve ainda Tocqueville, "é como uma monarquia absoluta. Eliminem o príncipe, e as condições nela são mais iguais do que nas repúblicas" (*DA* I, 393). Em 1840, no tomo segundo, ele afirma ainda, em uma página em que nota certo crescimento do catolicismo nos Estados Unidos: "Se o catolicismo chegasse finalmente a se subtrair aos ódios políticos que fez nascer, não duvido quase nada que esse próprio espírito do século, que lhe parece tão contrário, não se lhe tornasse muito favorável, e que ele não fizesse imediatamente grandes conquistas" (*DA* II, 39-40). Contudo, em uma carta de 1843,[15] Tocqueville confessa, desanimado: "O catolicismo [...] jamais adotará a sociedade nova", no que ele se enganava. Ele, que escrevia a seu irmão Édouard, nesse mesmo ano de 1843, que "seu mais belo sonho ao entrar na vida política, era de contribuir para a reconciliação do espírito de liberdade e do espírito de religião",[16] estava particularmente chocado por tudo aquilo que indicava que o catolicismo de seu tempo não parecia poder se conciliar com a democracia. Até quando se tratava de disposições internas em relação ao modo de exercício da autoridade religiosa no seio da Igreja, Tocqueville não era insensível ao porte político do modo de governo eclesiástico. Assim, no dia 5 de março de 1845, na câmara, ele se opôs violentamente ao arcebispo de Lyon, que advogava em favor da infalibilidade pontifical (dogma que foi promulgado pela Igreja católica em 1870): "Como? Vocês têm diante de si um século indócil, que nega e contesta a autoridade em todo lugar que a encontra; vocês vivem no meio de uma nação cética, que apenas suporta com dificuldade o império das leis que ela própria fez, e entre todas as formas que o catolicismo pode assumir, vocês escolhem aquela em que a autoridade

---

[15] Carta a Corcelle de 15 de novembro de 1843, *Oeuvres complètes*, t. XV: *Correspondance Tocqueville-Corcelle et Tocqueville Swetchine*, vol. 1. Paris, Gallimard, 1983, p. 174.
[16] Carta inédita a seu irmão Édouard de 6 de dezembro de 1843, citada por Françoise Mélonio. *Op. cit.*, p. 360, n. 112.

se mostra sob o aspecto mais absoluto, mais arbitrário, e é essa que vocês querem impor à sua crença?"[17] Podemos medir, no tom dessa diatribe, a amplitude da decepção de Tocqueville. Sob o Segundo Império, Tocqueville preconizará, na linha do pregador unitarista americano William Ellery Channing (1780-1842), um cristianismo aliado às Luzes e preocupado com a justiça social.[18]

O pensador da democracia

Para Tocqueville, a democracia é, em primeiro lugar, um estado social caracterizado pela igualdade de condições, um estado que está na origem da primeira paixão do homem democrático: "O próprio amor dessa igualdade" (*DA* II, 101). A democracia, sem dúvida, é também a soberania do povo e a importância tomada pela opinião pública; mas é, em primeiro lugar, um estado que penetra todas as relações sociais: não há mais senhores e servidores, mas indivíduos que agem por vontade pessoal e reconhecem como legítima a vontade geral. Há, com certeza, desigualdades de fato, e alguns são senhores, ao passo que outros são servidores, mas a "igualdade de condições faz, tanto do servidor como do senhor, seres novos, e estabelece entre eles novas relações" (*DA* II, 225). "Então, por que o primeiro tem o direito de comandar e o que força o segundo a obedecer?", pergunta Tocqueville, que responde: "O acordo momentâneo e livre de suas duas vontades. Naturalmente, eles de modo nenhum são inferiores

---

[17] *Oeuvres complètes*, t. III, vol. 2: *Écrits et discours politiques sous la monarchie de Juillet*. Gallimard, Paris, 1985, p. 605.
[18] Os unitários, que têm parentesco com o protestantismo liberal posterior, rejeitam a Trindade e são partidários de uma religião racional e esclarecida. Seu movimento, nascido no séc. XVI na Transilvânia e na Polônia, no quadro da Reforma radical, desenvolveu-se nos Países Baixos e nos países anglo-saxônes. A *American Unitarian Association* foi fundada em 1825, ou seja, alguns anos antes da viagem de Tocqueville à América.

um ao outro: eles só se tornam momentaneamente assim por efeito do contrato. Nos limites desse contrato, um é o servidor e o outro o senhor; fora disso, eles são dois cidadãos, dois homens" (*DA* II, 226). A igualdade de condições muda profundamente, portanto, a relação de autoridade: esta não põe em relação, como no Antigo Regime, homens de natureza diferente, mas homens perfeitamente iguais em dignidade, ainda que sejam profundamente desiguais, econômica e socialmente. Essa "igualdade imaginária", apesar da desigualdade real das condições, constitui, segundo Tocqueville, uma convulsão sociopolítica considerável, com múltiplas consequências. Essa igualdade, com efeito, traz em germe a dissolução de todos os poderes estabelecidos, sejam eles econômicos ou espirituais, e muda consideravelmente as relações sociais: "Acaso pensamos que, depois de ter destruído a feudalidade e vencido os reis, a democracia recuará diante dos burgueses e dos ricos?", pergunta-se Tocqueville (*DA* I, 61). Em outras palavras, para Tocqueville, e é isso que o separava de Guizot, o movimento para a igualização das condições traz, igualmente em germe, a dissolução do poder da burguesia industrial; nenhum poder, ainda que econômico, lhe escapa: a igualdade como princípio de regulação social faz potencialmente explodir todos os ferrolhos sociais. Podemos dizer que, de modo premonitório, Tocqueville percebeu o porte revolucionário dos direitos do homem e do cidadão em todos os setores da vida social e suas incidências sobre o funcionamento global da própria sociedade. Com efeito, a igualdade de condições é a emergência do indivíduo como sujeito autônomo, que pratica o livre exame de todas as coisas com a medida de sua razão e não com a medida das tradições.

Mas a tendência à igualização de condições aparece como uma ameaça potencial para as liberdades, algo que pode acarretar uma demissão generalizada, uma dobra dos indivíduos para a esfera privada: a emergência do indivíduo leva também ao individualismo, "esse sentimento reflexo e pacífico que dispõe cada cidadão a se isolar da massa de seus semelhantes e a se retirar para o afastamento, com sua família e seus amigos; de modo que, depois de ter assim criado uma pequena sociedade para seu uso, ele abandona de bom grado a grande sociedade a si própria" (*DA* II, 125). "A igualdade coloca os homens ao lado uns dos outros, sem laço comum que os detenha" (*DA* II, 109). Em outras palavras – e Tocqueville vê nisso o principal perigo que ameaça a partir de dentro as sociedades democráticas –, a igualdade de condições tende a dissolver a relação social. Como ela afirma o primado do indivíduo e de sua liberdade, a sociedade democrática é uma sociedade que se autodissocia: ela desfaz todos os laços sociais tradicionais, fundados sobre o costume ou o estatuto. Por isso, ela deve recompor com uma mão o que ela desfaz com a outra, reconstruir o tecido social por meio da vida associativa e da implicação dos indivíduos na democracia local. Questão do laço social e também questão da autoridade intelectual e moral, em uma sociedade em que o parecer de um vale como o do outro. Por isso, os homens têm tendência a remetê-lo ao julgamento do público, ao parecer da maioria: o que o homem democrático crê é a opinião. Tocqueville teme "a tirania da maioria", que ele denuncia vigorosamente nos Estados Unidos: "Não conheço país em que reina em geral menos independência de espírito e de verdadeira liberdade de discussão do que na América" (*DA* I, 353). Defensor ferrenho das liberdades em geral e da liberdade intelectual em particular, Tocqueville teme mais que tudo o reino daquilo que hoje se chama de pensamento único. Comparando a Espanha da Inquisição aos Estados Unidos, e não levando em conta a repressão física da dissidência, ele chega até a afirmar que era mais fácil se distinguir da maioria na primeira do que no segundo: "A inquisição jamais pôde impedir que circulassem na Espanha livros contrários à religião da grande maioria. O império da maioria faz melhor nos Estados Unidos: ela elimina até o pensamento de publicá-los" (*DA* I, 355). Esse reino da opinião faz com que nos Estados Unidos "a maioria se encarregue de fornecer aos indivíduos uma multidão de opiniões totalmente prontas, e os alivia assim da obrigação de formar as suas próprias" (*DA* II, 18). Tocqueville, por outro lado, prevê que, nas sociedades democráticas, "a fé na opinião comum nelas se tornará uma espécie de religião, na qual a maioria será o profeta" (*DA* II, 18). Ele percebe muito bem como a democracia poderia extinguir a liberdade intelectual que o estado social democrático favorece; em outras palavras, como a opinião pública poderia se tornar "uma nova fisionomia da servidão".

A paixão exacerbada pelo bem-estar material ameaça igualmente a democracia em seus próprios fundamentos: "O que reprovo na igualdade não é o fato de arrastar os homens à busca dos prazeres proibidos, e sim absorvê-los totalmente na busca dos prazeres permitidos" (*DA* II, 138-139). Isso desvia, igualmente, os homens da busca do bem público e das virtudes cívicas. O paradoxo da democracia é o de ser um estado da sociedade que leva em si o germe de sua própria dissolução. É por isso que Tocqueville fala da "espécie de despotismo que as nações democráticas devem temer" (*DA* II, 324), um despotismo tanto mais pernicioso por ser silencioso. "Parece que, se o despotismo chegasse a se estabelecer nas noções democráticas em nossos dias, ele teria outras características: seria mais amplo e mais doce, e degradaria os homens sem atormentá-los" (*DA* II, 384). Essa "espécie de servidão, regulamentada, doce e agradável (...) poderia combinar melhor do que imaginamos com algumas formas exteriores da liberdade" e "não lhe seria impossível se estabelecer à própria sombra da soberania do povo" (*DA* II, 386). Tocqueville vê os homens das sociedades democráticas como indivíduos perpetuamente inquietos, "que giram sem cessar sobre si mesmos para conseguir pequenos e vulgares prazeres, com os quais enchem sua alma" (*DA* II, 385). A esses indivíduos que se dobram sobre si mesmos e se afanam em seus pequenos negócios corresponderia um "poder imenso e tutelar, que se encarrega, sozinho, de garantir sua satisfação e de velar por sua sorte. Ele é absoluto, detalhado, regular, previdente e suave" (*DA* II, 386), um poder que "jamais tiraniza", mas que "extingue", "embota", que "reduz cada nação a não ser mais que um rebanho de animais tímidos e industriosos, cujo governo é o pastor" (*DA* II, 386). Esse face a face, entre um indivíduo consumidor, desmobilizado política e intelectualmente, e um Estado onipotente, que gera burocraticamente as aspirações de seus dependentes, mostra como Tocqueville, que pensava que era "mais fácil estabelecer um governo absoluto e despótico em um povo em que as condições são iguais do que em um outro" (*DA* II, 389), tinha visto corretamente o próprio risco do despotismo nos países democráticos. De modo geral, podemos dizer que Tocqueville colocou os problemas do Estado-providência e do político na era democrática: o desafio da manutenção das virtudes cívicas nas sociedades profundamente marcadas pelo individualismo e pela busca do conforto material.

Tocqueville crê encontrar os antídotos para o "despotismo democrático" na via associativa, no reforço dos poderes intermediários, na liberdade de imprensa e no despertar da consciência religiosa. Os Estados Unidos oferecem a Tocqueville o exemplo de uma sociedade sem herança aristocrática e com forte tradição de liberdades locais coletivas, exemplo que constitui para ele um verdadeiro laboratório, embora reconheça que uma sociedade democrática possa se organizar de modo diferente da do povo americano. E Tocqueville vai descobrir que nos Estados Unidos, a religião, longe de ser oposta à democracia, é, ao contrário, sua matriz cultural: "É a religião que deu nascimento às sociedades anglo-americanas: jamais devemos nos esquecer disso; nos Estados Unidos, a religião se confunde, portanto, com todos os hábitos nacionais e todos os sentimentos que a pátria faz nascer; isso lhe dá uma força particular" (*DA* II, 12). Para Tocqueville, a religião é, com efeito, como veremos, um elemento-chave do consenso social que protege os cidadãos "democráticos" contra as pretensões irrazoáveis de tudo conhecer e, portanto, de tudo mudar.

A religião nas sociedades democráticas: crenças necessárias

Tocqueville viu perfeitamente o porte social considerável do livre exame, da dúvida metódica, da generalização da razão. Ele compreendeu a recolocação em questão do princípio de autoridade e o fato de que tudo podia ser passado pelo crivo da razão individual. "A igualdade de condições leva 'cada um a procurar a verdade por si mesmo" (*DA* II, 24). Na democracia, "descubro que, na maioria das operações, cada americano recorre apenas ao esforço individual de sua razão" (*DA* II, 9), o que lhe parece a principal característica daquilo que ele chama de "método filosófico dos americanos". Esse método leva à dúvida sistemática: "Podemos prever que os povos democráticos não acreditarão facilmente nas missões divinas, que rirão de bom grado dos novos profetas e que desejarão encontrar nos limites da humanidade, e não no além, o árbitro principal de suas crenças" (*DA* II, 17). Expressando-se desse modo, podemos dizer que Tocqueville toma consciência da secularização, compreendida como emancipação dos homens em relação a qualquer poder religioso, a qualquer autoridade magisterial: o indivíduo das sociedades democráticas quer poder julgar por si mesmo e se comportar como sujeito autônomo. É o que hoje se chama de reflexividade crítica generalizada, uma das marcas da pós-modernidade. Tocqueville, porém, não conclui, a partir da generalização da dúvida metódica, o fim da religião. Muito pelo contrário, diante da dúvida metódica, parece tanto mais necessário, pensa Tocqueville, que os homens partilhem algumas crenças fundamentais, estejam de acordo sobre algumas ideias essenciais que, por estarem fora da alçada da dúvida metódica, não são sem cessar debatidas e podem então constituir uma base sólida para as sociedades democráticas. "Quando não existe mais autoridade em matéria de religião, assim como em matéria política, os homens se apavoram imediatamente com o aspecto dessa independência sem limites (...). Para mim, duvido que o homem consiga jamais suportar ao mesmo tempo uma completa independência religiosa e uma total liberdade política; e sou levado a pensar que, se ele não tiver fé, é preciso que sirva, e, se for livre, que creia" (*DA* II, 31).

Para Tocqueville, é necessário que os homens tenham crenças dogmáticas, ou seja, opiniões que eles "recebam com confiança e sem discuti-las"; tais crenças são necessárias, tanto para viver em sociedade – "Não há sociedade que possa prosperar sem crenças semelhantes" – como para viver sozinho: "Se o homem fosse forçado a provar a si mesmo todas as verdades das quais ele se serve todo dia, ele jamais terminaria isso" (*DA* II,15). "Entre todas as crenças dogmáticas, as mais desejáveis me parecem ser as crenças dogmáticas em matéria de religião", pensa Tocqueville (*DA* II, 29). Nas sociedades democráticas em que tudo é deixado à avaliação de cada um, é importante, considera ele, que algumas ideias gerais sobre Deus e sobre a condição humana sejam objeto de um consenso. Eis como Tocqueville explicita esse ponto: "Não há quase nenhuma ação humana, por mais particular que imaginemos, que não nasça dentro de uma ideia muito geral que os homens conceberam de Deus, de suas relações com o gênero humano, da natureza de sua alma e de seus deveres para com seus semelhantes. Não poderíamos fazer com que essas ideias deixassem de ser a fonte comum, da qual decorre tudo o mais. Os homens têm, portanto, um imenso interesse em fazer ideias imutáveis sobre Deus, sobre sua alma, seus deveres gerais em relação a seu criador e a seus semelhantes; com efeito, a dúvida sobre esses primeiros pontos entregaria todas as suas ações ao acaso e os condenaria de algum modo à desordem e à impotência" (*DA* II, 30).

> As ideias gerais em relação a Deus e à natureza humana são, portanto, entre todas as ideias, as que melhor convém subtrair à ação habitual da razão individual, e para a qual há mais a ganhar e menos a perder em reconhecer uma autoridade. O primeiro objeto, e uma das principais vantagens das religiões, é de fornecer sobre cada uma dessas questões primordiais uma solução clara e precisa, inteligível para a multidão e muito durável. Há religiões muito falsas e muito absurdas; entretanto, podemos dizer que toda religião que permanece no círculo que acabo de indicar e que não pretende dele sair, assim como muitas o tentaram, para acabar detendo de todos os lados o livre impulso do espírito humano, impõe um jugo salutar à inteligência; e é preciso reconhecer que, se ela jamais salva os homens no outro mundo, ela é pelo menos muito útil para sua felicidade e para sua grandeza neste mundo. Isso é verdadeiro principalmente em relação aos homens que vivem nos países livres (*DA* II, 30).

Tocqueville, portanto, sustenta fortemente a tese da utilidade social da religião, uma tese clássica que, em suas convicções deístas, muitos pensadores da Luzes tinham desenvolvido a seu modo. Mas ele vai mais longe, ao analisar as consequências profundas da liberdade política, uma liberdade política que significa que o político também se acha dessacralizado, concebido de modo mais funcional e pragmático por meio da igualdade de condições. A partir dessas reflexões de Tocqueville, podemos alcançar as análises de um Claude Lefort sobre o lugar vazio do poder nas sociedades democráticas, o fato de que o poder não é apropriável e de que nenhuma categoria social pode apropriar-se dele.[19] Dizendo que o homem, "se não tiver fé" deverá servir e que, "se for livre", deverá crer, Tocqueville designa indiretamente a necessidade de uma descentralização em relação ao político, e pensa que a religião pode permitir realizar tal descentralização. Em apoio a essa perspectiva, podemos citar o papel protestatário, exercido por diversas religiões nos regimes totalitários que pretendem anexar toda a sociedade ao poder do Estado, controlado por uma oligarquia. "A religião é subversiva ao sugerir um outro lugar, no lugar em que o Estado totalitário satura o espaço social com sua implacável presença".[20] Conforme diz Jean Weydert: "Voltar os olhares para um Outro, situado muito além das ambições humanas, não é contribuir para defender o lugar vazio do poder em democracia contra qualquer tentativa de açambarcamento por um indivíduo ou por um grupo?"[21] O que Tocqueville esboça aqui é, afinal de contas, uma espécie de *religião civil*,[22]

---

[19] Claude Lefort. *L'invention démocratique. Les limites de la domination totalitaire*. Fayard, Paris, 1981; *Essais sur le politique. XIXe-XXe siècles*. Seuil, Paris, 1986.
[20] Jean-Michel Besnier. "Tocqueville, entre religion et avenir", em *Raison présente*, 113, 1º trimestre de 1995, p. 51.
[21] Jean Weydert. "Introduction", em *Fragile démocratie. Politique, cultures et religions* (sob a direção de Jean Weydert). Fayard, Paris, 1998, p. 12.
[22] Não é um acaso se o tema da religião civil, teorizado por Jean-Jacques Rousseau no *Contrat social*, foi reelaborado por sociólogos como instrumento de análise da sociedade norte-americana. Cf. particularmente Robert N. Bellah. "La religion civile en Amérique", em *Archives de sciences sociales des religions*, 35, 1973, pp.7-22;*The Broken Covenant. American Civil*

não obrigatória no plano dogmático para os indivíduos, mas permitindo-lhes viver coletivamente, sem produzir um atentado a sua liberdade. Uma descentralização que permite aos indivíduos da sociedade democrática dessacralizar qualquer coisa, assegurando absolutamente a dignidade necessária para a própria ordem democrática. Como a religião permite "devolver aos homens o gosto pelo futuro" e assim, o sentido do projeto e do esforço continuado, ela contribui para moralizar a democracia".[23] É a partir dessa convicção, e constatando o papel importante exercido pela religião nos Estados Unidos, que o autor de *De la démocratie en Amérique* crê na utilidade social da religião nas sociedades democráticas. Ele crê nisso tanto mais pelo fato de que, na América do Norte, contrariamente ao que ele observa na Europa, o espírito de liberdade e o espírito de religião, longe de se oporem, reforçam-se mutuamente.

A concordância entre o espírito de religião e o espírito de liberdade

"Quando cheguei aos Estados Unidos, foi o aspecto religioso do país que, em primeiro lugar, chamou minha atenção (...). Eu tinha visto entre nós o espírito de religião e o espírito de liberdade caminharem quase sempre em sentido contrário. Aqui, eu os encontrava intimamente unidos um ao outro: eles reinavam juntos sobre o mesmo solo" (*DA* I, 401). Tocqueville ficara tanto mais admirado com a vitalidade religiosa nos Estados Unidos por ter descoberto esse país quando este acabara de

---

Religion in Time of Trial. The Seabury Press, New York, 1975; Robert N. Bellah e Philip E. Hammond. *Varieties of Civil Religion*. Harper & Row Publishers, San Francisco, 1980. De nossa parte, nós o aplicamos à França, em "La religion civile à la française et ses métamorphoses", *Social Compass*, vol. 40, 1993, pp. 571-580.

[23] É o que muito justamente observa Jean-Michel Besnier, art. cit., pp. 44-45.

conhecer uma vaga importante de fervor religioso: a que corresponde ao segundo grande despertar da história americana, o *Great Awakening* dos anos 1800-1830. No mesmo ano em que Tocqueville publicava *De la démocratie en Amérique*, aparecia nos Estados Unidos, por outro lado, as famosas *Lectures on Revivals of Religion*, de Charles Grandison Finney (1792-1875), o mais célebre evangelista americano do século XIX. A harmonia entre o cristianismo e a liberdade choca Tocqueville, que vinha de uma França em que, depois da Revolução Francesa, Igreja católica e movimento de democratização aparecem inconciliáveis, apesar dos esforços dos católicos liberais que, como Lamennais (1782-1854), defendem "Deus e a liberdade".[24] Lamennais, que enaltecia a separação entre as Igrejas e o Estado, se dedicará, por outro lado, a mostrar, como Tocqueville, não só que o cristianismo e a democracia são conciliáveis, mas que a liberdade religiosa é um elemento essencial da liberdade política. Ideia que está no fundamento da democracia americana: "Os americanos confundem tão completamente em seu espírito o cristianismo e a liberdade, que é quase impossível fazê-los conceber uma coisa sem a outra" (*DA* I, 399).

> A maior parte da América inglesa foi povoada por homens que, depois de terem se subtraído à autoridade do papa, não havia se submetido a nenhuma supremacia religiosa; eles traziam ao novo mundo, portanto, um cristianismo que eu não poderia pintar melhor a não ser chamando-o de democrata e republicano: isso favorecerá de modo singular o estabelecimento da república e da democracia nos negócios. Desde o princípio, a política e a religião se encontraram de acordo, e depois elas não mais deixaram de estar (*DA* I, 392-393).

---

[24] Divisa do jornal *L'Avenir*, fundado em outubro de 1830 pelos católicos liberais. Em agosto de 1832, na encíclica *Mirari Vos*, o papa condenará as doutrinas políticas de *L'Avenir*, denunciando principalmente a liberdade de consciência como um "delírio, um dos mais contagiosos erros, que leva à indiferença religiosa". Lamennais deixará a Igreja católica.

Tocqueville deplora a situação contrária que reina na França, e nos remete a essa configuração que ainda pesa enormemente se compararmos hoje os Estados Unidos e a França: enquanto, em nosso país, a representação social dominante da religião associa a religião ao poder, à submissão, à ausência de liberdade, à limitação da autonomia individual, nos Estados Unidos, a representação social da religião vê esta principalmente sob o ângulo da liberdade, liberdade de escolha individual e meio de desabrochamento pessoal. Edward A. Tiryakian salienta, com razão, que Tocqueville "foi um dos primeiros críticos perspicazes da 'teoria da secularização', que estabelece um laço entre a modernização e a secularização. Como os dados americanos não se conformavam à teoria, ele reprovava, com efeito, em certos filósofos, ter presumido que "o zelo religioso deveria se moderar à medida que o progresso das Luzes e da liberdade se espalhassem" (*DA* I, 401)".[25] Tocqueville, antecipadamente, contradizia o esquema dos sociólogos das religiões que, nos anos 1960 na Europa, pressupunham que quanto mais modernidade houvesse, menos religião haveria. Ao contrário, como veremos, Tocqueville, por suas observações sobre a religiosidade dos americanos, antecipava as análises dos sociólogos, adiantando que, longe de desaparecer, o religioso, na modernidade, se transformava, e que a modernidade não significava algo menos religioso, e sim um religioso diferente.

A essa diferença entre os Estados Unidos e a França nas relações entre religião e democracia, acrescenta-se a que se refere ao próprio nascimento da sociologia nos dois países. Enquanto a sociologia francesa, de Auguste Comte à escola de Durkheim, situou-se como alternativa secular diante da abordagem religiosa, nos Estados Unidos, os inícios da sociologia foram profundamente influenciados pelo *Social Gospel*: foi um pastor congregacionista que deu o primeiro curso de sociologia

---

[25] Edward Tiryakian. "L'exceptionnelle vitalité religieuse aux États-Unis: une relecture de Protestant-Catholic-Jew", *Social Compass* 38 (3), 1991, p. 217.

no Harvard College em 1891-1892, e um pastor batista que organizou o primeiro departamento de sociologia na Universidade de Chicago. Nesse sentido, Lydia V. E. Lampers-Wallner tem razão de inscrever a análise das raízes religiosas da sociologia norte-americana nas pegadas de Tocqueville.[26]

A separação completa entre a Igreja e o Estado

Se espírito de religião e espírito de liberdade se entendem bem, isso acontece, pensa Tocqueville, por causa da separação entre as Igrejas e o Estado. Apoiando-se sobre o poder temporal e as facilidades que ele lhe dá, isso faz com que a religião corra grande perigo, explica Tocqueville, que pensa que procurar sustentar a religião pelo poder temporal é sacrificar o "futuro em vista do presente". "Aliando-se a um poder político, a religião aumenta seu poder sobre alguns e perde a esperança de reinar sobre todos" (*DA* I, 404). Se separarmos a religião e o Estado, ao contrário, diminuiremos sua força aparente, mas aumentaremos sua força real. Se Tocqueville está convicto de que "diminuindo a força aparente de uma religião", ou seja, rompendo todo laço institucional com o Estado, podemos "aumentar seu poder real", é porque ele pensa que "a religião, forma particular da esperança, é tão natural ao coração humano quanto a própria esperança". Em outras palavras, para Tocqueville, se o futuro da religião é garantido até sem o apoio do Estado, é porque ela se enraíza na experiência individual. Por isso, "a incredulidade é um acidente; apenas a fé é o estado permanente da humanidade" (*DA* I, 403). Por conseguinte, as religiões devem manter-se "nos limites que lhes são próprios

---

[26] Lydia V. E. Lampers-Wallner. "The Religious Roots of North American Sociology: In the Footsteps of Tocqueville", *Social Compass* 38 (3), 1991, pp. 285-300.

e jamais procurar deles sair; porque, ao querer estender seu poder mais longe que as matérias religiosas, elas arriscam não serem mais acreditadas em nenhuma matéria" (*DA* II, 32). A ligação entre a religião e o Estado gera a confusão, explica Tocqueville a propósito da situação na Europa: "Os incrédulos da Europa perseguem os cristãos como inimigos políticos, mais que como adversários religiosos: odeiam a fé como a opinião de um partido, muito mais do que como uma crença errônea; e não é tanto o representante de Deus que eles rejeitam no sacerdote, e sim o amigo do poder. Na Europa, o cristianismo permitiu que o uníssemos intimamente aos poderes da terra. Hoje, esses poderes caem, e é como que sepultado sob seus escombros. É um vivo que quisemos ligar a mortos: basta cortar os laços que o retêm, e ele novamente se levanta" (*DA* I, 408).

Defendendo a separação entre as Igrejas e o Estado, Tocqueville avaliza a diferenciação funcional própria da modernidade. Se ele atribui um grande lugar à religião, isso não é para lhe dar o poder; ao contrário, é para que ele permaneça confinado à esfera que lhe é própria: apenas nessa condição ela poderá ter esse efeito moderador nas sociedades democráticas.

O papel da religião nos Estados Unidos

"O puritanismo não era apenas uma doutrina religiosa; em diversos aspectos ele ainda se confundia com as mais absolutas teorias democráticas e republicanas" (*DA* I, 31). Quando Tocqueville descreve as características da fundação puritana da América, ele mostra a que ponto os mandamentos religiosos eram, por assim dizer, a lei política da sociedade. Na medida em que, como escreve Pierre Manent, "esse poder da religião é exercido por todos os membros do corpo social sobre cada um e por cada sobre todos, podemos descrever esse poder não como o da religião sobre a sociedade mas, mais judiciosamente, como o da sociedade sobre si mesma, por meio da religião".[27] A religião dirige os costumes, reinando soberanamente em particular sobre a alma da mulher, a qual, diz ele, faz os costumes: "Não podemos dizer que nos Estados Unidos a religião exerce uma influência sobre as leis ou sobre o detalhe das opiniões políticas, mas ela dirige os costumes, e é regulando a família que ela fermenta para regular o Estado" (*DA* I, 397). Pouco importa, explica Tocqueville, o grau de implicação dos americanos em suas crenças religiosas, pois o essencial é que eles atribuem crédito a uma fé religiosa: "Não sei se todos os americanos têm fé em sua religião, pois quem pode ler no fundo dos corações? Mas garanto que eles a crêem necessária para a manutenção das instituições republicanas" (*DA* I, 399). "Entre os anglo-americanos, uns professam os dogmas cristãos porque neles crêem, os outros porque temem ter o ar de neles não crer" (*DA* I, 397), diz ainda Tocqueville, que aborda o fato religioso em suas funções sociais e políticas, e não tanto em sua consistência simbólica.

A religião modera as paixões democráticas e exerce, portanto, uma verdadeira função de regulação nas sociedades em que, com o auxílio da igualdade de condições e da liberdade individual, tudo pode parecer possível para cada um. "Desse modo, o espírito humano jamais percebe diante de si um campo sem limite, seja qual for sua audácia; ele sente de tempos em tempos que deve se deter diante de barreiras intransponíveis" (*DA* I, 397). "Desse modo, portanto, ao mesmo tempo em que a lei permite ao povo americano fazer tudo, a religião o impede de tudo conceber e o proíbe de tudo ousar. A religião que, entre os americanos, jamais se mistura diretamente ao governo da sociedade, deve, portanto, ser considerada como a primeira de suas instituições políticas; com efeito, se ela não lhes dá o gosto da liberdade, ela lhes facilita singularmente seu uso" (*DA* I, 398).

---

[27] Pierre Manent. *Tocqueville et la nature de la démocratie*. Fayard, Paris, 1993, p. 132.

A religião é ainda mais necessária nas repúblicas democráticas (*DA* I, 401). Nos tempos democráticos, as religiões devem se carregar menos de práticas exteriores:

> De modo nenhum imagino que seja possível manter uma religião sem práticas exteriores; mas, por outro lado, penso que, nos séculos em que entramos, seria particularmente perigoso multiplicá-las para além da medida; seria necessário antes restringi-las, e delas manter apenas aquilo que é absolutamente necessário para a perpetuidade do próprio dogma, que é a substância das religiões, do qual o culto é apenas a forma. Uma religião que se tornasse mais minuciosa, mais inflexível e mais carregada de pequenas observâncias, ao mesmo tempo em que os homens se tornam mais iguais, logo se veria reduzida a um grupo de apaixonados zelosos no meio de uma multidão incrédula (*DA* II, 34-35).

A religiosidade intramundana dos americanos

Como Max Weber, Tocqueville não crê ingenuamente na pretensão das religiões de se preocuparem essencialmente com o além; ele relaciona o comportamento religioso dos homens a interesses intramundanos sem, entretanto, a isso reduzi-los. "Não creio, escreve ele, que o único móvel dos homens religiosos seja o interesse; penso, porém, que o interesse é o principal meio de que as próprias religiões se servem para conduzir os homens, e não duvido que não seja por esse lado que elas atingem a multidão e se tornam populares" (*DA* I, 358). E quando Tocqueville diz ter encontrado cristãos zelosos, que se esqueciam sem cessar a fim de trabalhar com mais ardor pela felicidade de todos" e que pretendiam "agir assim apenas para merecer os bens do outro mundo", ele não podia deixar de pensar "que enganavam a si próprios" (*DA* II,157).

Essa interpretação se acha confirmada pelas atitudes religiosas que Tocqueville observa entre os americanos:

Os americanos não só seguem sua religião por interesse, mas frequentemente colocam neste mundo o interesse que se pode ter em segui-la. Na Idade Média, os sacerdotes falavam tão somente da outra vida: não se preocupavam muito em provar que um cristão sincero pode ser um homem feliz cá embaixo.

Mas os pregadores americanos voltam sem cessar à terra, e apenas com grande dificuldade conseguem dela afastar seus olhares. Para melhor atingir seus ouvintes, eles fazem com que vejam a cada dia como as crenças religiosas favorecem a liberdade e a ordem pública, e é frequentemente difícil saber, ao ouvi-los, se o objeto principal da religião é buscar a felicidade eterna no outro mundo ou o bem-estar neste (*DA* II, 159).

Tocqueville percebe a religiosidade pragmática e de orientação intramundana dos americanos, antecipando as análises clássicas de um Will Herberg, que mostra como católicos, protestantes e judeus americanos participam todos da religião do *American way of life*, ou seja, como a religião, nos Estados Unidos, é marcada por um processo de secularização interna.[28] Quanto às observações de Tocqueville sobre os pregadores americanos, elas estão em consonância com aquilo que analistas hoje descobrem entre os tele-evangelistas, que pregam um Evangelho da prosperidade e estão prioritariamente preocupados com a audiência [ibope] de suas transmissões.[29]

A Revolução Francesa: Uma revolução religiosa?

Em *L'Ancien Regime et la Révolution* (1856), Tocqueville "esclarece a discordância estrutural do Antigo Regime" que, já sendo inteiramente uma sociedade igualitária por meio dos efeitos dissolventes e niveladores do Es-

---

[28] Will Herberg. *Protestant-Catholic-Jew. An Essay in American Religious Sociology*. Doubleday, Garden City, New York, 1960.
[29] Cf. Jacques Gutwirth. *Les télévangélistes aux États-Unis*. Fayard, Paris, 1998.

tado absolutista sobre a sociedade antiga, permanecia aristocrático em sua concepção do político. A Revolução Francesa teve como efeito reabsorver essa discordância entre o político e o social. Mas o que nos importa insistir aqui é o fato de que a Revolução Francesa aparece para Tocqueville como uma revolução religiosa, "uma revolução política que operou à maneira e que teve em alguma coisa o aspecto de uma revolução religiosa (*AR*, 106). Por quê? Porque, como as revoluções religiosas, ela "inspira o proselitismo" e penetra à distância "pela pregação e pela propaganda". Mas é principalmente porque a Revolução Francesa, exatamente como as religiões, considerou o "homem em geral, independentemente do país e do tempo", porque ela considerou o indivíduo de um modo abstrato e "tinha o ar de tender à regeneração do gênero humano, mais ainda do que à reforma da França", que ela assumiu, conforme Tocqueville, o porte de uma revolução religiosa. Os trabalhos da historiadora Mona Ozouf mostraram como o tema da regeneração fora importante na Revolução Francesa, e sabemos que a cesura que ela introduziu na França, com a constituição civil do clero e a fase de descristianização, as tentativas de criar um culto alternativo (do Ser supremo, da deusa razão), gerou uma verdadeira guerra de religiões, uma fratura durável que alimentou a guerra das duas Franças e tornou o lugar e o papel da religião um problema político central.

Nessa análise, Tocqueville se liga ao historiador americano J. A. Goldstone, que compreendeu bem que o que distinguiu a Revolução Francesa de todas as outras na história foi seu quadro cultural: "Foi nela que, pela primeira vez, o quadro escatológico da época cristã, a crença na destruição do passado e a criação de uma nova era de virtude, aparecem completamente secularizados e transformados em uma crença nos poderes do homem para fabricar um mundo superior com suas próprias mãos".[30]

---

[30] Jacques A. Goldstone. "Révolutions dans l'histoire et histoire de la revolution", em *Revue française de sociologie*, XXX, 1989, p. 420.

O descrédito das crenças religiosas no fim do século XVIII contribuiu para dar um caráter religioso para a Revolução Francesa. A irreligião, pensa Tocqueville, desregrou mais os espíritos do que os corações e, se a religião havia desertado das almas, ela não as deixou vazias: as almas se encontraram cheias "dos sentimentos e das ideias que tiveram durante certo tempo seu lugar e, em primeiro lugar, não lhes permitiram se abater" (*AR*, 246). Os franceses que fizeram a Revolução, salienta Tocqueville, "sentiam-se chamados a transformar a sociedade e a regenerar nossa espécie"; "tais sentimentos e paixões haviam se tornado para eles como que uma espécie de religião nova que, produzindo alguns dos grandes efeitos que vimos as religiões produzirem, os arrancava do egoísmo individual, impelindo-os até o heroísmo e o devotamento, tornando-os frequentemente como que insensíveis a todos esses pequenos bens que nos possuem" (*AR*, 247). Se, no entanto, esse estado de espírito teve lados positivos, teve também o grave defeito, conforme Tocqueville, de misturar política e religião. Enquanto na maioria das revoluções, constata Tocqueville, "um ponto permanecia sólido" – as crenças religiosas, caso se tratasse de uma revolução política, ou a ordem dos poderes, caso se tratasse de uma revolução religiosa –, no caso da Revolução Francesa, "como as leis religiosas foram abolidas ao mesmo tempo em que as leis civis foram derrubadas, o espírito humano perdeu inteiramente seu equilíbrio; ele não soube no que se manter nem no que se deter" (*AR*, 247). Uma revolução política que pretende, ao mesmo tempo, reformar o religioso, absolutiza a si mesma e se torna totalitária na exata medida em que pretende dizer o todo do homem. Da mesma forma que uma reforma religiosa que quer perturbar o político produz um atentado às liberdades por querer dominar todas as esferas da vida social. O fervente partidário de uma separação estrita entre as Igrejas e o Estado, como Tocqueville, compreendeu bem o perigo que fazia a democracia correr todo abuso do político sobre o religioso, ou do religioso sobre o político.

Conclusão

"A religião, escreve Pierre Manent,[31] é o lugar estratégico por excelência da doutrina de Tocqueville. Ele vê nela a possibilidade prática de moderar eficazmente as paixões democráticas, e a possibilidade teórica de ter acesso, no quadro da sociedade democrática, a um exterior, a um outro além da democracia, à pura natureza – a do homem naturalmente religioso –, liberta até de qualquer convenção de igualdade. Ora, ele só estabelece essa possibilidade prática ao abolir essa possibilidade teórica". Com efeito, existe um paradoxo em Tocqueville a propósito da religião: "A religião dos americanos perde sua utilidade à proporção que eles nela se demoram por causa dessa utilidade. Tal é a dificuldade central da interpretação de Tocqueville sobre as relações entre a democracia e a religião".[32] De outro lado, porém, podemos dizer que Tocqueville, sem se interessar de mais perto, é verdade, pelas crenças e pelas práticas religiosas, prefigurou um futuro possível do religioso na democracia: uma referência que dá sentido sem impor normas – ou seja, um Deus que não se mistura diretamente com os negócios políticos dos homens; um imaginário que permite deixar livre o lugar do poder e, portanto, de viver realmente a democracia; uma ética que alimenta as virtudes cívicas e o senso da solidariedade. Pelo fato de sua reflexão sobre o caso americano nos fazer, de início, sair de um esquema clássico, que opõe democracia e religião, Tocqueville abre pistas para pensar o religioso na hora da dessacralização do político e da democratização do religioso.

---

[31] Pierre Manent. *Tocqueville et la nature de la démocratie*. Fayard, Paris, 1993, p. 148.
[32] Pierre Manent. *Op. cit.*, p. 128.

Bibliografia

Obras de Alexis de Tocqueville

Alexis de Tocqueville. *L'Ancien Régime et la Révolution* (1856). GF-Flammarion, Paris, 1988. Prefácio, notas, bibliografia e cronologia por Françoise Mélonio.
Alexis de Tocqueville. *De la démocratie en Amérique* (vol. I: 1835; vol. II: 1840). GF-Flammarion, Paris, 1981. Biografia, prefácio e bibliografia por François Furet.

Sobre Alexis de Tocqueville em geral

André Jardin. *Alexis de Tocqueville 1805-1859*. Hachette, Paris, 1984.
Jean-Claude Lamberti. *Tocqueville et les deux démocraties*. PUF, Paris, 1983.
Pierre Manent. *Tocqueville et la nature de la démocratie*. Fayard, Paris, 1993.
Françoise Mélonio. *Tocqueville et les Français*. Aubier, Paris, 1993.

Sobre Alexis de Tocqueville e a religião

Jean-Michel Besnier. "Tocqueville, entre religion et avenir", em *Raison présente*, 113, 1º trimestre de 1995, pp. 39-53.
Doris S. Goldstein. *Trial of Faith. Religion and politics in Tocqueville's thought*. Elsevir, New York, 1975.
Françoise Mélonio. "La religion selon Tocqueville. Ordre moral ou esprit de liberté?", em *Études*, 360/1, janeiro de 1984, pp. 73-88.
Social Compass, Revue internationale de sociologie de la religion / International Review of Sociology of Religion, vol. 38, n. 3, setembro de 1991: "Tocqueville et la religion / Tocqueville and Religion".

3

MAX WEBER (1864-1920)

Gênese religiosa da modernidade ocidental, racionalização e carisma

Weber nasceu em 1864 em Erfurt, na Turíngia, em uma família protestante da burguesia alemã. Seu pai, magistrado que fez carreira política como deputado, pertencia, por suas origens, à burguesia afortunada. Sua mãe, de origem huguenote, era mulher de grande cultura. Depois de sua formação secundária, recebida em Berlim, Weber estudou principalmente direito, mas também história, economia política, filosofia e teologia, de início em Heidelberg e Estrasburgo (durante seu serviço militar em 1883), em seguida, em Berlim e Göttingen. Depois de um doutorado sobre a história das sociedades comerciais na Idade Média, feito em 1889, foi habilitado para a Universidade de Berlim, em 1892, com um trabalho sobre *A história agrária romana em sua significação para o direito público e o direito privado*, o que lhe permitiu se tornar *Privatdozent*. Em 1894, foi nomeado para a cadeira de economia política e de ciência financeira na Universidade de Friburgo-na-Brisgóvia, e depois, em 1896, para a de Heidelberg. Membro, desde 1888, do *Verein fur Sozialpolitik (Associação para a política social)*, ele redigiu, a pedido dessa associação, um estudo notável, de quase 900 páginas, sobre *As relações dos trabalhadores agrícolas na Alemanha no leste do Elba* (1892). Em consequência a uma depressão nervosa, ele renunciou definitivamente a ensinar em 1903, ano em que se empenhou, ao lado de Edgar Jaffé e Werner Sombart, na publicação de uma revista de ciências sociais:

Archiv fur Sozialwissenschaft und Sozialpolitik. Foi nessa revista que publicou seu artigo inaugural sobre *A objetividade do conhecimento em ciência social e em ciência política* (1904),[1] artigo em que introduz as noções fundamentais de "neutralidade axiológica", de "relação com os valores" e de "tipo ideal". Nessa revista apareceu igualmente, pela primeira vez, seu famoso estudo sobre *A ética protestante e o "espírito" do capitalismo* (1904-1905), estudo cuja segunda parte foi publicada depois de uma viagem aos Estados Unidos, que ele realizou de agosto a dezembro de 1904, em companhia de seu amigo Ernst Troeltsch (1865-1923). Em 1906, Weber publicou, na revista *Die Christliche Welt*, seu ensaio sobre as seitas norte-americanas, do qual uma primeira versão fora publicada alguns meses antes, no *Frankfurter Zeitung*, com o título *"Igrejas"* e *"Seitas"*.[2] Em 1909, ele foi cofundador da *Sociedade alemã de sociologia* com Ferdinand Tönnies e Georg Simmel. De 1911 a 1914, Weber trabalhou em seus estudos que tratavam da "ética econômica das religiões mundiais", que ele começou a publicar em 1915-1916 na revista *Archiv fur Sozialwissenschaft und Sozialpolitik*. Foi principalmente em 1915 que foram publicadas, nessa revista, a *Introdução à ética econômica das religiões mundiais e as Considerações intermediárias (Zwischenbetrachtung): teorias dos graus e das orientações da rejeição religiosa do mundo* que, a seguir, foram inseridas, em uma versão remanejada, no volume I das *Gesammelte Aufsätze zur Religionssoziologie (Coletânea de estudos de sociologia da religião)*, publicado pelo próprio Weber em 1920 (o primeiro texto, a *Introdução*, que

---

[1] Tradução francesa de Julien Freund em Max Weber. *Essais sur la théorie de la science*. Trad. do alemão e introdução de Julien Freund. Plon, Paris, 1965, pp.117-213. Doravante citado "TS".

[2] Os volumes editados sob o título *L'éthique protestante et l'esprit du capitalisme* contêm em geral, em sua nova edição de 1920, aparecida no primeiro tomo das *Gesammelte Aufsätze zur religionssoziologie*, o estudo propriamente dito de Weber que apareceu com esse título, tanto o ensaio sobre as seitas norte-americanas como a *Observação preliminar à coletânea de estudos de sociologia da religião*, redigida por Weber em 1920 como prólogo à publicação do primeiro volume desses *Estudos de sociologia das religiões*. É principalmente o caso da tradução de Isabelle Kalinowski (Flammarion, Paris, 2000), à qual nos referimos aqui pela sigla "EP".

figura depois dos textos que tratam da ética e das seitas protestantes e antes do estudo sobre o confucionismo e o taoísmo; o segundo, a *Zwischenbetrachtung*, encerrando o volume I, depois do estudo sobre o confucionismo e o taoísmo).[3] De 1917 a 1919, foi o estudo sobre *O judaísmo antigo* que apareceu nessa mesma revista, antes de formar, em 1921, e em uma versão não mudada, o volume III de *Gesammelte Aufsätze zur Religionssoziologie*. Quanto ao volume II dessa Coletânea, editado em 1921, ele foi constituído pelo estudo sobre "Hinduísmo e Budismo". Na iminência de sua morte, em 1920, Weber teve o tempo de acrescentar um "Prólogo" *(Vorbemerkung)* ao primeiro volume das *Gesammelte Aufsätze zur Religionssoziologie*.[4]

A casa de Max Weber, como a de seus pais, foi um lugar de intercâmbios intelectuais muito ricos: Georg Simmel, Werner Sombart, Karl Jaspers, Georg Lukàcs, Ernst Troeltsch (que morava na mesma casa que os Weber) se encontravam com frequência. Weber viveu em uma família contrastada, do ponto de vista religioso, com o pai pouco interessado por religião e a mãe que, ao contrário, a ela se apegava muito. Ele frequentou o *Evangelisch-soziale Kongress* (o congresso social protestante), associação fundada em 1890 por teólogos, sociólogos e economistas preocupados com a questão social. Depois da abolição das leis antissocialistas de Bismarck, em 1891, esse congresso se tornou um dos grandes fóruns de discussão com a social-democracia. Ele manteve numerosas relações amigáveis com teólogos e pastores, particularmente com o pastor Friedrich Naumann (1860-1919) que, liberal tanto em política como em teologia, foi, como primeiro presidente do partido democrata alemão, um dos pais fundado-

---

[3] Encontramos esses dois textos no volume Max Weber. *Sociologie des religions*. Textos reunidos e traduzidos por Jean-Pierre Grossein, introdução de Jean-Claude Passeron. Gallimard, Paris, 1996 (doravante citado com a sigla "SR").
[4] "Prólogo" traduzido por Jean-Pierre Grossein no volume *Sociologie des religions*. Nesse volume, encontraremos na página 126 uma útil apresentação da lista de matérias desses três volumes das *Gesammelte Aufsätze zur Religionssoziologie*, assim como, nas páginas 127-129, uma apresentação dos diferentes projetos que terminaram na publicação póstuma de *Wirtschaft und Gesellschaft (Economia e sociedade)*.

res da República de Weimar. Colaborou na revista protestante liberal *Die Christliche Welt* (O mundo cristão), editada pelo teólogo Martin Rade (a quem devemos um estudo sobre as representações religiosas dos operários da indústria). Em uma carta a Naumann em 1909, Weber declara: "Sem dúvida, de forma nenhuma tenho ouvido religioso *(Ich bin zwar religiös absolut unmusikalisch)*, nem a necessidade ou a capacidade de erigir em mim um edifício espiritual qualquer. Conforme um rigoroso autoexame, porém, não sou antirreligioso nem irreligioso".[5] Se, pessoalmente, Weber era religiosamente *unmusikalich*, não podemos dizer que ele o fosse intelectualmente. Embora praticando o agnosticismo metodológico, Weber manifesta, com efeito, uma simpatia compreensiva pelo fenômeno religioso, que nada tem de anti ou de irreligioso. Como Simmel, e disso não excluindo o enfraquecimento da religiosidade em tal ou tal camada social ou na sociedade em seu conjunto, Weber considera mais o fato religioso como uma dimensão ligada a uma condição humana confrontada com a irracionalidade do mundo, mas uma dimensão que reveste formas extremamente diversas conforme as épocas e as civilizações e que, portanto, é profundamente histórica. Como muitos protestantes liberais de seu tempo, Weber pode ser considerado como um protestante sem Igreja. Independente no domínio religioso, Weber o foi também na política, ainda que tenha se implicado diversas vezes na história política de seu tempo. Nacionalista fervoroso, foi ardente defensor dos interesses alemães, mas permanecendo democrata. Por outro lado, foi membro do partido democrático alemão e participou na gênese da Constituição de Weimar.[6] Nele, porém, o intelectual importa mais que o militante, e foi, por outro lado, essa postura crítica e sem ilusões, constantemente mantida, que lhe valeu receber numerosas críticas e ser frequentemente isolado. No fim das contas, é altamente sig-

---

[5] Nossa tradução.
[6] Sobre os compromissos políticos de Weber, cf. Wolfgang J. Mommsen. *Max Weber et la politique allemande. 1890-1920*. PUF, Paris, 1985.

nificativo que sua carreira terminou com duas brilhantes e profundas conferências na Universidade de Munique, a primeira sobre "a ciência como profissão e vocação" *(Wissenschaft als Beruf)*, em 1917, e a segunda sobre "a política como profissão e vocação" *(Politik als Beruf)*, em 1919, duas conferências[7] em que ele mostra particularmente bem a irredutibilidade natural entre o trabalho do intelectual e o do político, assim como, por outro lado, entre o político e o homem religioso. Max Weber morreu de pneumonia em Munique, em 1920. Sua esposa, Marianne, que providenciou a edição de diversos textos dele – particularmente, em 1921, as *Gesammelte Aufsätze zur Religionssoziologie* e, em 1922, *Wirtschaft und Gesellschaft (Economia e Sociedade)* –, consagrou-lhe uma biografia.[8]

A recepção lenta e difícil da sociologia de Weber na França

A recepção da obra de Weber na França passava inevitavelmente pela tradução, ainda que sociólogos germanófilos, como Maurice Halbwachs e Raymond Aron, já tivessem aberto o caminho ao apresentar ao público francês toda ou parte da obra de Weber. Assim, desde 1925, M. Halbwachs expunha, pela primeira vez em francês, a célebre análise de Weber sobre as afinidades entre o protestantismo puritano e o capitalismo.[9] Quanto a R. Aron, ele lhe consagrava, em 1935, a terça parte de sua obra *A sociologia alemã contemporânea*. De resto, foi necessário esperar 1959 para ver aparecer a primeira tradução em francês de uma obra de Weber: *O intelectual e o político*, por Julien Freund, tradução que foi seguida, em 1964, pela de *A ética protes-*

---

[7] Essas duas conferências foram publicadas em 1919.
[8] Marianne Weber, Max Weber. *Ein Lebensbild* (1926). Mohr-Siebeck, Tubingen, 1984.
[9] Maurice Hallbwachs. "Les origines puritaines du capitalisme", *Revue d'histoire et de philosophie religieuses*, 1925, n. 2, pp. 132-154.

tante e o espírito do capitalismo, por Jacques Chavy e, em 1965, do *Judaísmo antigo*, por Freddy Raphaël, e dos *Ensaios sobre a teoria da ciência*, por Julien Freund. Em seguida, em 1971, foi a vez do primeiro tomo de *Economia e Sociedade*, por uma equipe de tradutores sob a direção de Jacques Chavy e de Eric de Dampierre. Depois de uma pausa, as traduções se multiplicaram nos anos 1980 com, principalmente, o trabalho de tradução rigorosa e muito útil, fornecida por Jean-Pierre Grossein, a quem devemos o notável volume *Sociologie des religions* (1996), que reúne textos essenciais de Weber no domínio que aqui nos ocupa. Em 2000, finalmente, aparecem uma nova tradução de *A ética protestante e o espírito do capitalismo*, devida a Isabelle Kalinowski,[10] assim como a tradução de *Confucionismo e taoísmo*, devida à Jean-Pierre Grossein e Catherine Colliot-Thélène. A partir das introduções substanciais à sociologia de Weber do fim dos anos 1960 – as de Julien Freund, em 1966, e a de Raymond Aron, em 1967, em *As grandes etapas do pensamento sociológico* –, os estudos sobre Weber se multiplicaram e o sociólogo alemão se tornou um autor inevitável para os estudantes de sociologia, assim como o é também, há já diversos anos, para os sociólogos das religiões.

A recepção da sociologia de Weber na França, assim como é testemunhado pelo caráter tardio de suas traduções e dos próprios problemas colocados por algumas delas,[11] foi difícil. Em 1972, Jean Séguy se interrogava nos seguintes termos: "Por que a França teve de esperar 1959 para se dotar de seu primeiro Weber traduzido?", "O que, na obra weberiana, até agora impediu sua assimilação pela cultura universitária francesa?"[12]

---

[10] A tradução de Isabelle Kalinowski, embora representando certo progresso em relação à de Jacques Chavy, infelizmente não é sem defeitos (principalmente no modo como foram traduzidos certos conceitos essenciais em Weber). Nossas citações de *L'éthique protestante (EP)* remetem a essa obra, mas nós mesmos traduzimos de novo diversas passagens.

[11] Cf. Jean-Pierre Grossein. "Peut-on lire em français L'éthique protestante et l'esprit du capitalisme?", *Archives européennes de sociologie*, XL, 1999, pp. 125-147.

[12] Jean Séguy. "Max Weber et la sociologie historique des religions", em *Archives de sociologie des religions*, 1972, 33, pp. 71-104.

Questões que podemos completar por esta: o que, na sociologia francesa, resistiu à penetração da obra weberiana? Remetendo-nos aos trabalhos de Monique Hirschhorn e de Michael Pollack sobre este problema,[13] de nossa parte gostaríamos de salientar como diversos obstáculos importantes conjugaram seus efeitos para tornar longa e difícil a recepção da sociologia de Weber na França. Distinguimos obstáculos filosóficos, políticos, acadêmicos, metodológicos e leigo-religiosos. Obstáculos filosóficos: ao definir a sociologia como uma ciência da realidade *(Wirklichkeitswissenschaft)* que não diz o sentido e não fornece normas para a ação, Weber rompia radicalmente a ligação entre a análise sociológica e qualquer perspectiva de reforma social, particularmente com aquilo que ela comportava, diz Weber, de "fé de tipo religioso na escatologia socialista" (*ES*, 532).[14] Obstáculos políticos: para apreender em profundidade o pensamento weberiano, era necessário romper a clivagem esquerda/direita na sociologia e, particularmente, renunciar a fazer dela um anti-Marx. Obstáculos acadêmicos: as querelas de escolas diversas contribuíram tanto para não levar em conta a sociologia weberiana, como a sua instrumentalização no quadro de uma escola determinada. Ora, Weber é dificilmente redutível a uma escola, e a prova disso é que sociólogos tão diferentes como Raymond Boudon e Pierre Bourdieu dele fizeram leituras interessadas e interessantes. Obstáculos metodológicos com as

---

[13] Cf. Monique Hirschhorn. *Max Weber et la sociologie française*. L'Harmattan, Paris, 1988. Michael Pollack. "Max Weber en France, l'itineraire d'une oeuvre", *Les Cahiers de l'Institut d'histoire du temps present*, 3, 1986, pp. 24-28.

[14] Segundo Weber, "a glorificação quase supersticiosa da "ciência", considerada como geradora possível ou, ao menos, como profetiza da revolução, violenta ou pacífica, no sentido de uma redenção da dominação de classe" geraria inevitavelmente uma decepção (Max Weber. *Économie et société*, t. I (1921). Plon, Paris, 1971, p. 532, doravante citado com a sigla "ES"). Como a tradução francesa não incluía o tomo II, recorremos à edição alemã (notada com a sigla "WG"): *Wirtschaft und Gesellschaft. Grundriss der verstehenden Soziologie*. Funfte, redivierte Auflage, besorgt von Johannes Winckelmann. J. C. B. Mohr (Paul Siebeck), Tubingen, 1980.

dificuldades para apreender noções tão importantes, em Weber, como as de tipo ideal, de neutralidade axiológica ou de politeísmo dos valores, ou então de articulações tão complexas como as que existem entre a compreensão e a explicação. *Last but not least*, obstáculos leigo-religiosos, sobre os quais se compreenderá que insistamos aqui um pouco mais. De início, o fato de que a sociologia das religiões ocupe um lugar tão considerável no conjunto da sociologia weberiana não facilitou sua recepção entre sociólogos franceses, marcados por representações mais secularistas da sociedade. Em seguida, a sociologia weberiana das religiões, ao salientar a gênese religiosa da modernidade ocidental, encontrava-se mal ajustada em relação à oposição clássica entre modernidade e religião e ao esquema da guerra das duas Franças, católica e leiga. Ela quebrava toda oposição simplista entre idealismo/materialismo, religião/modernidade, racionalidade/irracionalidade. Finalmente, o fato de que a sociologia weberiana das religiões não esteja centrada sobre o catolicismo e que ela não se interesse em primeiro lugar pela questão das relações entre as instituições eclesiásticas e os indivíduos, mas ao comportamento dos atores, a seu *ethos*, não facilitou sua recepção em um país de cultura católica como a França, muito marcada por uma representação institucional e clerical do religioso. A história da recepção de Weber na França é também a de um sociólogo culturalmente protestante em uma França culturalmente católica. Entre os sociólogos das religiões, por outro lado, não é um acaso se, em nosso país, os primeiros sociólogos do catolicismo tenham sido tão pouco ou até nada inspirados por Weber (de Gabriel Le Bras a Émile Poulat):[15] foram sociólogos do protestantismo (Jean Séguy, Jean Baubérot, e o autor deste livro) ou do judaísmo (Freddy Raphaël, Michael Lowy) que particularmente se interessaram por ele.

---

[15] François-André Isambert é um caso à parte. Ele se interessou por Weber, mas a referência a Weber não intervém muito em seus trabalhos de sociologia do catolicismo.

Uma metodologia

É impossível, nos limites deste capítulo, estendermo-nos longamente sobre a metodologia de Weber. É, entretanto, indispensável apresentar algumas noções essenciais para a compreensão da abordagem weberiana. Para o que se refere à neutralidade axiológica *(Wertfreiheit)*, remetemos ao excelente estudo de Julien Freund, que recorda que "a neutralidade axiológica é o princípio que permite salvaguardar a legitimidade da pesquisa científica em sua ordem e a das avaliações práticas na dela, ou seja, a da luta e do compromisso".[16] Essa neutralidade axiológica é tanto mais necessária e heuristicamente fecunda porque trata de estudar as relações efetivas com valores tais como são observados em indivíduos nas diferentes civilizações e em diferentes épocas. Quanto ao explicar *(erklären)* e ao compreender *(verstehen)*, diremos que, em Weber, a compreensão é um momento essencial da explicação, e que Weber empregava a expressão *verstehende Erklärung* (literalmente, "explicação compreensiva"). A compreensão sociológica[17] não consiste, conforme diz Dominique Schnapper, em "compreender as condutas dos homens de modo intuitivo e simpático", mas em torná-las inteligíveis em um projeto de conhecimento intelectual e racional,[18] um projeto que não renuncie à explicação causal. Sua própria definição de sociologia demonstra muito bem essa ambição: "Chamamos sociologia (...) uma ciência que se propõe a compreender por interpretação *[deutend verstehen]* a atividade social e, por meio disso, explicar causalmente *[ursächlich erklären]* seu desenvolvimento e seus efeitos" (*ES*, 4). Weber, antecipada-

---

[16] Julien Freund. *Études sur Max Weber*. Librairie Droz, Genebra-Paris, 1990. Cf. o capítulo I: "La neutralité axiologique", pp. 11-70. A citação é da página 55.
[17] *Verstehende Soziologie*, que significa literalmente "sociologia abrangente" e não "sociologia compreensiva", F. A. Isambert tem razão de traduzir essa expressão por "compreensão sociológica"; cf. François-André Isambert. "Max Weber desencantado", *L'année sociologique*, 1993, p. 360.
[18] Dominique Schnapper. *La compréhension sociologique. Démarche de l'analyse typologique*. PUF, Paris, 1999, p. 3.

mente, rejeita qualquer monocausalismo: apesar de atribuir determinado peso às condições econômicas, ele rejeita – e aí está seu principal ponto de divergência com o marxismo – torná-las o fator explicativo essencial do futuro das sociedades. Também a atividade econômica é mediatizada pelo sentido: para explicar o curso da história, é preciso compreender o sentido que os homens dão a sua ação, as molas fundamentais que os impelem a adotar tal ou tal conduta de vida *(Lebensfuhrung)*. O modo como Weber concebe a análise sociológica reúne, em certos aspectos, o procedimento do historiador das mentalidades e do antropólogo que atribui em sua análise um lugar eletivo ao estudo do mundo vivido pelos indivíduos.

Com o tipo ideal, trata-se de algo completamente diferente de um modelo no sentido normativo do termo. O tipo ideal do "capitalismo ocidental", não mais que o da "Igreja" ou da "Seita", não é ideal no sentido de um modelo a ser valorado positiva ou negativamente; ele é ideal conceitualmente falando, para perceber especificidades de um tipo particular de capitalismo ou de formas particulares de comunalização religiosa. Julien Freund explicava o tipo ideal com a seguinte comparação: um homem tão avarento como Harpagon, que encarna o tipo do Avarento na ficção teatral de Molière, não se encontra na realidade, mas, para significar a avareza no registro teatral, é necessário acentuar unilateralmente determinados traços de um personagem. É o sentido do procedimento ideal-típico, que Weber resume na seguinte passagem:

> Obtemos um ideal-tipo *acentuando* unilateralmente *um ou diversos* pontos de vista e encadeando uma multidão de fenômenos dados *isoladamente*, difusos e discretos, que encontramos ora em grande número ora em pequeno número e de modo nenhum em todo lugar, que ordenamos conforme os precedentes pontos de vista, escolhidos unilateralmente, para formar um *quadro de pensamento* homogêneo *[einheitlich]*. Empiricamente, não encontraremos em nenhum lugar tal quadro em sua pureza conceitual: *ele é uma utopia*. O trabalho histórico terá como tarefa determinar em cada caso particular como a realidade se aproxima ou se afas-

ta desse quadro ideal, em qual medida é preciso, por exemplo, atribuir, no sentido conceitual, a qualidade de "economia urbana" às condições econômicas de uma cidade determinada. Aplicado com prudência, esse conceito fornece o serviço específico que esperamos em favor da pesquisa e da clareza.[19]

Weber, mais que qualquer outro, adverte-nos que jamais devemos confundir o objeto real e o objeto de conhecimento: só apreendemos o primeiro por meio de uma construção, que é o trabalho específico do pesquisador, sempre passível de revisão e de aperfeiçoamento, e diversos pontos de vista podem ser produzidos sobre um mesmo objeto. Além disso, "a construção do tipo ideal como operação de estilização da realidade social para melhor compreendê-la" não é, como relembra Dominique Schnapper, "apenas característica da sociologia em geral, mas também do conjunto das ciências humanas".[20]

Outras noções fundamentais na abordagem weberiana: o paradoxo das consequências e a distinção entre ética da responsabilidade e ética de convicção. Os resultados de uma ação não correspondem às intenções de seu autor, e podem até ser totalmente contrários à finalidade pretendida: em outras palavras, as consequências de uma ação não são plenamente previsíveis, não só porque ela encontra outras ações que interagem com ela e geram efeitos que não foram desejados por ninguém, mas igualmente porque as melhores intenções podem dar no pior, enquanto intenções duvidosas podem ter consequências positivas. Em sua famosa conferência de 1919, sobre *A profissão e a vocação do homem político*, Weber recusa totalmente o ponto de vista segundo o qual "o bem só pode gerar o bem e o mal só pode gerar o mal"; ele até se admira de que possamos ainda sustentar esse ponto de vista, quando "o desenvolvimento de todas as religiões do mundo

---

[19] Max Weber, "L'objectivité de la connaissance dans les sciences et la politique sociales" (1904), *TS*, p. 181.
[20] Dominique Schnapper. *Ibid.*, p. 2.

está fundado sobre a verdade da opinião inversa, e que os Upanixades nos ensinaram essa verdade há dois mil e quinhentos anos".[21] A ética de responsabilidade consiste justamente em integrar as consequências previsíveis de seus atos na elaboração e na efetivação da ação, ao passo que a ética de convicção consiste em fazer aquilo que se considera dever fazer conforme os princípios aos quais se adere, sem de nenhum modo se preocupar com as consequências de sua ação. É a irracionalidade do mundo que o partidário da ética de convicção não suporta, o fato de que o injusto ou o desonesto pode ser recompensado, ao passo que o justo ou o honesto pode, ao contrário, sofrer; um problema clássico da teodicéia, ao qual Weber concede grande atenção.

Uma sociologia da dominação religiosa

Para Max Weber, a religião é "uma espécie particular de modo de agir em comunidade", da qual se trata de estudar as condições e os efeitos. Weber não aborda as religiões prioritariamente como sistemas de crenças, mas como "sistemas de regulamentação da vida", "que souberam reunir em torno de si massas particularmente importantes de fiéis" (*SR*, 331). A partir disso, Weber vai se interessar pelos comportamentos práticos dos indivíduos e pelo sentido que eles dão a sua conduta, e isso para melhor analisar o conjunto das consequências sociais que seu modo de se comportar acarreta (em sua relação com as diferentes esferas de atividade, particularmente a economia e a política). O domínio próprio da atividade religiosa consiste em regular as relações das potências "sobrenaturais" com os homens, pre-

---

[21] Max Weber. *Le savant et le politique* (1919), com introdução de Raymond Aron, trad. por Julien Freund. Librairie Plon, Paris, 1959. Citamos conforme a edição 10/18 de 1963, p. 175. Doravante citado com a sigla "SP".

cisa Weber, que permanece muito prudente em sua definição liminar do fenômeno religioso; ele recusa particularmente a se pronunciar sobre a essência do religioso. Para ele, é o problema colocado pela irracionalidade do mundo, particularmente a discordância entre o mérito e o destino, a existência do sofrimento e a realidade da morte, que "foi a força motriz do desenvolvimento de todas as religiões" (*SP*, 75), a necessidade racional de uma teodicéia do sofrimento e da morte, que exerceu "uma ação extraordinariamente poderosa" (*SR*, 343).[22] Se as religiões deram lugar a sistematizações teológicas e alguns especularam sobre o além, permanece, diz Weber, que "as formas mais elementares do comportamento motivado por fatores religiosos ou mágicos estão orientados para o mundo cá embaixo. Os atos prescritos pela religião ou pela magia devem ser realizados 'a fim de ter (...) felicidade e vida longa sobre a terra' (Deuteronômio 4,40)".[23] Inversão considerável em relação a todas as análises do religioso que, insuficientemente distanciadas em relação aos próprios discursos religiosos, identificam interesses religiosos e interesses pelo além. Para Weber, a religião se refere ao cá embaixo:

"Os diversos bens de salvação *(Heilsguter)*, prometidos e propostos pelas religiões, não devem de modo algum serem considerados pelo pesquisador empírico como estando relacionados somente, ou até prioritariamente, ao 'além'. (...) os bens de salvação propostos por todas as religiões, primitivas ou civilizadas *(kultiviert)*, proféticas ou não, relacionam-se em primeiro lugar, com muito peso, a este mundo presente: saúde, longa vida, riqueza

---

[22] Entre as respostas clássicas da teodiceia à questão da imperfeição do mundo, Weber distingue apenas três tipos de respostas racionalmente satisfatórias: a da doutrina hindu do carma, a do dualismo zoroastriano e a do decreto calvinista da predestinação e do *Deus absconditus* (a concepção de um deus escondido) (*SR*, 343).

[23] Max Weber. *Économie et société*, t. I, 1921. Plon, Paris, 1971, p. 429 [cap. V, "Les types de communalisation religieuse (sociologie de la religion)"].

– tais eram as promessas das religiões chinesa, védica, do zoroastrismo, judaísmo antigo, islamismo, assim como as religiões fenícia, egípcia, babilônica e germânica antiga, e tais eram também as promessas feitas aos leigos piedosos pelo hinduísmo e pelo budismo. Apenas o virtuose religioso – [asceta], monge, sufi, derviche – visava a um bem de salvação 'extramundano', comparado com os bens concretamente terrestres (...)" (*SR*, 345-346).

E até no caso do virtuose religioso, que concebe a salvação sob forma extramundana, precisa Weber, não se trata de uma relação unicamente com o além, mas da busca de "um habitus no presente, neste mundo presente". Catherine Colliot-Thélène tem toda a razão ao salientar o fato de que, em Weber, a oposição entre a ordem do cotidiano e o da exceção ao cotidiano *(Alltäglichkeit / Aussertäglichkeit)* é mais importante que a distinção entre o aquém e o além *(diesseits/jenseits)* [lit.: lado de cá / lado de lá].[24] Weber, que vai precisamente mostrar no que algumas expressões religiosas largamente contribuíram para a desmagificação e para a racionalização do mundo, rejeita identificar religião e irracionalidade: "Os atos motivados pela religião ou pela magia são atos, pelo menos relativamente, racionais" (*ES*, 429). Tanto no domínio da religião como em outros domínios, todo o mundo não é igualmente apto, e Weber, que distingue entre *religiosidade de massa* e *religiosidade de virtuose*, é muito sensível à qualificação religiosa desigual dos homens:

> No próprio ponto de partida de toda história das religiões encontramos um fato de experiência importante: a qualificação religiosa desigual dos homens (...). Como os bens de salvação religiosos têm o maior valor – as capacidades extáticas e visionárias dos xamãs, dos feiticeiros, dos ascetas e dos pneumáticos de todos os tipos – eles não se encontravam ao

---

[24] Catherine Colliot-Thélène. "Rationalisation et désenchantement du monde: problèmes d'interprétation de la sociologie des religions de Max Weber", *Archives de sciences socials des religions*, 89, janeiro-março de 1995, p. 75.

alcance de qualquer um; sua posse era um carisma que podia estar desperto em algumas pessoas, mas não em todas. Disso resultou a tendência de toda religiosidade intensiva se estruturar por corpos que correspondem às diferenças de qualificação carismática. Uma religiosidade de 'virtuose' [ou de herói] se opôs, dessa forma, a uma religiosidade de 'massa' – entendendo que por 'massa' de modo nenhum designamos aqueles que estão em posição social inferior na escala social secular [mas aqueles que não possuem 'ouvido musical' para a *religião*]" (*SR*, pp. 358-359).

Compreendemos, então, porque Weber é tão atento à questão da dominação religiosa. O agrupamento religioso lhe aparece como um gênero particular de agrupamentos de dominação *(Herrschaftsverbände)*, um gênero que ele chama de "agrupamento hierocrático" *(hierokratischer Verband)*. Para Weber, o "agrupamento hierocrático" é, com efeito, um agrupamento em que se exerce um modo particular de dominação sobre os homens. Weber inscreve sua sociologia das religiões em uma sociologia da dominação *(Herrschaftsoziologie)*, o que o leva a dar grande atenção aos diversos modos de exercício do poder religioso: "Não é a natureza dos bens espirituais que ele deixa esperar – bens de cá embaixo ou no além, bens exteriores ou íntimos – que constitui a característica determinante do conceito de agrupamento hierocrático, mas o fato de que a dispensação desses bens pode constituir o fundamento de uma dominação espiritual sobre os homens" *(die Grundlage geistlicher Herrschaft uber Menschen)* (*ES*, 59). "Um modo de agir em comunidade", ou seja, uma forma de dominação sobre os homens; Weber está desde o início atento às duas principais características da religião como fenômeno social: o laço social que ela gera e o modo de poder ao qual ela dá lugar. E a sociologia weberiana das religiões se dedica precisamente a definir os tipos de "comunalização religiosa" *(religiöse Vergemeinschaftung)* e os tipos de autoridade religiosa.

Os tipos de comunalização religiosa e, particularmente, com a famosa distinção entre a *Igreja* e a *Seita*, como dois modos de existência social da religião. O primeiro, a *Igreja*, constitui uma instituição burocratizada de salvação, uma administração de bens de salvação em que se exerce a autoridade de função e que está em estreita simbiose com a sociedade global. Um agrupamento hierocrático se desenvolve como *Igreja*, diz Weber (*SR*, 251), quando aparecem os quatro critérios seguintes: 1) "Um corpo de sacerdotes profissionais, cujo estatuto é regulamentado por um salário, uma carreira, deveres profissionais e um estilo de vida específico (fora do exercício da profissão)"; 2) "Quando a hierocracia pretende uma dominação 'universalista', que ultrapassa os laços familiares e tribais, assim como as barreiras etno-nacionais; 3) "Quando o dogma e o culto são racionalizados, consignados em escritos sagrados, comentados"; 4) "Quando tudo isso se realiza dentro de uma comunidade institucionalizada *(anstaltsartige Gemeinschaft)*". Como ponto decisivo que resta para Weber, "a separação do carisma em relação à pessoa e sua ligação com a instituição, e particularmente à função *(Amt)*" (*SR*, 251-252), o carisma de função *(Amtscharisma)* representa precisamente o caso em que houve transferência da sacralidade carismática sobre a instituição como tal e seus funcionários.

O segundo tipo, a *Seita*, é definido como uma associação voluntária de crentes em ruptura mais ou menos marcada com o ambiente social e no seio da qual se exerce uma autoridade religiosa de tipo carismático. Enquanto uma pessoa nasce como membro de uma *Igreja*, ela se torna membro de uma *Seita*.

> A seita quer ser uma formação aristocrática: uma associação de pessoas plenamente *qualificadas* religiosamente, e unicamente dessas pessoas; ela não quer ser, como uma Igreja, uma instituição pela graça *(Gnadenanstalt)*, que procura esclarecer tanto os justos como os injustos, e colocar o maior número de pecadores sob o poder do mandamento divino. A seita alimenta o ideal da *ecclesia pura* (= igreja pura) (de onde o nome de puritano), a ideia da comunhão *visível* dos santos, da qual são excluídas as ovelhas sarnentas, a fim de que estas não ofendam o olhar de Deus. Em seu tipo mais puro pelo menos, ela rejeita a graça institucional *(Anstaltsgnade)* e o carisma de função (*SR*, 318).

Igreja e *Seita* são, na abordagem de Weber, tipos ideais, ou seja, modelos elaborados para a pesquisa, e que não existem em estado puro na realidade, mas que são polos de referência úteis para o estudo da realidade empírica. Embora Weber tenha elaborado esses tipos ideais em referência ao humo histórico das confissões cristãs – não é difícil ver que a Igreja católica, como agrupamento religioso concreto, corresponde muito bem ao tipo *Igreja*, tal como Weber a define –, permanece ainda que essa tipologia ideal-típica e sociológica vale para além do cristianismo. O próprio Weber observa, por outro lado, que encontramos agrupamentos religiosos de tipo Igreja fora do cristianismo: "No Islã, o budismo – sob a forma do lamaísmo – e, em sentido mais restrito, por causa da existência *de facto* de ligações nacionais, no madismo e no judaísmo e, antes deste, provavelmente na hierocracia do antigo Egito" (*SR*, 252). Quanto ao tipo sociológico da *Seita*, como associação voluntária de crentes qualificados, agrupados em torno de um líder carismático, não é difícil dela encontrar exemplos nas diversas religiões. Ernst Troeltsch (1865-1923), teólogo protestante e sociólogo, completará a tipologia de seu amigo Weber, acrescentando a ela o tipo *Místico*, caracterizado pela experiência pessoal imediata, distante das formas objetivadas de crenças e de cultos e por meio de uma sociabilidade muito vaga – Troeltsch fala de "grupos flutuantes" – que privilegia os laços pessoais por afinidade espiritual.[25]

Quanto aos tipos de autoridade religiosa, Weber os elabora a partir de sua pesquisa das diferentes formas de legitimação do poder na vida social. Em outras palavras, também quanto a isso a análise weberiana da religião é elaborada a partir de um aparelho conceitual da sociologia geral. Para Weber, que estabelece uma distinção central entre o poder como força bruta de obrigação *(die Macht)* e a autoridade como poder reconhecido como legíti-

---

[25] Ernst Troeltsch, *Die Soziallehren der christlichen Kirchen und Gruppen* (1922). Scientia Verlag, Aalen, 1965. Sobre a contribuição sociológica de Troeltsch, cf. Jean Séguy. *Christianisme et société. Introduction à la sociologie de Ernst Troeltsch*. Cerf, Paris, 1980.

mo por aqueles junto aos quais ele é exercido *(die Herrschaft)*, a questão central é a da legitimidade do poder, ou seja, a da construção social da crença na legitimidade do poder, uma vez que todos os poderes procuram "despertar e manter a crença em sua legitimidade" (*ES*, 220).[26] O poder pode se legitimar de modo racional-legal, de modo tradicional ou de modo carismático. A legitimação racional-legal do poder corresponde à autoridade administrativa, uma autoridade impessoal, que repousa sobre a crença na validade dos regulamentos e das funções. O poder fundado tradicionalmente repousa sobre a crença na validade do costume, na legitimidade das transmissões tradicionais das funções (por exemplo, de modo hereditário). Quanto à autoridade carismática,[27] ela é o próprio tipo do poder pessoal, pois sua legitimidade repousa sobre a aura reconhecida de um determinado indivíduo. No domínio religioso, esses três modos de legitimação do poder definem os tipos ideais do *Sacerdote*, do *Feiticeiro* e do *Profeta*. O *Sacerdote* é a autoridade religiosa de função que se exerce no seio de uma empresa burocratizada de salvação. O *Feiticeiro*, a autoridade religiosa que se exerce junto a uma clientela que reconhece o saber-fazer de um portador autêntico de uma tradição. O *Profeta*, a autoridade religiosa pessoal daquele que é reconhecido sobre a base de uma revelação da qual ele se prevalece ("eu, porém, vos digo que..."). A autoridade institucional de tipo *Sacerdote* é, por definição, a que gera o religioso no cotidiano e garante sua continuidade na duração, ao passo que

---

[26] Em *Économie et Société*, t. I, os tradutores escolheram traduzir *die Macht* por "o poder" e *die Herrschaft* por "a dominação" (cf. p. 56). Embora essa tradução não seja falsa, preferimos de nossa parte, por cuidado pedagógico, falar de poder e de autoridade, pois esta última é o poder enquanto é, de uma ou de outra maneira, reconhecido como legítimo por aqueles junto aos quais é exercido. O próprio Weber fala, por outro lado, em diferentes passagens, de "charismatische Autorität" (*Wirtschaft und Gesellschaft*, p. 654s.).

[27] Weber reconhece ter tomado de empréstimo o conceito de carisma de historiadores do cristianismo primitivo, dando-lhe, porém, uma extensão maior, não só no plano religioso, mas também em outros planos, particularmente o político. Cf. Jean-Martin Quedraogo. "La réception de la sociologie du charisme de M. Weber", *Archives de sciences sociales des religions*, julho-setembro de 1993, pp. 141-157 e "Le charisme selon Max Weber: la question sociologique", *Archives européennes de sociologie*, XXXVIII, 1997, pp. 324-343.

a autoridade carismática de tipo *Profeta* introduz uma ruptura nessa gestão cotidiana. Weber estudou particularmente os problemas colocados pela transmissão desse poder pessoal que é a autoridade profética. Ao se transmitir, o carisma se rotiniza, e um processo de institucionalização se inicia com a segunda e a terceira geração de um agrupamento profético.[28]

Essa tipologia das formas de autoridade religiosa exige, no entanto, ser utilizada com precaução, mas seu poder heurístico é grande e são numerosos os sociólogos das religiões que a ela se referem. Podemos afinar a tipologia, distinguido, como o fez Joachim Wach,[29] até nove tipos de autoridade religiosa: o fundador de religião, o reformador, o profeta, o vidente, o mago, o adivinho, o santo, o sacerdote, o religioso. Esses enriquecimentos são úteis porque, por exemplo, nenhum profeta acaba por fundar uma nova religião. Podemos também avaliar a pertinência dos tipos weberianos em relação a tal ou tal tipo de autoridade religiosa (rabino, imame...) e estudar as formas diversas tomadas pelas relações mestre/discípulos nas tradições religiosas. Desse modo, a partir do caso do pastor protestante, elaboramos um tipo de pregador-doutor, salientando, nesse caso, o papel importante da autoridade ideológica baseada sobre uma racionalidade como valor, o que iria acrescentar o tipo do *doutor* à tipologia weberiana.[30]

Durante muito tempo, na vida das sociedades, são os modos de dominação carismática e tradicionalista que prevaleceram, ainda que se opondo:

---

[28] Cf. o capítulo de *Wirtschaft und Gesellschaft* intitulado "Die charismatische Herrschaft und ihre Umbilgung" ("L'autorité charismatique et sa transformation"), infelizmente não traduzido em francês.

[29] Joachim Wach. *Sociologie de la religion*. Payot, Paris, 1955, cap. VIII: "Types d'autorité religieuse", pp. 289-341.

[30] Jean-Paul Willaime. *Profession: pasteur. Sociologie de la condition du clerc à la fin du XXe siècle*. Labor et Fides, Genebra, 1986, cap. II: "Le Pasteur comme type particulier de clerc" (pp.49-81). Partimos do fato de que, se Weber definiu quatro tipos de ação social (racional na finalidade, racional no valor, afetiva e tradicional) e as quatro legitimações que a elas correspondem, ele conservou apenas três tipos de autoridade que negligenciam o tipo de legitimação do poder que se apóia sobre uma racionalidade no valor, o que, precisamente, corresponde de modo ideal-típico ao caso do pastor protestante.

o primeiro, sacralizando o extracotidiano, e o segundo, ao contrário, apoiando-se "sobre o caráter sagrado do cotidiano". Isso significa que a mudança só podia ser feita por meio da intervenção de uma autoridade carismática: "Um direito 'novo' só podia ser introduzido no círculo daquilo que a tradição consagrava por meio de portadores de carisma: por meio de oráculos de profecias ou das decisões de primas de guerra carismáticas. A Revelação e a Espada, os dois poderes extracotidianos, dois poderes típicos de inovação radical" (*SR*, 372). A mudança política e religiosa pressupõe de modo geral, segundo Weber, a intervenção de autoridades carismáticas que vêm a quebrar o peso do cotidiano e das regulações habituais da vida. É nessa óptica que ele realiza uma aproximação entre o profeta e o guerreiro, entre a revelação e a espada, como duas figuras de autoridade carismática, portadoras de inovações. Em suas *Considerações intermediárias (Zwischenbetrachtung)*, Weber retorna a esse parentesco entre o político e o religioso, mostrando que "a política, contrariamente à economia, pode entrar em concorrência direta com o religioso", particularmente nas situações de guerra, que suscitam "um dom de si e uma comunidade incondicional no sacrifício", que dá sentido à morte: "A comunidade do exército em campanha é sentida como a comunidade suprema em seu gênero: aquela que vai até a morte" e lhe dá sentido (o indivíduo que morre no campo de batalha, precisa Weber, não se coloca o problema do sentido da morte; ele tem o sentimento de morrer por alguma coisa). "É justamente esse caráter extracotidiano da fraternidade e da morte na guerra que o combate partilha com o carisma sagrado e a experiência da comunidade com Deus, que exacerba a concorrência ao mais elevado ponto" (*SR*, 427).

Ao distinguir muito claramente entre o político e o religioso, e mostrando a heterogeneidade de sua lógica intrínseca, Weber estabelece uma ligação entre os dois no quadro de sua sociologia da dominação. O político, definido pela violência legítima, encontra-se de dois modos com o religioso: por meio do fato de que ele pode empenhar o sacrifício último da vida e por meio da questão da própria legitimação do exercício do poder com o fato de que, tanto em política quanto em religião, confrontamo-nos com o poder carismático. Por conseguinte, encontraremos "regularmente imbricados em todo poder político legítimo, seja qual for sua estrutura, um mínimo de elementos teocráticos ou cesaropapistas, porque todo carisma, finalmente, pretende deter um resto qualquer de origem mágica, o que significa que ele está aparentado com os poderes religiosos, e que ele sempre tem em si uma 'graça divina', em qualquer sentido que seja" (SR, 248). Por outro lado, "o carisma de função – a crença na graça específica de uma instituição social como tal" – de modo nenhum é reservado às Igrejas, precisa Weber. Ele se refere também, no plano político, à relação das pessoas submetidas à violência do Estado (WG, 675), relação que pode ser amigável ou hostil. É sem dúvida por ter uma viva consciência da fragilidade do poder político e da parte irracional que existe em seu fundamento que Weber está atento a esses laços profundos entre o religioso e o político. Ao salientar tanto a irracionalidade do político quanto a racionalidade do religioso, Weber põe em desordem muitos esquemas. A morte do profeta, assim como a do príncipe guerreiro, coloca a questão da sucessão, uma vez que os dois são confrontados com o desafio da cotidianização *(Veralltäglichung)* (SR, 372).

As relações entre as diversas esferas de atividade e a religião

Weber se preocupa muito em levar em conta as lógicas intrínsecas *(Eigengesetzlichkeiten)* das diferentes esferas de atividades: econômica, política, religiosa, estética... e de respeitar sua coerência interna de um ponto de vista ideal-típico. É nesse sentido que devemos ler todas as suas considerações sobre as relações da religião com as esferas econômicas, políticas, artísticas, eróticas, científicas. É exatamente porque cada uma dessas esferas tem sua lógica própria que ela entra inevitavelmente em tensão com as outras. Mas Weber mostra também, a cada vez, as alianças e os compromissos passados entre as diferentes esferas de atividade, algumas delas, como as atividades artísticas, apresentando, por outro lado, afinidades tais com o religioso, que a concorrência com ele se torna exacerbada. Mas as relações da religião com as diferentes esferas de atividade dependem evidentemente do tipo de religião, pois alguns tipos de religião acentuam a tensão, ao passo que outras a tornam praticamente inexistente. Desse modo, observa Weber, "quanto mais a religião de salvação é sistematizada e interiorizada no sentido de uma ética da convicção, mais profunda é a tensão que ela mantém com as realidades do mundo. Enquanto a religião é ritual ou permanece legalista, essa tensão, em princípio, se manifesta pouco" (*ES*, 585).

Weber interessou-se particularmente pelos "motivos que presidiram ao nascimento das éticas religiosas da negação do mundo" (*SR*, 411), bem como pelas orientações tomadas por essas éticas. Como esse estudo de sociologia das religiões era por ele compreendida como "uma contribuição à tipologia e à sociologia do próprio racionalismo" (*SR*, 412), o sociólogo alemão presta grande atenção aos processos de racionalização já em ação no próprio seio dos mundos religiosos. A religião pode modelar relações muito diferentes com o mundo ambiente. Weber opõe particularmente duas atitudes religiosas: a da ascese intramundana, que modela racionalmente o mundo, e a da mística, que contempla o mundo e dele foge. Mas a ascese não é forçosamente ativa e intramundana, e a mística passiva e extramundana. Podemos ver também o caso de uma ascese que foge do mundo, contentando-se em agir no nível do indivíduo: neste caso, ela tende a alcançar a contemplação que foge do mundo. Quanto à mística, ela pode ser intramundana quando o místico contemplativo permanece no interior das ordens deste mundo, em vez de fugir dele. Retiro ou inserção na sociedade, valorização da ação transformadora ou da contemplação conformista são dois parâmetros importantes, que permitem analisar as condutas concretas de vida, adotadas pelos indivíduos modelados por essa ou por aquela representação religiosa.

Weber interessou-se particularmente pela ética econômica das relações mundiais, e seu famoso estudo sobre *A ética protestante e o espírito do capitalismo* trata precisamente dessa questão (cf. *infra*). Notemos simplesmente, no momento, que a lógica econômica é, em seu princípio, oposta à lógica das religiões éticas, porque "o cosmo da economia moderna, racional e capitalista", com sua lógica impessoal, é estranho a uma ética religiosa da fraternidade, e o "universo funcionalizado do capitalismo" não deixa lugar para "exigências caridosas pelas pessoas concretas" (*ES*, 592). Não é desinteressante, de passagem, salientar que, ao frisar que as relações comerciais monetárias resistem à intervenção normativa de uma ética religiosa, Weber alcança Marx, que denuncia os efeitos do fetichismo da mercadoria e a redução da dignidade pessoal a valor de troca. Por causa dessa incompatibilidade entre acumulação de riquezas e preceitos éticos de caridade, os virtuosos da religião ética manifestam frequentemente uma "rejeição econômica do mundo". Eles não são os únicos:

> "Encontramos resumido o ethos da moral econômica da Igreja no julgamento, tomado do arianismo, que ela aplica ao mercador: *homo mercator vix aut nunquam potest Deo placere*:[31] ainda que ele aja sem pecar, ele não agradará a Deus. Essa sentença gozou de autoridade até o século XV (...). A antipatia profunda que a ética católica e, depois dela, a ética luterana, testemunham em relação a qualquer tentação capitalista repousa sobre a aversão que lhes inspira a impessoalidade das relações que se estabelecem entre aqueles que, no quadro da economia capitalista, fazem um contrato em vista de um ganho" (*HE*, 375).

Todavia, essa rejeição da atividade econômica é temperada, por parte da religião institucional, pelo fato de que toda organização tem necessidade de meios econômicos, o que pode influenciar, em contrapartida, sobre a religiosidade: "Os monges de Bizâncio estavam economicamente ligados

---

[31] O que significa: "Le commerçant ne peut plaire à Dieu que difficilement ou jamais" (o comerciante dificilmente pode agradar a Deus ou nunca).

ao culto dos ícones, e os da China o estavam aos produtos de seus ateliês e de suas imprensas", observa Weber, que cita o "exemplo extremo" da "fabricação de licores nos mosteiros – desprezando a campanha antialcoólica da religião" (*ES*, 593). Os conflitos da ética religiosa da fraternidade com a economia impessoal não impede "o paradoxo de toda ascese racional, ou seja, que ela própria cria a riqueza que ela rejeitava, estendeu a mesma armadilha para os monges de todos os tempos. Em todo lugar, templos e claustros se tornaram eles próprios, por sua vez, lugares de economia racional" (*SR*, 422), e a economia monacal parece a Weber a "economia racional por excelência" (*HE*, 382). Como o ascetismo recai "sempre na contradição que faz com que seu caráter racional o leve à acumulação das riquezas" (*ES*, 592), veremos como Weber explica que a piedade calvinista puritana valorizou religiosamente a atividade econômica e o sucesso material, contribuindo desse modo, defendendo-se a si mesma, para o desenvolvimento de uma lógica econômica que iria dissolver as motivações religiosas que haviam contribuído para fazê-la nascer.

Quanto ao que se refere às relações entre o político e o religioso, Weber observa que, no decorrer da história, as religiões adotaram "posições empíricas extremamente variadas" em relação à ação política (*SR*, 430).[32] Elas vão da oposição radical ao político, manifestada pela busca mística ou pneumática dos virtuoses religiosos, até a absorção religiosa do político no quadro de uma guerra santa, passando pela obediência indefectível à autoridade política secular. Mas as coisas são complexas, porque a religiosidade de virtuose, longe de ser indiferente ao político, pode também ter consequências revolucionárias, principalmente quando a rejeição radical do mundo, manifestada pelo místico, desemboca sobre uma desvalorização total da ordem secular, em favor de "uma aparição iminente da era de fra-

---

[32] Para Weber, que define o Estado como "o agrupamento que reivindica o monopólio da violência legítima", o recurso à violência exterior e interior encontra-se no próprio princípio de todo agrupamento político.

ternidade acósmica" (caso dos movimentos milenaristas). Se a tensão com o político não existia para a religiosidade mágica e para os deuses funcionais (de uma localidade, de uma tribo, de um império), ela se tornou forte com a ética de fraternidade das religiões de salvação.

Do mesmo modo, há tanto relações estreitas quanto tensões entre a religião e a esfera estética. A religiosidade mágica, à medida que valoriza todos os meios possíveis para entrar em contacto com a divindade e agir sobre ela, mantém relações íntimas com a esfera estética, por meio da utilização da música, da dança, da arquitetura dos templos, dos ornamentos do culto para se aproximar dos deuses (*SR*, 435). Neste sentido, a religião encorajou vivamente a atividade artística. Em contrapartida, para a ética religiosa da fraternidade e do rigorismo, a arte é suspeita porque, precisamente, é portadora de efeitos mágicos e de emoções que arriscam provocar crise nas relações racionais com um deus ético. Contudo, à medida que as religiões queriam ser religiões de massa universalistas e se encontravam confrontadas "com as necessidades da ação de massa e da propaganda emocional" (*SR*, 437), elas tiveram de fazer alianças com a arte e a ela se abrir.

O amor sexual, que Weber considera como "o maior dos poderes irracionais da vida" (*SR*, 438), entra em tensão com a religião, ao mesmo tempo em que igualmente apresenta algumas afinidades com ela. Sexualidade e religião confluem por meio da orgia mágica e da embriaguez mística, sendo que a experiência do amante, que procura realizar "a comunicação direta entre a alma de dois seres", não está longe da do místico, que procura a união íntima com o divino. "A embriaguez erótica se concilia apenas com a forma orgiástica, extracotidiana (mas intramundana em um sentido particular) da religiosidade; isso por razões psicológicas, mas também em função do próprio sentido dessa embriaguez. O reconhecimento da conclusão do matrimônio (como *copula carnalis*) ao posto de 'sacramento' na Igreja católica é uma concessão feita a esse sentimento" (*SR*, 446). Enquanto a vida sexual oferece "a sensação específica de estar liberto do racional no próprio interior do mundo *(innerweltliche Erlösung vom Rationalen)*, a sensação da felicidade extrema que existe em triunfar sobre o racional" (*SR*, 442), podemos também dizer que ela se aproxima da religião, enquanto esta pretende se elevar para além do racional. O parentesco psicológico entre as esferas religiosas e eróticas acentua a tensão entre elas: "O erotismo mais elevado e algumas formas sublimadas de piedade heróica estão em uma relação de substituibilidade mútua, psicológica e fisiológica" e "é precisamente essa proximidade psicológica que aumenta, naturalmente, sua hostilidade íntima no plano do sentido" (*SR*, 444). A ascese ativa da religiosidade ética, assim como qualquer regulação racional da vida, opõe-se "à orgia mágica e a todas as formas irracionais de embriaguez" (*SR*, 439). É pelo fato de a religião ascética intra ou extramundana rejeitar "jamais se abandonar livremente às experiências mais intensas da existência, representadas pela experiência da arte e da experiência erótica", que ela entra em forte tensão com essas duas esferas (*SR*, 447).

É com o domínio do conhecimento reflexivo, com o intelecto, que a religião entra em maior tensão, e isso mesmo que "o ceticismo antirreligioso" não date de hoje: "Na China, no Egito, nos Vedas, na literatura judaica pós-exílica", observa Weber, "ele aí era representado, em seu princípio, do mesmo modo que em nossos dias; praticamente nenhum argumento novo veio a ele se acrescentar" (*SR*, 449).

> Em todo lugar em que o conhecimento racionalmente empírico realizou de modo sistemático o desencantamento do mundo e sua transformação em um mecanismo causal, aparece definitivamente a tensão com as pretensões do postulado ético, segundo o qual o mundo estaria orientado, de um ou de outro modo, em torno de um sentido ético. Com efeito, a consideração empírica do mundo e, com mais forte razão, aquela que tem uma orientação matemática, rejeitam por princípio todo modo de consideração que busca, de modo geral, um "sentido" para aquilo que acontece no mundo. Portanto, a cada extensão do racionalismo da ciência empírica, a religião é cada vez mais rejeitada do domínio do racional para o do irracional, e ela se torna, a partir disso, simplesmente o poder irracional (ou antirracional) e suprapessoal (*SR*, 448).

Ao dizer que é a própria racionalização desenvolvida pela ciência empírica que impele a religião para o irracional, Weber salienta aqui um aspecto paradoxal do futuro da religião na modernidade: a irracionalização da religião como consequência da racionalização científica do mundo. Essa observação de Weber é tanto mais interessante pelo fato de que, como sabemos, ele jamais identificou a religião com o irracional, e até insistiu fortemente sobre as lógicas racionais em ação nas religiões. Em outras palavras, mais do que considerar a racionalização do mundo como um processo de reabsorção do irracional, que seria encarnado pelas religiões, Weber nos convida a pensar a racionalização do mundo como um processo que produz, como seu outro, o irracional. Por conseguinte, a análise desse processo exige analisar conjuntamente a evolução da racionalização e as transformações religiosas.

Diante da ascendência do intelecto, a linha de defesa da religião consistiria, nota Weber, em dizer que "o que ela ofereceria, não seria um saber intelectual último em referência ao ser ou ao domínio normativo, mas uma tomada de posição última em relação ao mundo, por causa de uma imediata apreensão de seu 'sentido'" (*SR*, 450). Interiorizando sua condição social e epistemológica, ela revelaria tal sentido não pelos meios do entendimento, mas reivindicando o "carisma de uma iluminação". Isso contribui para que "tudo o que constituía o conteúdo específico do religioso" comece "a se tornar irreal, a se afastar de toda a vida organizada" (*SR*, 457). Essa des-racionalização da religião, estreitamente ligada a sua des-institucionalização é, em todo caso, uma das características da conjuntura religiosa contemporânea, que Weber pode nos ajudar a pensar. Essa des-racionalização não deve fazer esquecer que há relações íntimas entre a religião e o intelectualismo racional, pois a religião, ao se tornar religião do livro e da doutrina, provocou ao mesmo tempo "o desenvolvimento de um pensamento leigo, racional e liberto da ascendência dos sacerdotes", bem como um movimento de racionalização interna, que reage contra o desenvolvimento de tal pensamento (*SR*, 449). As trocas entre a religião e o intelecto são também marcadas por usurpações recíprocas: o intelecto procura, por vezes, escapar de sua lógica intrínseca, recorrendo à iluminação, assim como a religião utiliza a argumentação racional para defender sua legitimidade. Isso também significa que, ainda que exista esse processo de des-racionalização, a religião não rompeu toda ligação com a racionalidade, ainda mais que, como o afirma fortemente Weber, "as concepções do mundo" jamais podem ser o produto de um progresso do saber empírico" (*TS*, 130).

Religião e meios sociais

Ao notar "certos contrastes característicos naquilo que as religiões podem 'fornecer" às diferentes camadas sociais" (*ES*, 511), conforme elas sejam negativamente ou positivamente privilegiadas, Weber dá uma atenção muito grande às diferenciações sociais da religiosidade. A cada vez, o que lhe parece estar em jogo é o sentimento de dignidade pessoal do indivíduo em relação a sua situação. Como "toda necessidade de salvação é a expressão de uma espécie de 'miséria', a opressão econômica ou social se encontra na origem das crenças na redenção; sem ser sua fonte exclusiva, ela é, por natureza, uma das mais eficazes. Embora todas as coisas sejam, por outro lado, iguais, as camadas com privilégios econômicos e sociais positivos não experimentam, por assim dizer, elas próprias, essa necessidade de salvação. Elas atribuem mais à religião o papel primeiro de 'legitimar' sua própria situação social e seu modo de viver" (*ES*, 511). A religião responde tanto a necessidades de redenção quanto ao desejo de ver legitimado o sucesso próprio. Ainda que todas as camadas privilegiadas não experimentem essa necessidade no mesmo grau, o homem feliz será, com efeito, ainda mais feliz se puder legitimar sua felicidade, se puder avaliar que a merece justamente.

Longe de qualquer determinismo, Weber se apressa, entretanto, a acrescentar que "é apenas em um sentido muito limitado que podemos falar de uma religiosidade de 'classe' específica em relação às camadas negativamente privilegiadas. (...) É evidente, sem mais, que a necessidade de 'redenção', no sentido mais amplo do termo, encontra um lar nas classes negativamente privilegiadas, mas (...) esse lar não é o único, nem sequer o principal" (*ES*, 507). Contudo, "seria, no entanto, um grande erro pensar que a necessidade de salvação, a teodiceia ou a religiosidade de agrupamento comunitário *(Gemeindereligiosität)* em geral apenas tenham podido crescer entre as camadas com privilégios negativos, ou até considerá-las como produtos do ressentimento, para nelas ver o resultado de uma 'revolta dos escravos da moral'" (*ES*, 518).[33] Uma religião de salvação pode "muito bem encontrar sua origem no seio de camadas socialmente privilegiadas" (*ES*, 507). De modo geral, Weber pensa que o econômico jamais determina de modo unívoco as atitudes religiosas. Por outro lado, os indivíduos negativamente privilegiados não experimentam sempre uma necessidade de salvação sob uma forma religiosa, pois sua aspiração pode se exprimir de modo inteiramente secular, como é o caso do proletariado moderno, nota Weber. Por outro lado, a necessidade de redenção "pode se conjugar de diversos modos com a necessidade de uma justa 'compensação', que retribui as boas obras do indivíduo e compensa a injustiça da qual ele é vítima. A forma da crença das massas mais espalhada sobre a terra (ao lado da magia e a ela ligada), é a expectativa e a esperança de uma retribuição mais ou menos 'calculável'" (*ES*, 512).

Tendo estabelecido tais precauções e reservas, nada impede que Weber descreva algumas afinidades que existem entre categorias profissionais e um determinado tipo de religiosidade. Desse modo, ao tratar dos comerciantes, ele observa que, "pelo fato de sua vida estar firmemente orientada

---

[33] Jean-Pierre Grossein observou, com razão, o erro que consistia em traduzir *Gemeindereligiosität* por "religião de comunidade emocional" (cf. p. 121 do "Glossaire raisonné" em *Sociologie des religions*). *Gemeinde*, em alemão, designa tanto a comuna (o agrupamento municipal) quanto a comunidade paroquial (o agrupamento religioso). Numerosos boletins paroquiais se chamam *Gemeindebrief*.

sobre as coisas de cá embaixo", eles "experimentam apenas uma pequena inclinação a se ligar a uma religião ética ou profética" (*ES*, 499). "É claro que a vida dos pequenos burgueses, principalmente a dos artesãos das aldeias e dos pequenos comerciantes, estivesse menos submetida à natureza do que a dos camponeses, embora a magia de que estes últimos dependiam para influenciar os espíritos irracionais da natureza não pudesse desempenhar o mesmo papel junto aos primeiros. Inversamente, suas condições de existência econômica eram essencialmente mais racionais, no sentido de que eram mais acessíveis ao cálculo e à influência daquilo que é racional como finalidade" (*ES*, 503).[34] A ética retributiva constitui um modo racional de ver o mundo para o artesão que faz a experiência cotidiana de que o trabalho leal e o empenho respeitado são recompensados por ganhos. "As necessidades religiosas da pequena e da média burguesia se expressam em todo lugar não tanto sob a forma de mitos heróicos, mas sob a de lendas mais emocionais, que tendem a suscitar o fervor e a identificação. Isso corresponde à paz e à importância maior que são atribuídas à vida doméstica e familiar, em contraste com as camadas dirigentes" (*ES*, 508).

Essa atenção pelas afinidades que podem existir entre meios sociais determinados e tal ou tal forma de religiosidade leva Weber a algumas considerações de sociologia histórica sobre a emergência do cristianismo, uma religião que "foi desde o início uma religião de artesãos" (*ES*, 502) e que encontrou seu "autêntico solo nutritivo nas aldeias" (*ES*, 494-495). Quanto à "propaganda cristã no seio das camadas pequeno-burguesas", ela foi, precisa Weber, "enormemente favorecida em relação a sua rival mais importante, a religião de Mitra, pelo fato de que esse culto, masculino ao extremo, excluía as mulheres" (*ES*, 510). As distinções de gênero também têm sua importância, e algumas expressões religiosas foram mais convenientes às mulheres do que

---

[34] A respeito dos camponeses, cuja sorte é tão fortemente ligada à natureza, Weber precisa que eles "são raramente portadores de uma religiosidade não-mágica" e que "sua religiosidade é, em geral, desprovida de racionalização ética" (*ES*, 491-492).

aos homens, ou inversamente. Desse modo, "em todo lugar em que domina, ou em que dominou a educação ascética dos guerreiros, com sua ressurreição do herói, a mulher passa a carecer de uma alma elevada ou heroica, o que a desclassifica no plano religioso" (*ES*, 510). Em contrapartida, como as religiões de salvação valorizam em geral "as qualidades não militares e antimilitaristas", elas estariam mais próximas "das preocupações das camadas negativamente privilegiadas e das mulheres" (*ES*, 510).

A religião ética e racional não está adaptada a todas as camadas sociais, observa Weber, que salienta a atração das camadas mais populares ou em via de proletarização pelas formas mágico-orgiásticas e emocionais de religiosidade:

> As camadas inferiores do proletariado, instáveis no plano econômico, para as quais as concepções racionais são mais dificilmente acessíveis, podem, bem entendido, se tornar presa fácil para os projetos das missões religiosas; o mesmo acontece com as camadas proletarizáveis da pequeno-burguesia em declínio ou sofrendo de indigência crônica e ameaçada de proletarização. A propaganda religiosa que as atinge reveste uma forma mágica ou então, quando a magia propriamente dita foi extirpada, apresenta um caráter que oferece substitutivos para a distribuição dos favores mágico-orgiásticos; encontramos um exemplo disso nas orgias soteriológicas de tipo metodista, tais como o Exército da Salvação as organiza. Sem qualquer dúvida, sobre semelhante terreno, os elementos emocionais de uma ética religiosa se desenvolvem mais facilmente que os elementos racionais. Em todo caso, não é nunca nesses grupos sociais que uma religiosidade ética encontra seu enraizamento nutritivo (*ES*, 507).

A sociologia weberiana das religiões apresenta grande interesse para os estudos dos fenômenos sectários, não só porque Weber é o autor dessa famosa definição ideal-típica da *Seita*, mas também porque ele é sensível ao que esse modo de existência social do religioso pode oferecer a certas categorias de população, por exemplo, em matéria de solidariedade comunitária: "As seitas encontravam um dos mais favoráveis terrenos nas camadas inferiores dos trabalhadores das aldeias, às voltas com as necessidades da vida cotidiana, as flutuações do preço do pão ou da busca de um emprego, e que de nada dispunham, além da 'assistência fraterna" (*ES*, 506).

Uma categoria social pode constituir um grupo portador privilegiado de uma religião e se tornar, desse modo, um pouco emblemático dessa religião. Dessa forma, diz Weber, "se quiséssemos caracterizar com uma palavra os tipos representativos das camadas que trouxeram e propagaram o que chamamos de religiões universais, poderíamos dizer que, no confucionismo, é o burocrata que organiza o mundo; no hinduísmo, o mago que ordena o mundo; no budismo, o monge mendicante que anda errante pelo mundo; no islamismo, o guerreiro que subjuga o mundo; no judaísmo, o mercador ambulante; no cristianismo, o companheiro itinerante. Não são suas profissões que essas pessoas representam, nem seus interesses materiais de classe, mas são antes os agentes ideológicos de tal ética ou de tal doutrina de salvação que se alia mais facilmente com sua posição social" (*ES*, 530).

Existe, finalmente, a "inevitável adaptação às necessidades das massas" que obriga as religiões a oferecer mediações que facilitam o acesso ao divino. Desse modo, nota Weber, "exceto o judaísmo e o protestantismo, todas as religiões e todas as éticas religiosas, sem exceção, sentiram-se na obrigação de retomar o culto dos santos, ou o dos heróis ou o dos deuses funcionais, a fim de se adaptarem às necessidades das massas (...). O islamismo e o catolicismo tiveram, também eles, de admitir como santos os deuses locais, os deuses funcionais ou os deuses das profissões, aos quais se dirigia a autêntica devoção cotidiana das massas" (*ES*, 509).

A racionalização ocidental da conduta

Uma das contribuições essenciais de Weber foi a de mostrar que há diferentes tipos de racionalidade, e que a própria racionalização da religião desempenhou um papel essencial na emergência da modernidade.

A racionalização do mundo não constitui forçosamente, para Weber, um progresso, e nada lhe repugnava mais que misturar a análise sociológica a uma utopia social qualquer. Analista do desencantamento do mundo, Weber nos oferece também uma sociologia desencantada, ou seja, uma sociologia liberta das ideologias do progresso. Não porque Weber seria relativista ou de um pessimismo radical, mas porque, como Georg Simmel (cf. capítulo seguinte), ele pensa que os conflitos e os antagonismos dos valores estão no coração da vida social e que a história é imprevisível, que ela contém diferentes possíveis.

Na *Observação preliminar*, que abre seus estudos de sociologia das religiões, e que foi redigida pouco antes de sua morte em 1920, Max Weber precisa de início uma das questões centrais de sua obra: "Qual encadeamento de circunstâncias levou a que o Ocidente precisamente, e apenas ele, tenha visto aparecer sobre seu solo fenômenos culturais que se inscreveram em uma direção de desenvolvimento, que revestiu – pelo menos gostamos de assim pensar – uma significação e uma validade universais" (*SR*, 489). É no processo sistemático de racionalização da conduta que Weber identifica a especificidade ocidental, e isso em diferentes domínios: a economia, as ciências, o direito, a arte, a arquitetura, o Estado. Desse modo, ele observa que o Estado, "no sentido de uma instituição política, dotada de uma 'constituição' estabelecida racionalmente, de um direito fixado racionalmente e de uma administração conduzida por agentes especializados, em conformidade com regras estabelecidas e racionais, ou seja, 'leis', o 'Estado', com essa combinação – essencial para sua definição – de traços determinantes, é conhecido apenas no Ocidente, apesar de todos os esboços que podemos encontrar em outros lugares" (*SR*, 493).[35] Fino conhecedor no domínio musical, Weber se perguntará, em um texto inacabado e não publicado durante

---

[35] "SR" remete ao volume dos escritos de Max Weber reunidos em *Sociologie des religions*. Textos reunidos e traduzidos por Jean-Pierre Grossein, introdução de Jean-Claude Passeron. Gallimard, Paris, 1996.

sua vida, qual encadeamento de circunstâncias provocou o "aparecimento no Ocidente de uma música harmonicamente racionalizada".[36] Segundo Dirk Kaesler, foi por ocasião de uma estadia em Roma, em 1902, em que ele trabalhou particularmente no Instituto de história que, "por intensivas leituras sobre a história dos mosteiros, sua constituição e sua economia", Max Weber estabeleceu a noção de "racionalidade", que ele aplicou, em primeiro lugar, à vida econômica.[37]

Se existem diferentes formas de capitalismo, é apenas no Ocidente, observa Weber, que ele deu nascimento a um tipo particular de homem: o empreendedor burguês, definido por certa relação com o trabalho e pela racionalidade de sua atividade econômica. Com efeito, não é a busca do proveito que caracteriza o capitalismo ocidental – busca que encontramos em todo lugar e em diferentes épocas –, e sim certo número de traços: a organização racional do trabalho formalmente livre, a separação da gestão doméstica e da empresa, a introdução de uma contabilidade racional. Por outro lado, observa Weber, o Ocidente produziu tanto um capitalismo racional quanto um socialismo racional: se conhecemos "lutas de classes" em diversos lugares e em diversas épocas, apenas a organização racional e livre do trabalho permitiu conceber o proletariado como uma classe antagônica aos empreendedores capitalistas. Perspectiva muito interessante, que convida a situar a própria emergência do marxismo no quadro do processo histórico de racionalização da atividade produtiva. O problema central de Weber é o do aparecimento da burguesia ocidental, a emergência de um tipo de homem, definido pela profissão concebida como uma vocação, o tipo de homem que se realiza no trabalho e que considera este como um verdadeiro sacerdócio. E a originalidade profunda de Weber é a de ter percebido a importância dessas grandes fundações de sentido que são as

---

[36] Max Weber. *Sociologie de la musique. Les fondements rationnels et sociaux de la musique* (1921). Métailié, Paris, 1998.
[37] Dirk Kaesler. *Max Weber. Sa vie, son oeuvre, son influence*. Fayard, Paris, 1996, p. 26.

religiões na modelagem da conduta dos homens: "entre os elementos mais importantes que modelaram a conduta da vida, encontramos sempre, no passado, os poderes mágicos e religiosos, assim como as ideias éticas de dever, que estão ancoradas na crença nesses poderes" (*SR*, p. 503).

Desmagificação e racionalização do mundo

Uma oposição fundamental atravessa a sociologia weberiana das religiões, ou seja, a que existe entre religião mágica e religião ética, sendo que a eticização da religião foi um dos grandes vetores de sua racionalização. E é porque Weber discerne um vasto processo de desmagificação do mundo *(Entzauberung der Welt)*,[38] iniciado a partir do próprio interior das religiões, que ele atribui uma grande importância ao papel desempenhado por certas expressões religiosas na racionalização do mundo. Quando, no fim de seu estudo sobre "Hinduísmo e Budismo", no tomo II das *Gesammelte Aufsätze fur Religionssoziologie*, Weber procura explicar porque ele não deduziu da religiosidade asiática "nenhum caminho que levasse a uma conduta de vida racional no mundo", é porque Weber o atribui ao peso da magia na conduta da vida dos asiáticos. Por magia, Weber compreende bastante classicamente tudo o que concorre para manipular, por diversos meios, as forças suprassensíveis, a fim de obter tal ou tal coisa (em outras palavras, a magia é a crença na possibilidade de obrigar deus por meios técnicos). Se os asiáticos não desenvolveram "uma conduta de vida racional no mundo", é porque eles estavam mergulhados nesse "mundo extremamente irracional da magia universal", pensa Weber:

A magia não se apresenta apenas como um meio terapêutico, como

---

[38] Preferimos traduzir essa expressão, que Weber retoma de Schiller, por "desmagificação do mundo" (que é a significação literal) mais que por "desencantamento", pois este último termo pode mais facilmente prestar-se a mal-entendido, particularmente pondo Weber do lado de uma teoria da secularização que lhe é estranha.

um meio de obter nascimentos, e particularmente nascimentos de rapazes, de garantir o sucesso nos exames ou da obtenção na terra de todos os bens imagináveis; é também a magia oposta ao inimigo, ao concorrente no amor ou na economia, a magia a serviço do queixoso, a fim de ganhar seu processo; a conjuração mágica dos espíritos, praticada pelo titular da crença para obrigar o devedor; a magia para influir sobre o deus da riqueza em favor do sucesso das ações empreendidas; e tudo isso recorrendo seja à forma inteiramente grosseira da magia de coerção, seja à forma refinada, que consiste em ganhar por meio de presentes o favor de um deus funcional ou de um demônio: é com esses meios que a grande massa dos asiáticos não letrados, mas também a dos letrados, tornavam-se senhores da vida cotidiana (*SR*, 471).

Se o mago foi o precursor histórico do profeta e que este, como regra geral, encontrou sua legitimidade na posse de um carisma, permanece que, segundo Weber, "são as profecias que chegaram a sair do mundo da magia *(Entzauberung der Welt)* e que, por isso mesmo, criaram as bases de nossa ciência moderna, da técnica e do capitalismo".[39] Seja ele fundador ou renovador de religião, o profeta é um "portador de carisma puramente *pessoal* que, por causa de sua missão, proclama uma doutrina religiosa ou um mandamento divino" (*ES*, 464) que chegam a desqualificar todos os outros meios de acesso à salvação, sejam eles mágicos ou institucionais. Ao rejeitar os meios mágicos, que consistem tanto em submeter os poderes sobrenaturais a fins humanos, como em se conciliar com eles, "tornando-se agradáveis a eles, não pelo exercício de quaisquer virtudes éticas, mas satisfazendo seus desejos egoístas" (*ES*, 457), as "profecias racionais" encontram-se na origem da desmagificação e da racionalização do mundo, duas facetas de um mesmo processo que gerou certo tipo de conduta de vida *(Lebensfuhrung)*. Por

---

[39] Max Weber. *Histoire économique. Esquisse d'une histoire universelle de l'économie et de la société*. Trad. por Christian Bouchindhomme, prefácio de Philippe Raynaud. Gallimard, Paris, 1991, p. 379. A primeira edição dessa *Histoire économique*, saída de conferências pronunciadas em Munique em 1919-1920, data de 1923.

quê? Porque o profetismo "cria uma orientação sistemática de conduta de vida em torno de uma escala de valores tomada em sua definição interna, de modo que o mundo aparece então, para o olhar dessa orientação, como um material que é preciso modelar conforme a norma ética" (*SR*, 390-391).

Ainda que Weber considere, contrariamente a Werner Sombart, que o judaísmo não tomou parte essencial no nascimento do capitalismo, ele reconhece que "o judaísmo teve, entretanto, uma importância crucial no capitalismo moderno racional, à medida que legou ao cristianismo sua hostilidade em relação à magia" (*HE*, 378). Em *O judaísmo antigo*,[40] Weber explica no que a representação judaica do divino constituiu uma mutação de grande importância civilizatória para a história mundial. No judaísmo, diz Weber, encontramos, com efeito, "uma ética religiosa do comportamento social, ética altamente racional, ou seja, livre de qualquer magia, bem como de qualquer busca irracional de salvação e, portanto, sem relação nenhuma com as buscas de salvação que caracterizam as religiões asiáticas da libertação" (*JA*, 20). Foi essa ética da vida cotidiana que o cristianismo retomou, ao integrar a Bíblia judaica, a Torá. Ela é, em primeiro lugar, a concepção de um deus que mantém relações com os homens no quadro de uma aliança (*berith*, em hebraico) que "curvava todo exame da vontade divina para uma formulação relativamente racional das questões e para uma tentativa de a elas responder por meios inteiramente racionais" (*JA*, 234). "Não era, portanto, um Deus ao qual podíamos tentar ligar-nos em uma união mística, graças à contemplação, e sim um soberano pessoal, sobre-humano e todavia inteligível, ao qual era preciso se submeter. Ele havia editado mandamentos positivos, para que os respeitássemos. Podíamos penetrar seu plano de salvação, os motivos de sua ira e as condições das quais dependia seu perdão,

---

[40] No que segue, fazemos referência ao estudo de Weber sobre *Le judaïsme antique*, que forma o tomo III das *Gesammelte Aufsätze zur Religionssoziologie*, editada em 1920 por Marianne Weber. Por "JA", seguido da página, remetemos à tradução de Freddy Raphaël, publicada pela Plon em 1970.

como em relação a um grande rei" (*JA*, 307). Nessa ótica, até o milagre aparece como uma construção racional, como a "obra deliberada da divindade, que reage de modo sensato e compreensível" (*JA*, 304-305).

Iahweh, como deus de um agrupamento político, como "Deus da ação e não da ordem eterna das coisas", "era totalmente inteligível ao homem e deveria sê-lo" (*JA*, 415). Sua própria essência "de modo nenhum era sobrenatural, se entendermos com isso algo que ultrapassa o entendimento. Os motivos de seus atos de modo nenhum escapavam à compreensão humana. Ao contrário, era precisamente a tarefa dos profetas e dos mestres da Torá compreender os decretos de Iahweh a partir dos motivos que os justificavam. Iahweh estava até pronto para defender sua causa diante do tribunal do mundo" (*JA*, 416). O profeta Isaías, assim como mais tarde Jesus, "descreve o caráter racional da marcha do mundo, que não é determinada nem por um acaso cego nem por forças mágicas, mas obedece a motivos inteligíveis e, por outro lado, à natureza racional da própria profecia" (*JA*, 416). A partir disso, "agir em conformidade com os mandamentos divinos e não se interrogar sobre o sentido do mundo" (*JA*, 421) era o que mais importava para os judeus. Ignorando as vias de salvação e as experiências de santidade irracionais, "é de uma conduta conforme à ética e principalmente à ética da vida cotidiana, que dependia a salvação particular prometida a Israel" (*JA*, 394).

Fazendo o balanço das transformações operadas pelo profetismo, Pierre Bouretz, em um profundo e belo desenvolvimento sobre "a força racionalizadora do profetismo" em Weber,[41] indica que essas transformações se referem tanto às relações do homem com Deus quanto às relações do homem com o mundo e com os outros homens. As relações do homem com Deus, pelo fato de que toda a vida cotidiana "é dotada de um sentido em relação à questão da salvação", de modo que o religioso se encontra, portanto, investido em todas

---

[41] Pierre Bouretz. *Les promesses du monde. Philosophie de Max Weber*. Gallimard, Paris, 1996, pp. 128-131.

as dimensões da existência. As relações do homem com o mundo, pelo fato de que este deixa de ser um jardim misterioso, encantado, para se tornar, ao contrário, uma "totalidade ordenada de modo significativo" (*ES*, 473-474). As relações dos homens entre si, pelo fato de que o "outro homem é antes de tudo uma criatura de Deus, para o qual se prolonga a exigência de respeito". Essa racionalização operada pelo judaísmo, entretanto, não desembocou, salienta Weber, sobre uma racionalização da atividade econômica, e a ética econômica do judaísmo permaneceu fortemente tradicionalista, caracterizada "por uma valorização ingênua da riqueza – o que é estranho a qualquer ascetismo" e a uma concepção ritualista da santificação pelas obras. É do ascetismo intramundano do puritanismo que virá um impulso decisivo para a racionalização, tanto da economia como de toda a vida. É que "a desmagificação do mundo – a eliminação da magia como meio de salvação – não foi levada tão longe na piedade católica como na religiosidade puritana (e, antes dela, apenas no judaísmo)" (*EP*, 190).

Antes de descobrir, com a ética puritana, as características da racionalização em economia, não é inútil recordar o que, de modo geral, Weber entende por racionalização. Trata-se do desdobramento, nas diferentes esferas da existência, da racionalidade instrumental *(Zweckrationalität)*, ou seja, da racionalidade dos meios em relação a um fim qualquer. Resultado da especialização científica e da diferenciação técnica, próprias da civilização ocidental, a racionalização "consiste na organização da vida, por divisão e por coordenação das diversas atividades, sobre a base de um estudo preciso das relações entre os homens, com seus instrumentos e seu meio, em vista de uma maior eficácia e rendimento".[42] Tal racionalização, indiferente aos valores, contribui para a dissolução social da normatividade, em particular para a perda de eficácia social das religiões éticas na conduta da vida. É o reino da calculabilidade *(Berechenbarkeit)*, o ponto de vista segundo o qual "não existe

---

[42] Julien Freund. *Sociologie de Max Weber*. PUF, Paris, 1968, p. 16.

em princípio nenhum poder misterioso e imprevisível que interfere no curso da vida; portanto, podemos dominar qualquer coisa por meio da previsão", o que, continua Weber, "volta a desmagificar o mundo" (*SP*, 70). Essa racionalização não significa que conhecemos melhor nossas condições de vida; ao contrário, diz Weber: o selvagem sabia mais sobre as condições da vida dele do que o homem moderno sobre as suas próprias. A racionalização é também se remeter a seus técnicos e a seus experts nos diferentes domínios; por exemplo, diz Weber, contamos com o bom funcionamento da condução pública sem conhecer os mecanismos dela. Algumas vezes é importante notar como Weber insiste sobre a importância social desse processo de racionalização, outras é igualmente necessário salientar que, em sua perspectiva, tal processo encontra certos limites. Ele não só não elimina a irracionalidade fundamental do mundo, mas também não recobre o conjunto das condutas sociais: ele subsiste a partir do irracionalizável. Nas esferas da arte e da sexualidade, como vimos, mas também nos próprios fundamentos da autoridade carismática que, em sua base, seja ela política, guerreira ou religiosa, repousa sempre sobre a magia. A desmagificação não é completa, e o mundo moderno não é totalmente desencantado e não pode sê-lo, assim como, por outro lado, e as análises de Weber o mostram particularmente bem, o mundo de outrora não era um puro "jardim encantado", que excluísse toda racionalidade.

Resta que, conforme salienta Catherine Colliot-Thélène, que vê nisso a "ambiguidade fundamental do comparatismo weberiano", a sociedade moderna ocidental, "com suas três estruturas institucionais solidárias, que são suas pedras de alicerce – a economia monetária generalizada, o Estado burocrático e o direito formal – é a referência última da apreciação das culturas passadas e estranhas quanto a sua racionalidade".[43] Medimos particularmente a justeza dessa apreciação nos estudos de Weber sobre as religiões

---

[43] Catherine Colliot-Thélène. *Le désenchantement de l'État. De Hegel à Max Weber.* Les Éditions de Minuit, Paris, 1992, p. 157.

da Ásia, que são analisadas conforme a medida da racionalização ocidental em geral e, mais precisamente, da racionalidade do ascetismo intramundano do puritanismo. Weber deliberadamente escolheu esse ponto de vista, além do fato de que sua própria epistemologia nos ensina que é impossível ficar sem um ponto de vista particular para abordar a realidade empírica; é preciso igualmente recordar que o problema que interessava em primeiro lugar a Weber, conforme já havíamos indicado, era de fato a emergência da civilização ocidental, com sua lógica intrínseca e na extensão considerável que ela teve. Nos limites desse ponto de vista conscientemente assumido, Weber não infringia o princípio da neutralidade axiológica.

A ética protestante e o espírito do capitalismo

Como a mais conhecida obra de Weber já foi objeto de numerosos contrassensos, precisemos de início o sentido dessa obra, detendo-nos no enunciado de seu título: cada termo que o compõe pode, com efeito, se prestar à confusão. Três grandes dificuldades se apresentam: uma se refere à expressão "ética protestante", a segunda se refere à expressão "espírito do capitalismo", e a terceira se refere à conjunção "e", ou seja, o tipo de ligação estabelecido por Weber entre esses dois elementos.

A expressão "ética protestante" apresenta uma primeira dificuldade: trata-se, com efeito, de uma questão de "ética" enquanto se trata de *ethos*, ou seja, não da doutrina ética, de uma ética tomada por meio de seu sistema conceitual e suas justificações teóricas, mas de uma ética praticada, ou seja, de uma "forma concreta de pensamento e de vida", de um modo prático de se conduzir. O *ethos* é um sistema de disposições que imprimem uma orientação determinada à ação, que a estruturam em uma verdadeira conduta de vida *(Lebensführung)*. Não se trata, por outro lado, de qualquer ética protestante, mas de uma ética precisa, situada historicamente: a ética puritana, de inspiração calvinista, que se desenvolveu particularmente no protestantismo anglo-saxão. O puritanismo definiu um estilo religioso, um comportamento, uma mentalidade.

Se, de modo geral, o termo "puritano" chegou a designar, no seio do protestantismo e para além dele, tendências rigoristas e austeras, enaltecendo o despojamento do culto e um grande moralismo, o puritanismo tem origens históricas mais precisas. Ele remete ao movimento que, na Inglaterra dos séculos XVI e XVII, tentou impelir mais longe a reforma doutrinal empreendida por Elisabeth que, durante seu reinado (1558-1603), definiu a *via media* do anglicanismo (apesar de estabelecida sobre bases doutrinais protestantes, a Igreja da Inglaterra conservou, entretanto, em matéria de organização eclesiástica, de rito e de cerimonial, a maioria dos usos católicos). Os puritanos foram designados, pelo ano de 1565, como aqueles que, insatisfeitos com a *via media*, que deixava subsistir a seus olhos demasiados elementos "papistas", defendiam uma *religio purissima*, centrada sobre o compromisso religioso pessoal e denunciavam vigorosamente todas as pompas eclesiásticas. Os puritanos rejeitaram particularmente o *Prayer Book* da Igreja da Inglaterra e sua hierarquia episcopal. Embora perseguidos, os puritanos exerceram, na própria Inglaterra, uma profunda influência por meio da pregação e de numerosos escritos. Esse movimento religioso que foi o puritanismo não é uma Igreja, nem uma doutrina unívoca, e ainda menos um partido político, mas ele representou uma sensibilidade transdenominacional, que teve consequências políticas, culturais, morais, religiosas e econômicas. No plano cultural, com escritores muito populares: John Milton (1608-1674) e seu famoso *Paraíso perdido* (1667), que foi traduzido por Chateaubriand e inspirou Victor Hugo; John Bunyan (1628-1688), pregador itinerante e contador de histórias, que escreveu o particularmente famoso *Viagem do peregrino (The Pilgrim's Progress from this World to that wich is to come*, 1678-1684), que conheceu cerca de uma dúzia de edições enquanto seu autor era vivo e numerosas traduções (depois da Bíblia, é a obra mais espalhada na Inglaterra). Bunyan modelou a cultura popular inglesa de modo durável e fez com que os pobres e os miseráveis compreendessem que a salvação, a eleição e a graça não eram privilégios dos ricos. O puritanismo também teve consequências políticas: os emigrantes que chegaram ao além-Atlântico entre 1620 e 1640 foram puritanos que, considerando a América como uma nova Jerusalém, quiseram nela realizar uma vida social e política profundamente impregnada por seu ideal religioso. Weber estará atento a essa influência por ocasião de sua viagem aos Estados Unidos em 1904: ela nos valerá o ensaio sobre *As seitas protestantes e o espírito do capitalismo* (1906), que completará *A ética protestante e o espírito do capitalismo*, de 1904-1905. Quanto à revolução inglesa de 1640-1660 – que foi até qualificada de "revolução puritana" –, sabemos como ela foi influenciada por essa sensibilidade religiosa. Michael Walzer a analisa como uma "revolução dos santos", em que o intervencionismo e o radicalismo políticos foram considerados como um dever religioso, o que resultou igualmente em uma racionalização da ação política.[44] Influência igualmente no plano da educação, dos comportamentos sexuais, da vida artística (fechamento e demolição dos teatros, em 1642, na Inglaterra). Se apreendermos o puritanismo como uma concepção global do homem e do mundo, que exerceu tal influência, poderemos também compreender melhor que essa mentalidade tenha podido – conforme Weber se esforça para mostrar – contribuir para modelar certo tipo de comportamento no domínio do trabalho e da atividade econômica.

Weber toma de empréstimo a expressão *"Geist des Kapitalismus"* de Werner Sombart (1863-1941),[45] economista que, em sua obra *Der moderne Kapitalismus* (1903), já havia chamado a atenção, ao analisar a gênese do espírito capitalista, sobre a influência do calvinismo e dos quakers. Mantendo de Sombart a ideia de que o racionalismo econômico é o motivo funda-

---

[44] Michael Walzer. *La révolution des saints. Éthique protestante et radicalisme politique* (1965). Belin, Paris, 1987.
[45] Consciente desse empréstimo, Weber colocará aspas em "Geist" na primeira edição de *L'étique protestante et l'esprit du capitalisme*.

mental da economia moderna, Weber lhe dará uma extensão considerável.

Quanto à ligação entre *ethos* puritano e espírito do capitalismo ocidental, laço indicado no título pela conjunção "e", não se trata de uma ligação causal mecânica e unilateral, segundo a qual o fenômeno A teria acarretado o fenômeno B, mas de uma afinidade eletiva entre dois sistemas mentais, duas disposições de espírito. Ao utilizar a expressão de afinidade eletiva *(Wahlverwandschaft)* – expressão bem conhecida desde *Die Wahlverwandschaften* de Goethe em 1809 –, Weber quer designar uma afinidade de sentido, ou seja, uma relação interna, rica e significativa, entre duas configurações. Weber se interessa antes de tudo pelo comportamento individual e por sua lógica: ele procura compreender o que motivou a conduta racional e ascética de indivíduos que vivem seu trabalho como uma vocação. Com essa finalidade, Weber escolheu se ocupar apenas de "uma vertente da relação causal" (*SR*, 504), ou seja, da influência da mentalidade puritana. Isso de modo nenhum impede Weber de reconhecer que "o desenvolvimento econômico exerce uma influência muito importante sobre o destino das concepções religiosas" (*EP*, 287, n. 1). Por outro lado, Weber conclui seu estudo afirmando que "também seria necessário mostrar como a evolução e a especificidade da ascese protestante foram, por sua vez, influenciadas pelo conjunto das condições culturais sociais, principalmente as condições econômicas" (*EP*, 303). O procedimento de Weber, particularmente atento à complexidade do real, está no oposto de qualquer perspectiva unilateral e monocausal de explicação. Weber deixa para os "diletantes que crêem na 'unidade' da 'psique social' e na possibilidade de reduzi-la a uma fórmula *única*" o cuidado de construir um modelo formal que deduziria todas as características da cultura moderna do racionalismo protestante (EP, 303, n. 2). É no quadro de tal prudência metodológica que é preciso situar a vontade de Weber de mostrar a "influência de conteúdos religiosos de consciência sobre a vida 'material' da civilização" (*EP*, 303, n. 2). Uma influência que podemos ter dificuldade para medir: "Em um tempo em que o além era tudo, em que a posição social do cristão era tributária de sua admissão à comunhão, em que os pastores exerciam a cura de almas, a disciplina eclesiástica e a pregação, uma influência que nós, modernos, somos *absolutamente* incapazes de *imaginar* (...), os poderes religiosos, dos quais essas práticas atestavam a pregnância, contribuíram de modo decisivo para forjar o 'caráter dos povos'" (*EP*, 251).

O título mais preciso do estudo de Weber poderia, portanto, ser: *As afinidades do ethos puritano e do espírito do empreendedor ocidental.*

Para Weber, a Reforma representa uma outra forma de dominação religiosa, a que visa a um controle muito mais estreito da conduta individual, uma regulamentação de toda a conduta da vida *(Lebensfuhrung)*. Trata-se de estudar a infraestrutura ética da conduta de vida do empreendedor capitalista, que mistura um senso agudo dos negócios e uma piedade intensa. Contrariamente ao que pensamos, salienta Weber, o espírito capitalista teve de lutar para se impor; não era natural, para o homem, se devotar de corpo e alma a uma atividade profissional produtiva; ele prefere mais "viver conforme seu hábito e ganhar tanto dinheiro quanto é preciso para isso". Para quebrar essa rotina e se empenhar com zelo no trabalho como finalidade em si mesmo, conceber o trabalho como uma vocação, era necessária uma força motriz particular, que Weber situa em certas mentalidades religiosas. "A questão dos motores da expansão do capitalismo moderno não é, em primeiro lugar, uma questão de origem de reservas monetárias capitalistas, mas antes de tudo o desenvolvimento do espírito capitalista. Onde ele se expande e age, ele cria as reservas monetárias como meio de sua ação, e não o inverso" (*EP*, 113). Na origem desse comportamento racional, há uma profunda irracionalidade, a que consiste em crer que seu maior dever sobre esta terra é trabalhar sem descanso, de modo ascético e racional. A questão que interessa a Weber é a da origem desse elemento irracional que está na base dessa formidável racionalização do comportamento econômico. Ele quer precisar a parte que cabe aos motivos religiosos, entre os inumeráveis motivos históricos no tecido do desenvolvimento de nossa civilização material. Está fora de questão, precisa Weber, sustentar uma tese tão irrazoável e doutrinária que pretendesse que o espírito do capitalismo só poderia ser o resultado de certas influências da Reforma, a ponto de afirmar até que "o capitalismo, enquanto sistema econômico, é um produto dela" (*EP*, 151).

É aqui que Weber fixa o giro importante que representa a Reforma protestante no século XVI. Essa Reforma, com efeito, não situa mais a perfeição espiritual e o ideal cristão na retirada do mundo sob a forma da ascese monástica, mas o situa no mundo, ao valorizar moral e religiosamente a realização de seus deveres na sociedade. É nesse sentido que a Reforma fez do trabalho o lugar da efetivação do dever cristão. Daí essa concepção da profissão como vocação, bem expressa pelo termo alemão *Beruf*.

Trata-se de uma consequência imprevista e não desejada pelos próprios Reformadores, e os aspectos salientados arriscam aparecer como acessórios para a própria consciência religiosa. É essencialmente no calvinismo e no batismo que Weber situa os fundamentos da ascese intramundana, o calvinismo com sua concepção de um Deus absolutamente transcendente, sua abolição das mediações entre o homem e Deus (particularmente a Igreja e os sacramentos), sua eliminação da cultura dos sentidos e seu individualismo pessimista (apenas Deus é digno de confiança). Weber não se interessa pelo calvinismo de Calvino, mas pelo calvinismo do fim dos século XVI e do século XVII, particularmente na Holanda e na Inglaterra. Uma sensibilidade que radicaliza uma afirmação central da Reforma protestante, ou seja, que o homem, radicalmente pecador, não pode aceder à salvação por seu próprio mérito, por meio de ações boas (rejeição da salvação pelas obras), mas apenas pela fé, de modo que a salvação é concebida como pura graça divina. Insistindo sobre a predestinação, Calvino quis reforçar a onipotência de Deus, colocá-lo fora do alcance da ação dos homens: Deus é livre, não está subordinado a nenhuma lei. Se o mundo existe unicamente para a glória de Deus, o único dever do cristão cá embaixo não é realizar boas obras para ganhar sua salvação, mas conduzir-se como um santo neste mundo para a única glória de Deus. Como apenas Deus conhece os eleitos e os danados, o dever do crente é crer em sua eleição, viver como um escolhido. E o sucesso do crente neste mundo é então interpretado como um sinal da benevolência divina, como uma prova – *Bewährung* – de sua eleição. Considerar-se como escolhido constituía um dever, e uma insuficiente confiança em si mesmo era a prova de uma fé insuficiente. O trabalho sem descanso em uma profissão constituía o melhor modo de chegar a essa confiança em si mesmo e de adquirir a certeza da graça. Tal visão religiosa levou a uma valorização religiosa da ação, uma modelagem racional da vida inteira. A fé deve ser eficaz *(fides efficax)*. "O Deus do calvinismo exigia não boas obras isoladas, mas uma vida inteira de boas obras erigidas como sistema, uma vida santa"; em outras palavras, o método de conduta racional dos monges era o ideal de vida dos puritanos, mas um ideal que, longe de fazê-los fugir do mundo, os levava a nele se engajar ativamente. Motivados positivamente para um ascetismo intramundano, os puritanos formaram uma nova aristocracia que desprezava os não-regenerados, os desocupados. O fato de demonstrar má vontade no trabalho era, com efeito, considerado como "o sintoma de uma falta de estado de graça" (*EP*, 261).

No pietismo luterano alemão, Weber descobre igualmente esse elemento do ascetismo racional, mas misturado com uma religiosidade sentimental, o que lhe aparece como infantilidade para classes desocupadas, virtudes mais cultivadas pelo funcionário, pelo empregado, operário, trabalhador a domicílio, patrão patriarcal, virtudes às quais se opõe o duro legalismo do empreendedor capitalista. Encontramos o elemento emocional também no metodismo que, apesar de tudo, favoreceu a racionalização da conduta. O grupo dos batistas e o protestantismo sectário (os menonitas, os quakers) têm uma ética que repousa sobre fundamentos diferentes do calvinismo, mas que tiveram os mesmos efeitos. Aqui nos encontramos, com efeito, no quadro do modelo da *believer's church*, da Igreja concebida como "uma comunidade de crentes pessoais e de regenerados", ou seja, de uma associação voluntária de pessoas qualificadas religiosamente (definição weberiana da "seita"). Como o fato de ser admitido nesse tipo de Igreja vale como garantia absoluta de moralidade e de boa conduta, tinha-se grande confiança nos fiéis dessas comunidades. Desse modo, nota Weber, o fato de ter sido admitido ao batismo em uma Igreja batista era a melhor garantia que um jovem que quisesse abrir um banco podia oferecer (*SR*, 146). O caráter florescente do comércio dos quakers se explica também pelo fato de que se estava seguro de os quakers respeitarem o preço combinado (*SR*, 147). Se a ética puritana favoreceu a acumulação do capital por meio de seu ascetismo secular, ela o favoreceu também pela confiança que esses crentes virtuosos e convictos inspiravam.[46]

O tipo ideal do empreendedor capitalista rejeita a ostentação e a despesa inútil, "a fruição consciente de seu poder"; o que lhe interessa é "o sentimento irracional de ter realizado sua profissão" *(Berufserfullung)*. Tratava-se, conforme dizia o escritor puritano Richard Baxter, de "ser rico para Deus, não para a carne e o pecado". Essa racionalização da conduta da vida *(Lebensfuhrung)* no mundo, motivada por representações religiosas, eis o que está no coração dessa concepção vocacional da profissão do protestantismo ascético. Um protestantismo que, opondo-se à fruição espontânea das riquezas e freando seu consumo até para aqueles que as produziam, favoreceu o emprego produtivo dessas riquezas e as transformou em capital a investir (*EP*, 287-288).

Se "o puritano *queria* ser um homem de profissão, nós *devemos* sê-lo" (*EP*, 300) hoje, diz Weber. Em outras palavras, esse engajamento firme no trabalho, concebido como uma atividade racional que deve desembocar na produção de riquezas, essa realização de si mesmo no trabalho não está mais ligada a valores espirituais, pois "o capitalismo vitorioso, em todo caso, não tem mais necessidade desse apoio a partir do momento que possui uma base mecânica" (*EP*, 301). Os bens materiais, que o ascetismo puritano contribuiu para desenvolver, adquiriram hoje, diz Weber, um poder crescente sobre o homem e essa influência doravante se exerce, independentemente de qualquer motivação

---

[46] Alain Peyreffite atribui uma importância central ao "ethos de confiança" no desenvolvimento econômico, cf. *La société de confiance. Essai sur les origines et la nature du développement.* Paris, 1995.

religiosa. A partir disso, "a busca da riqueza despojada de seu sentido ético-religioso tem tendência de se associar às paixões puramente agonísticas, o que lhe confere na maioria das vezes o caráter de um esporte" (*EP*, 301).

Weber realiza uma aproximação interessante entre confucionismo e protestantismo puritano. Essas duas expressões religiosas representam, com efeito, duas formas racionalizadas de religião; no entanto, enquanto o protestantismo ascético induziu uma tensão com o mundo, impelindo à sua transformação, o confucionismo representa uma aquiescência com o mundo *(Weltbejahung)*. As consequências sociais dessas duas racionalizações religiosas são, portanto, totalmente diferentes:

> As duas éticas tinham, cada uma, uma ancoragem irracional: lá, a magia, aqui, os decretos, em última instância, insondáveis, de um deus transcendente. Da magia, porém, decorreu a inviolabilidade da tradição: com efeito, os meios mágicos experimentados e, finalmente, todas as formas tradicionais de conduta de vida eram intangíveis, caso se quisesse evitar a ira dos espíritos. No inverso, a relação com o deus transcendente e com o mundo corrompido, eticamente irracional, acarretou o caráter fundamentalmente ímpio da tradição, de modo que a tarefa absolutamente indefinida de trabalhar sem cessar, sobre um plano ético racional, para o controle e a dominação do mundo tal qual ele é; disso decorria a objetividade racional do 'progresso'. À adaptação ao mundo, de um lado, opunha-se o dever de sua transformação racional, do outro (*SR*, 397-398).

O confucionismo, porém, é um mundo. Michio Morishima, em *Capitalismo e confucionismo*,[47] mostrou que o confucionismo japonês, contrariamente ao confucionismo chinês, favoreceu, ao contrário, certo desenvolvimento capitalista nas ilhas nipônicas.

Esse estudo de Weber sobre *A ética protestante e o espírito do capitalismo*

---

[47] Michio Morishima. *Capitalisme et confucianisme. Technologie occidentale et éthique japonaise* (1982). Flammarion, Paris, 1987.

alimentou uma rica e vigorosa controvérsia, que começou enquanto o autor ainda vivia, e a segunda edição, de 1920, leva em conta as primeiras reações suscitadas pelo aparecimento da primeira edição, em 1904-1905.[48] Os críticos[49] procuraram mostrar que diferentes fatos pareciam incompatíveis com a teoria de Weber, ou que eram insuficientemente explicados por ela, como, por exemplo, o fato de que a Escócia calvinista se desenvolveu apenas tardiamente, no século XVIII, ou que, já no século XVII, havia incontestáveis pólos de desenvolvimento nos espaços católicos (Colônia, Veneza...). Outros, não contestando certo tipo de ligação entre protestantismo e desenvolvimento do capitalismo, dele propuseram uma explicação diferente. Por exemplo, Trevor-Roper, que pensa que foi mais o freio trazido pela Contrarreforma católica às atividades econômicas, e não a influência favorável de certo protestantismo sobre a atividade econômica, que teria sido determinante. Fazendo o balanço desses críticos, Raymond Boudon considera que "podemos dizer como conclusão que a teoria de Weber, caso não seja provada, pode ser mantida como conjectura, ao mesmo tempo não refutada e plausível. É plausível que todas as coisas iguais, por outro lado, a implantação do protestantismo tenha facilitado a modernização econômica.[50] Jamais devemos esquecer que Weber não teve a pretensão de examinar todos os fatores que concorreram para o desenvolvimento do capitalismo ocidental. Ele se limita a analisar a influência de certa mentalidade protestante sobre o desenvolvimento econômico. Essa influência foi real, no sentido em que, efetivamente, indivíduos profundamente piedosos e virtuosos desenvolveram empresas muito prósperas. John Wesley, o funda-

---

[48] Cf. Max Weber. *Kritiken und Antikritiken. Die protestantische Ethik II*, herausgegeben von Johannes Winckelmann, Gutersloher Verlagshaus Gerd Mohn, Gütersloh, 1978 (3ª ed., revista). Encontramos uma tradução de um dos textos desse volume ("Réponse finale aux critiques", de 1910) em *SR*, pp. 133-163.

[49] Cf. Philippe Besnard. *Protestantisme et capitalisme. La controverse postwébérienne*. Armand Colin, Paris, 1970.

[50] Raymond Boudon. "L'éthique protestante de Max Weber: le bilan de la discussion", em Raymond Boudon e Pierre Chaunu (eds.). *Autour de Alain Peyrefitte. Valeurs et modernité*. Odile Jacob, Paris, 1996, p. 66.

dor do metodismo, não observava, deplorando: "Em qualquer lugar que se encontrem, os metodistas se tornam diligentes e frugais e, consequentemente, seus bens aumentam"? A tese de Weber encontra validações empíricas não só no passado, mas também no presente: o sucesso econômico dos calvinistas ortodoxos holandeses, os empreendedores evangélicos norte-americanos, os pentecostalistas que, depois de sua conversão, trabalham sem parar e se enriquecem, são exemplos contemporâneos que mostram que a ascese intramundana com base religiosa pode efetivamente estar em afinidade com o *ethos* do empreendedor capitalista. Um ethos que, como Weber vira bem, repousa hoje mais sobre sua lógica própria do que sobre motivações religiosas.

Max Weber e a "guerra dos deuses"

Catherine Colliot-Thélène mostrou de modo convincente que a "oposição maciça entre um mundo de outrora, no qual tanto as representações como as instituições teriam sido essencialmente determinadas pela religião, e um mundo de hoje, liberto dessa dependência", não fazia justiça às análises weberianas, que resistiam às interpretações em termos de secularização.[51] Com efeito, a desmagificação do mundo, em Weber, não significa uma retirada do religioso identificado com o mundo do além ou do suprassensível – redução do religioso que Weber jamais fez – e sim a "impossibilidade de pensar o mundo moderno como um todo no qual o lugar e os fins do homem estão claramente delimitados".[52] Tanto a racionalização da economia como a racionalização da política não deixa mais lugar para uma intervenção normativa na conduta da vida: não só o capitalismo, mas também a burocracia e a própria ciência escaparam de sua gaiola para se desdobrar agora em uma lógica objetiva impessoal e

---

[51] Catherine Colliot-Thélène. *Art. cit.*, p. 73.
[52] Catherine Colliot-Thélène. *Le désenchantement de l'État. De Hegel à Max Weber.* Les Éditions de Minuit, Paris, 1992, p. 260.

conforme suas leis próprias. As religiões éticas, ainda que tenham contribuído para esse processo, não têm mais ação sobre ele e perderam sua eficácia social. Há secularização no sentido de perda de poder social da religião, mas não no sentido de uma autonomia que o homem teria ganhado em relação à religião. É a dissolução social da regulação normativa da conduta da vida que é característica do processo de desmagificação e de racionalização do mundo descrita por Weber: "O que o mundo moderno tem como próprio não é ter repudiado a transcendência, mas de poder viver sem ética".[53] As diferentes esferas da prática se tornam autônomas uma em relação à outra e não há mais sentido unificador, ainda que puramente terrestre *(diesseitig)*, para significar a vida e dar uma direção a sua conduta. É nesse sentido que Weber fala em sua conferência sobre "a profissão e a vocação de intelectual" (1919), de "politeísmo dos valores", um politeísmo de natureza axiológica, que remete ao fato de que "diversas ordens de valores se afrontam no mundo em uma luta inexpiável" (*SP*, 83) e que a vida "só conhece o combate eterno que os deuses fazem entre si", a "incompatibilidade dos pontos de vista últimos possíveis, a impossibilidade de regular seus conflitos" (*SP*, 91). Os julgamentos de valores últimos, seja qual for o domínio deles, se equivalem e são antagonistas. Ao dizer que "as concepções do mundo jamais podem ser o produto de um progresso do saber empírico e, por conseguinte, os ideais supremos que agem mais fortemente sobre nós só se atualizam sempre na luta com outros ideais que são tão sagrados para os outros quanto os nossos são sagrados para nós" (*TS*, 130), Weber manifesta uma viva consciência da relatividade dos valores. Contudo, ao deslocar o problema do desencantamento da questão do sentido para a questão da ética, Weber indica ao mesmo tempo que, para ele, o problema central permanece o da *Lebensfuhrung*, da conduta da vida. Entre uma racionalidade instrumental impessoal e axiologicamente agnóstica de um lado, e uma autoridade carismática pessoal que inscreve os valores em uma iluminação qualquer do outro, é a partir da racionalidade do

---

[53] Catherine Colliot-Thélène. *Art. cit.*, p. 77.

valor[54] e da ética de responsabilidade que vemos se esboçar em Weber os caminhos possíveis de uma conduta razoável em um mundo desencantado.

Bibliografia

Obras de Max Weber

Le savant et le politique, com introdução de Raymond Aron, trad. de Julien Freund. Plon, Paris, "10/18", 1963.

Économie et société, t. I, trad. de Julien Freund, Pierre Kamnitzer, Pierre Bertrand, Éric de Dampierre, Jean Maillard e Jacques Chavy, sob a direção de Jacques Chavy e de Éric de Dampierre. Plon, Paris, 1971.

Wirtschaft und Gesellschaft. Grundriss der verstehenden Soziologie (1921), Tubingen, J. C. B. Mohr (Paul Siebeck), 1980. 5ª ed. revisada por Johannes Winckelmann.

Le judaïsme antique, trad. de Freddy Raphaël. Plon, Paris, 1970.

Sociologie des religions, textos reunidos e traduzidos por Jean-Pierre Grossein, intr. de Jean-Claude Passeron. Gallimard, Paris, 1996.

L'éthique protestante et l'esprit du capitalisme, precedido de *Remarque préliminaire au recueil d'études de sociologie de la religion, I* e seguido de *Les sectes protestantes et l'esprit du capitalisme*, trad. do alemão, com intr. e notas de Isabelle Kalinowski. Flammarion, Paris, 2000.

Confucianisme et taoïsme, trad. de Catherine Colliot-Thélène e de Jean-Pierre Grossein, com apresentação de Jean-Pierre Grossein. Gallimard, Paris, 2000.

---

[54] Cf., a esse respeito, a esclarecedora análise de Raymond Boudon: "Max Weber: la 'rationalité axiologique' et la rationalisation de la vie morale", em Raymond Boudon. *Études sur les sociologues classiques II*. PUF, Paris, 2000, pp. 201-246.

Gesammelte Aufsätze zur Religionssoziologie I, II, III (1920-1921), Tubingen, J. C. B. Mohr (Paul Siebeck) Verlag, 1988 (Uni-Taschenbucher fur Wissenschaft, n. 1488, 1489, 1490).

Estudos sobre Max Weber

Archives de sciences sociales des religions, 61, 1, janeiro-março de 1986: "Société moderne et religion: autour de Max Weber".

Philippe Besnard. *Protestantisme et capitalisme. La controverse postwéberienne*. Armand Colin, Paris, 1970.

Raymond Boudon e Pierre Chaunu (eds.). *Autour de Alain Peyrefitte. Valeurs et modernité*. Éd. Odile Jacob, Paris, 1996.

Annette Disselkamp. *L'éthique protestante de Max Weber*. PUF, Paris, 1994.

Dirk Kaesler. *Max Weber. Sa vie, son oeuvre, son influence*. Fayard, Paris, 1996.

Julien Freund. *Sociologie de Max Weber*. PUF, Paris, 1968.

Julien Freund. *Études sur Max Weber*. Librairie Droz, Genève-Paris, 1990.

Monique Hirschhorn. *Max Weber et la sociologie française*. L'Harmattan, 1988.

Wolfgang Schluchter. *Religion und Lebensfuhrung*, Band I: *Studien zu Max Webers Kultur- und Wettheorie*, Band II: *Studien zu Max Webers Religions- und Herrschaftssoziologie*. Suhrkamp, Frankfurt am Main, 1988.

Wolfgang Schluchter. *Die Entstehung des modernen Rationalismus. Eine Analyse von Max Webers Entwicklungsgeschichte des Okzidents*. 1ª ed. Suhrkamp, Frankfurt am Main, 1998 (Suhrkamp-Taschenbuch Wissenschaft 1347).

Jean Séguy. *Conflit et utopie, ou réformer l'Église*. Parcous wébérien en douze essais. Cerf, Paris, 1999.

Social Compass, Revue internationale des études socioreligieuses / International Review of socioreligious Studies, vol. XXIII, 1976/4: "Max Weber".

GEORG SIMMEL (1858-1918)

Permanência e fluidez da religiosidade

Georg Simmel, nascido em Berlim em 1858, em uma família israelita convertida ao cristianismo,[1] estudou história, filosofia, "psicologia dos povos" *(Völkerpsychologie)* e história da arte na Universidade de Berlim, universidade em que ele ensinou cerca de trinta anos – de 1885 a 1914 – filosofia, epistemologia e ciências sociais, como professor extraordinário. Tornou-se professor ordinário apenas aos 56 anos, em 1914, na Universidade de Estrasburgo (quando a capital alsaciana estava sob a dominação alemã). Em 1908, estigmatizado como judeu, fora afastado de uma cadeira de filosofia na Universidade de Heildelberg, apesar do apoio oficial que lhe haviam dado Ernst Troeltsch e Max Weber. Em 1909, fundou, junto com Max Weber e Ferdinand Tönnies a *Sociedade alemã de sociologia*. Em Berlim, o ensinamento de Simmel, muito diversificado e pluridisciplinar, obteve grande sucesso: Ernst Bloch, o autor de *O espírito da utopia* (1918) e de *Thomas Munzer como teólogo da revolução* (1922), assim como Georg Lukàcs, que mais tarde o acusará de "irracionalismo",[2] estavam entre seus alunos. Simmel, que se interessava muito pela arte, manteve relações regulares com diversos artistas, principalmente os poetas Stefan George e

---

[1] De pai católico e de mãe protestante, Georg Simmel foi batizado como protestante. Deixará a Igreja protestante no fim de sua vida, no decorrer da Primeira Guerra Mundial.
[2] Em sua obra *Die Zerstörung der Vernunft (La destruction de la raison)*, publicada em 1954.

Rainer Maria Rilke, seus compatriotas, e o escultor Auguste Rodin, com quem contribuiu para torná-lo conhecido na Alemanha. Simmel faleceu no dia 28 de setembro de 1918, alguns meses antes do armistício. Em sua obra mais conhecida: *Filosofia do dinheiro (Philosophie des Geldes)*, publicada em Leipzig em 1900, e depois em 1907, em uma edição aumentada, Simmel analisa todas as consequências da extensão da economia monetária sobre a vida social.

Simmel, que, como veremos, leva muito a sério a existência do sentimento religioso, é absolutamente estranho a qualquer perspectiva que postule, de um ou de outro modo, o desaparecimento ou até o declínio desse sentimento. Ele pensava que as "teorias sociais não podiam evitar reconhecer o papel efetivo do sentimento religioso *(des religiösen Empfindens)* nos movimentos das sociedades, ainda que modernas".[3] Simmel nada tem de um teólogo camuflado. Margarete Susman, uma das duas amigas a quem ele dedicara sua obra intitulada *A religião* (1906), relata esse propósito de Simmel do seguinte modo: "Não compreendo que Nietzsche clame tão alto que Deus está morto: já há muito tempo nós o sabemos".[4] A relação de Simmel com a religião é, na realidade, muito mais complexa[5] porque, se ele recusa qualquer determinação positiva de Deus, se se opõe a religiosidade à religião cristalizada em conteúdos dogmáticos e quadros institucionais,

---

[3] Georg Simmel. "Besprechung von: Benjamin Kidd. Soziale Evolution. Jena, 1895", em *Archiv fur soziale Gesetzgebung und Statistik*, 8/1895, p. 510, texto citado por Heinz-Jurgen Dahme em sua contribuição: "Der Verlust des Fortschrittsglaubens und die Verwissenschaftlichung der Soziologie. Ein Vergleich von Georg Simmel, Ferdinand Tönnies und Max Weber", em *Simmel und die fruhen Soziologen. Nähe und Distanz zu Durkheim, Tönnies und Max Weber*, herausgegeben von Otthein Rammstedt. Suhrkamp Verlag, Frankfurt am Main, 1988, p. 253.

[4] Em *Buch des Dankes an Georg Simmel. Briefe, Erinnerungen, Bibliographie. Zu seinem 100. Geburtstag am 1. Mai 1958*, herausgegeben von Kurt Gassen un Michael Landmann. Dunckler & Humblot, Berlin, 1958, p. 289.

[5] Sob diversos aspectos, a relação de Simmel com a religião faz pensar na de Rainer Maria Rilke: rejeição da religião institucional, dos credos, mas abertura à ideia de Deus e ao sentimento religioso.

ele fica impressionado pelos místicos e partilha um pouco de sua teologia negativa, "mais profunda que qualquer dogmática anterior ou posterior".[6] É sem dúvida essa mistura de distância crítica em relação a todas as expressões históricas da religião e de sensibilidade à emoção religiosa que permitiu a Simmel desenvolver uma abordagem dos fatos religiosos que, apesar de permanecer rigorosamente agnóstico em seu princípio, reconhece a dignidade desse fato e sua permanência. Segundo Heinz-Jurgen Dahme, Simmel parece ter sido o primeiro, entre os sociólogos clássicos, a ter predito "um crescimento da significação da religião diante das sociedades que continuam a se diferenciar".[7]

Diversificada e complexa, pouco sistematizada pelo próprio Simmel, podendo prestar-se facilmente a contrassensos entre os leitores apressados e avessos a seu estilo de escrita, a obra de Simmel recebeu uma acolhida variável, conforme os anos e os países. Muito boa nos Estados Unidos, em que ela foi introduzida pela escola de Chicago em 1921, na Alemanha, a recepção de sua obra sofreu, embora numerosos estudos lhe tenham sido consagrados, graças ao impacto considerável por parte de Weber e dos críticos da Escola de Frankfurt. Simmel e Weber, contemporâneos, mantiveram relações seguidas; contudo, conforme observa O. Rammstedt, "as relações entre Simmel e Weber permaneceram muito fracas quando se tratava de elaboração teórica",[8] o que não impede que as sociologias desses dois autores apresentem, como veremos, parentescos sobre alguns pontos.[9]

---

[6] Georg Simmel, *Lebensanschauung. Vier metaphysische Kapitel*. Dunckler & Humblot (1918), Munique e Leipzig, 1922, 2ª ed., p. 109.
[7] Heinz-Jurgen Dahme. *Op. cit.*, p. 253. Dahme sempre se refere aqui ao texto de Simmel de 1895, citado na nota 3 do presente capítulo.
[8] Otthein Rammstedt. "Durkheim, Weber et, furtivement, Simmel. Réflexions sur une étude comparée", em Monique Hirschhorn e Jacques Coenen-Huther (eds.). *Durkheim, Weber. Vers la fin des malentendus?* L'Harmattan, Paris, 1994, p. 30.
[9] Sobre as relações ambivalentes de Max Weber com Georg Simmel, cf. as contribuições de Birgitta Nedelmann e de Johannes Weiss, reunidas em *Simmel und die fruhen Soziologen. Nähe und Distanz su Durkheim, Tönnies und Max Weber*, herausgegeben con Otthein Rammstedt. Suhrkamp Verlag, Frankfurt am Main, 1988, pp. 11-63.

Na França, os escritos de Simmel eram muito bem conhecidos antes da Primeira Guerra Mundial, pois diversos estudos dele foram publicados em francês na *Revue internationale de sociologie*, nos *Annales de l'Institut international de sociologie*, e na *Revue de métaphysique et de morale*. Enquanto Durkheim e Weber se ignoraram reciprocamente, Simmel manteve algumas relações com Durkheim e até aceitou colaborar no primeiro número de *L'année sociologique*. Contudo, ainda que a sociologia estivesse em curso de constituição como disciplina autônoma, as concepções de Durkheim e de Simmel sobre a própria natureza do empreendimento sociológico estavam demasiadamente distantes para que esses dois grandes sociólogos pudessem se entender.[10] Radicalmente antipositivista, mais atento à sociedade a ponto de se fazer por meio de uma multidão de interações individuais do que em uma sociedade que domina de cima os indivíduos e os obriga, muito pluralista em sua abordagem de uma realidade social que ele percebe como ela própria construída diferentemente, conforme os ângulos sob os quais os indivíduos a abordam, seria preciso muita generosidade intelectual da parte de Durkheim a fim de entrar mais à frente nas perspectivas de Simmel e muito mais esforços para que Simmel admitisse um pouco as orientações globais de Durkheim. Isso não impedirá que Célestin Bouglé (1870-1940), membro influente da escola de Durkheim, mas crítico do mesmo sobre diversos pontos essenciais, continue a se interessar pelos escritos de Simmel. Quanto a Maurice Halbwachs (1877-1945), excelente conhecedor da sociologia alemã, que sucedeu a Georg Simmel em 1919, na Universidade de Estrasburgo, que voltara a ser francesa, ele apresentava a seus estudantes não só a socio-

---

[10] A ruptura entre os dois foi consumada depois que Durkheim suprimiu, autoritariamente, passagens que o irritavam na contribuição que Simmel havia aceito comunicar em *L'année sociologique*. Em seguida, a avaliação que Durkheim fará das obras de Simmel estará "no limite da difamação", segundo Otthein Rammstedt, que se admira de que nem Durkheim nem Simmel tenham verdadeiramente procurado fazer um verdadeiro debate intelectual para melhor se compreenderem (cf. Otthein Rammstedt. *Ibid.*, pp. 29-30).

logia de Max Weber, mas também a de Simmel, em quem ele via "um sociólogo de talento".[11]

Raymond Aron que, em *A sociologia alemã contemporânea* (1935), consagrou algumas páginas a Simmel,[12] Julien Freund em seguida, e finalmente Raymond Boudon e Patrick Watier, contribuíram de modo decisivo – tomando principalmente a iniciativa de traduções – para a difusão do pensamento sociológico de Simmel na França. A perda de influência do marxismo e o desenvolvimento das críticas antipositivistas na sociologia favorecerão, sobre o fundo do debate a respeito da pós-modernidade, um retorno forçoso do pensamento sociológico de Simmel. Na sociologia das religiões, apesar da apresentação e da tradução da primeira edição de *Die Religion* (1906), realizada por Jean Séguy em 1964 nos *Archives de sociologie des religions* (cf. bibliografia), sua obra chamou pouco a atenção dos especialistas nesse domínio. É verdade que nos debates sobre a secularização, a abordagem de Simmel do religioso podia encontrar apenas poucos ecos. Não é por acaso que, até quando nos interrogamos hoje sobre "as produções religiosas da modernidade" (D. Hervieu-Léger) ou sobre "as recomposições ultramodernas da religião" (J.-P. Willaime) redescobrimos a atualidade de Simmel na sociologia das religiões.[13]

Procurando precisar o estatuto epistemológico do conhecimento histórico, Simmel insiste sobre o fato de que a história "não pode ser mais que a história dos processos mentais", e que "os fatos psíquicos constituem a substância da história": "Os processos observáveis, quer sejam políticos ou sociais, econômicos ou religiosos, jurídicos ou técnicos, só nos parecem

---

[11] John E. Craig. "Maurice Halbwachs à Strasbourg", *Revue française de sociologie*, XX, 1979, p. 286.
[12] Aron continuará, entretanto, muito reservado em relação à sociologia de Simmel. Ele não inclui Simmel entre os fundadores da sociologia, apresentados em *Les étapes de la pensée sociologique* (1967), ao passo que, na mesma época, em 1966, Robert A. Nisbet dava grande espaço a Simmel em *The Sociological Tradition*.
[13] Conforme salienta Patrick Watier no fim de seu "Posfácio" (pp. 178-181) a *La religion*, traduzido do alemão por Philippe Ivernel. Circé, Paris, 1998.

interessantes e compreensíveis porque eles são os efeitos e as causas de processos psíquicos".[14] Acontecimentos tão diferentes como a construção da igreja de são Pedro ou a abertura do túnel do Gothard, explica Simmel, resultam de certos conteúdos de consciência, "são o ponto de encontro de séries de volições, de representações ou de sentimentos" (p. 60). Tais acontecimentos sem dúvida se desenrolaram em certas circunstâncias e os dados externos devem ser levados em conta, mas circunstâncias e dados externos sempre são interpretados pelos atores sociais.

Para Simmel, "há sociedade onde há ação recíproca *(Wechselwirkung)* dos indivíduos" (*Soc.*, 43)[15] e a sociologia é o estudo das formas da socialização. É o que claramente indica o próprio subtítulo de sua *Sociologia*: "Untersuchungen uber die Formen der Vergesellschaftung", ou seja: "Estudos sobre as formas da socialização". Querendo determinar o campo próprio da sociologia como disciplina acadêmica, Simmel não localiza esta em tal ou tal conteúdo, mas no estudo dos múltiplos modos com que os homens entram em relação e fazem sociedade. A sociedade é, do ponto de vista de Simmel, um conjunto dinâmico, constantemente a ponto de se fazer e de se desfazer, e é por isso que ele prefere falar de socialização e não de sociedade. E o lugar próprio da sociologia é a análise do "fato puro da socialização", ou seja, uma construção específica, um ponto de vista particular que, por abstração, isola as formas da socialização de seus conteúdos para melhor estudar as incidências das próprias formas da socialização. Simmel distingue, portanto, entre as formas da socialização e seus conteúdos, insistindo no fato de que, na realidade sócio-histórica, formas e conteúdos estão inevitavelmente

---

[14] Georg Simmel. *Les problèmes de la philosophie de l'histoire. Une étude d'épistemologie* (1907, 3ª ed.), com introdução e tradução do alemão de Raymond Boudon. PUF, Paris, 1984, p. 57.
[15] A indicação "Soc", seguida de um número, remete à *Sociologie. Études sur les formes de la socialization*, trad. do alemão de Lilyane Deroche-Gurcel e Sybille Muller. PUF, Paris, 1999. A primeira edição dessa obra data de 1908. A tradução francesa, que não inclui as variantes e o aparato crítico da edição alemã, baseia-se no texto da edição crítica, estabelecida por O. Rammstedt e publicada na Suhrkamp em 1992.

misturados. Os conteúdos da socialização – sua matéria – são, para Simmel, as "pulsões, interesses, fins, tendências, estados, movimentos psíquicos" dos homens, como a fome, o amor, o trabalho, o sentimento religioso, a técnica, as produções intelectuais (*Soc.*, 44).[16] Essas matérias, entre as quais teremos notado que Simmel menciona de início a religião, só se tornam sociais ao se inscreverem em formas diversas de socialização: "Dominação, subordinação, concorrência, imitação, divisão do trabalho, formação de partidos, representação, solidariedade no interior ao mesmo tempo que fechamento ao exterior: tudo isso, e muitas outras coisas semelhantes, se encontram tanto na sociedade estatal como na comunidade religiosa, tanto na faixa dos conjurados como no agrupamento de interesses econômicos, tanto na escola artística como na família" (*Soc.*, 45-46). A partir disso, podemos estudar tanto o modo como tal forma de socialização – como a concorrência ou a dominação – se manifesta em certos conteúdos: políticos, religiosos, econômicos, artísticos, eróticos..., quanto o modo como tal conteúdo, por exemplo, a religião, se apresenta em formas diferentes de socialização: "Os conteúdos da vida religiosa, enquanto são idênticos do ponto de vista de seus conteúdos, exigem uma forma de comunidade, ora liberal ora centralizada", nota, por exemplo, Simmel (*Soc.*, 46).

Essa distinção entre as formas e os conteúdos da socialização não impediu Simmel de empregar o termo de forma em um outro sentido, que é importante precisar, porque ele o utiliza em seu estudo de 1906 sobre *A religião*. Trata-se da forma entendida como uma categoria *a priori*, como uma formalização da experiência histórica, que permite ao homem estruturar o

---

[16] A ação recíproca de diversos indivíduos, que é constitutiva da sociedade, "nasce sempre de certas pulsões ou em vista de certos fins", precisa Simmel; ela não existe em si. E as pulsões que impelem à ação recíproca são, sem dúvida, extremamente diversas: "As paixões eróticas, religiosas ou simplesmente de convívio, os fins da defesa ou do ataque, do jogo ou da aquisição de bens, da ajuda ou do ensino, e uma infinidade de outras ainda, fazem com que o homem entre em relações de vida com outrem, de ação para, com, contra outrem, em situações em correlação com outrem, ou seja, ele exerce efeitos sobre outrem e também sofre os efeitos dele" (*Soc.*, 43).

real. É nesse sentido que Simmel fala de formalização artística, religiosa ou científica do mundo. O propósito de Simmel sobre a religião consiste, então, em analisar a religião ao mesmo tempo como forma e como conteúdo: de um lado, como uma formalização particular da existência humana que se focaliza sobre certos conteúdos e, do outro, como um conteúdo particular que entra nas formas gerais da socialização. Simmel, de fato, pôs em ação mais o primeiro ponto de vista do que o segundo: ele teria podido, bem mais do que fez, desenvolver a aplicação dos princípios de sua sociologia formal ao estudo dos fatos religiosos. Em sua *Sociologia*, com efeito, a religião é abordada apenas a título de exemplo, e com certa parcimônia, para ilustrar tal ou tal forma da socialização. É por isso que seremos diversas vezes levados a salientar o interesse da abordagem de Simmel para a sociologia das religiões, domínio que, apesar de seu estudo intitulado *A religião*, em que ele aborda diretamente o fato religioso, Simmel não o desenvolveu tão sistematicamente quanto um Weber ou um Durkheim.

Religião: Uma formalização particular do mundo

Conforme Simmel, podemos ordenar o mundo sob perspectivas muito diferentes: artística, religiosa, ética, científica, lúdica, cada uma dessas formalizações, que não devem ser confundidas com a realidade, tendo sua lógica própria. A realidade só é acessível por meio de uma ou outra dessas formalizações e nenhuma dessas formalizações a esgota. Simmel atribui, portanto, uma extrema importância às representações por meio das quais o homem constrói o mundo, o percebe e nele se orienta; seu ponto de vista é de início relativista, mas rigoroso e constantemente animado por uma forte vigilância epistemológica: "Todos os modos de vida no homem, agente e criativo, inteligente e sensível, são modos de classificação ou de categorias que integram a substância da existência, infinitamente extensa, mas sempre idêntica no interior de todas as formalizações. E cada uma dessas categorias está, em princípio, habilitada a construir, segundo suas leis próprias, a totalidade dessa substância. O homem de arte e o homem de ciência, o homem de ação e o homem de fruição – todos eles em conformidade com o que são – encontram um mesmo material de fenômenos tangíveis e audíveis, de impulsos e de destinos, e cada um, por mais que seja puramente artista ou pensador, dado à fruição ou prático, modela a partir disso uma totalidade particular do mundo; a essa reserva quase que muitas vezes o que já foi formado por um serve de matéria para outro, e que cada uma dessas formas, tal como se oferece em um ponto histórico da evolução sem fim de nossa espécie, pode se apropriar da matéria apenas de modo muito fragmentário e em proporções muito variáveis; a essa outra reserva quase também, pois não podemos provavelmente jamais apreender essa matéria em sua pureza, mas sempre já formada, como o elemento de um mundo qualquer. E desse modo se interpretam a multiplicidade e a unidade dos mundos que o espírito modela: tais categorias formadoras, das quais cada uma, conforme o motivo que lhe é próprio, significa um mundo inteiro, dotado de suas leis próprias e acabado em si mesmo, a partir de um instinto de base unitário" (*R*, 11-12).[17]

A religião não escapa a essa regra de "significar um mundo inteiro, dotado de suas leis próprias e acabado em si mesmo" e, como as outras "grandes formas de nossa existência", ela deve experimentar sua capacidade de exprimir em sua linguagem a totalidade da vida (*R*, 10). Em outras palavras, o religioso não constitui para Simmel um setor particular da realidade social, que se justapõe aos outros, mas uma formalização de toda a vida que, na realidade, existe ao lado de outras formalizações – artística,

---

[17] Aqui e no que segue, com "R" remetemos ao volume *La religion*, traduzido do alemão por Philippe Ivernel, com "posfácio" de Patrick Watier, Circé, Paris, 1998. Essa coletânea reúne três textos de Simmel sobre a religião: o principal, *La religion* (pp.7-106), é a tradução da edição aumentada de 1912 de *Die religion* (1ª ed., 1906); o texto traduzido sob o título "La religion du point de vue de la théorie de la connaissance"(pp.107-121), data de 1902, e o traduzido sob o título "La religion et les contrastes de la vie" (pp.123-134) data de 1904-1905.

científica... – que, também elas, a seu modo, exprimem em sua linguagem a totalidade da vida. Para Simmel, "a vida religiosa cria o mundo mais uma vez, ela significa a existência inteira em uma tonalidade particular, embora em sua ideia pura ela de modo nenhum pode se cruzar com as imagens do mundo edificadas conforme outras categorias, nem contradizê-las" (*R*, 14). Em "sua ideia pura", toma cuidado de precisar Simmel, ou seja, em sua lógica intrínseca, e não em sua realização histórica, porque nos fatos, é muito evidente para Simmel que a formalização religiosa do mundo se encontra com outras formalizações e com elas se mistura. Mas Simmel tem o cuidado de abordar o religioso como uma realidade *sui generis*, da mesma forma que ele aborda outras formalizações do mundo em sua especificidade. "O fenômeno religioso, em sua essência específica, em sua existência pura, liberta de qualquer 'coisa', é vida; o homem religioso, uma pessoa que vive de um modo determinado, próprio apenas dela, e cujos processos psíquicos apresentam um ritmo, uma tonalidade, uma organização e uma proporcionalidade das energias psíquicas, difere sem confusão possível dos do homem teórico, artístico ou prático como tal" (*R*, 17). Aqui também, é preciso compreender bem que o homem religioso, não mais que o homem artístico ou prático, não existe em estado puro na realidade, uma vez que o homem concreto é, ao mesmo tempo, um indivíduo artístico, prático, religioso, segundo graus e combinações muito variáveis. Contudo, compreender a realidade é também levar em conta, para Simmel, essa forma específica de formalização do mundo que é constituída pelo religioso, uma formalização que Simmel considera como uma "categoria a priori" que, ao lado de outras, alimenta representações e atitudes. É pelo fato de o religioso ser uma categoria específica que qualquer coisa pode ser vista religiosamente, assim como qualquer coisa pode ser considerada de um ponto de vista artístico (Simmel faz, como veremos mais adiante, interessantes aproximações entre a arte e a religião). Todavia, se qualquer coisa pode ser vista religiosamente, isso não significa que a coisa em si mesma seja religiosa. O religioso é, afinal de contas, um ponto de vista, ao lado de outros, sobre a realidade, uma forma por meio da qual, em uma linguagem própria, é expressa "a totalidade da vida". Bem entendido que cada forma – por exemplo, a arte – expressa também "a totalidade da vida": apesar de reconhecer a religião como fenômeno *sui generis*, Simmel não lhe reconhece, portanto, um lugar superior em relação a outras formas.

Essas diversas formalizações da vida podem entrar em concorrência, principalmente se uma pretender englobar todas as outras. Desse modo, "a lógica religiosa, assim como a científica, reivindica muito frequentemente incluir todas as outras em si mesma, ou dominá-las. Quando elas procuram fazer isso, elementos idólatras, estatutários e seculares nela penetram: são aqueles nos quais se exerce uma outra lógica, diversa da religiosa. Aí jazem as dificuldades mais gerais e as menos evitáveis da religião: (...)" (*R*, 15). A religião que pretenda ocupar o lugar da ciência não é mais religião, do mesmo modo que a ciência que pretenda ocupar o lugar da religião não é mais ciência. Simmel toma consciência, a seu modo, da diferenciação funcional das esferas de representações e de atividades ainda que, para ele, cada lógica não tenha um domínio totalmente como próprio, uma vez que cada uma delas se refere à inteireza da vida. De um ponto de vista de Simmel, e nisso Simmel nos parece realmente ultramoderno,[18] podemos dizer que o religioso não é em si uma perspectiva em concorrência com a ciência ou a política, o que ele foi e sempre poderá ser, mas uma perspectiva que representa uma dimensão diferente. Mesmo nas sociedades institucional e culturalmente emancipadas em relação aos poderes religiosos, essa dimensão

---

[18] Em uma perspectiva que se inscreve na linha das análises de Anthony Giddens, de Ulrich Beck e de Alain Touraine, distinguimos a modernidade definida como "o movimento mais as certezas modernistas" e a ultramodernidade como "o movimento mais a incerteza". A ultramodernidade, longe de representar uma pós-modernidade qualquer é, ao contrário, uma radicalização da modernidade em que os encantamentos da modernidade se encontram eles próprios demitizados. Cf. Jean-Paul Willaime, "Religion, individualization of meaning and the social bond", em *Secularization and Social Integration*, Papers in honor of Karel Dobbelaere (editado por Rudi Laermans, Bryan Wilson e Jaak Billiet). Leuven University Press, Leuven, 1998, pp. 261-275.

poderá sempre totalizar simbolicamente a vida nos indivíduos, que fazem também a experiência de totalizações artísticas, científicas, eróticas e pragmáticas da vida. O ponto de vista que consiste em apreender a formalização religiosa do mundo como uma formalização entre outras permite pensar o futuro do religioso nas sociedades modernas fora de qualquer perspectiva evolucionista que oponha modernidade e religião.

Tal abordagem não impede que Simmel pratique um agnosticismo metodológico, que considera que "a religião enquanto tal é um evento que se produz na consciência humana, e nada mais que isso" (*R*, 107). A questão de saber se os dogmas são verdadeiros é, por outro lado, de interesse secundário para Simmel, pois o "essencial permanece que eles sejam pensados, sentidos, e que sua verdade apenas se expresse diretamente ou que complete a intensidade desse movimento interior, do movimento desejoso, que leva até eles" (*R*, 16). Simmel não se interessa pela realidade dos objetos religiosos; ele os apreende apenas como fatos de consciência, representações que fazem sentido para as pessoas que deles são portadoras e que são "fonte de energia" para elas.

Antes de ser um mundo objetivo de crenças sedimentadas culturalmente e reguladas institucionalmente com mais ou menos sucesso, a religião constitui de início, para Simmel, uma "função subjetiva e humana": "Assim como precisamos distinguir entre o próprio processo pensante e o mundo objetivo que constitui seu conteúdo, devemos também distinguir entre o conteúdo religioso em sua existência e valor objetivo, e a religião considerada como uma função subjetiva e humana" (*R*, 108). E, assim como o conhecimento não cria a causalidade, e sim a causalidade o conhecimento, "do mesmo modo, não é a religião que cria a religiosidade, e sim a religiosidade [que cria] a religião" (*R*, 26). Uma religiosidade que é considerada por Simmel como uma espécie particular de sentimento emocional, que ele designa com o termo piedade: "Talvez possamos designar essa tonalidade afetiva na maioria dos casos como a de piedade. A piedade é o humor da alma que se torna religião tão logo ela se projete em figuras particulares:

para nosso contexto, é característico que *pietas* exprimia de modo igual o comportamento piedoso tanto em relação aos homens como em relação aos deuses. A piedade, que é de algum modo a religiosidade em estado fluido, não tem necessidade de ir até a forma sólida do comportamento em relação aos deuses, até à religião" (R, 40).

Podemos, portanto, ser piedosos sem religião, assim como podemos ser artistas sem obra de arte. Em outras palavras, a disposição para a piedade pode não encontrar objeto para se concretizar, e permanecer no estado de potencialidade. Mas ela pode também se aplicar, em certas circunstâncias, a objetos não religiosos.

A religiosidade como "disposição irredutível e fundamental"

Simmel não se interessa muito pelo religioso institucional, pelas organizações religiosas e pelas relações que os indivíduos mantêm com elas. Tanto no domínio da religião como em outros, ele desenvolve uma abordagem individualista, analisando o modo como os homens tecem relações no quadro de uma formalização religiosa da vida. Simmel concebe "o religioso como uma categoria fundamental que, sem dúvida, tem necessidade de um conteúdo, da mesma forma que a categoria do ser, mas que manifesta, da mesma forma que esta, a flexibilidade de seu caráter formal, pela extensão do conteúdo material que ele pode indefinidamente suportar" (R, 112). A religiosidade, que aparece para Simmel como "uma disposição irredutível e fundamental da alma" (R, 111), um "humor", não está ligada a tal ou tal conteúdo, ainda que certas características da condição humana lhe pareçam mais "religióides" que outras (cf. abaixo). Para Simmel, tudo é suscetível de se tornar religioso, e nada é religioso em si mesmo: "O estado de alma religioso não torna nenhum conteúdo determinado logicamente necessário" e "nenhum conteúdo possui em si só a necessidade lógica de se tornar religião" (*R*, 111). Essa concepção destaca em particular "o sentimento religioso de qualquer ligação exclusiva com objetos transcendentes. Ele é uma infinidade de relações sentimentais com objetos muito terrestres, homens ou coisas, que podemos designar como religiosas" (*R*, 112): "A relação da criança cheia de piedade com seus pais; do patriota entusiasta com sua pátria ou do cosmopolita de bom humor com a humanidade; a relação do trabalhador com sua classe, triunfando na luta, ou do feudal, orgulhando-se da nobreza de sua posição; a relação do súdito com quem o domina, e sob a sugestão do qual ele se encontra, ou ainda do bom soldado com seu batalhão – todas essas relações, de conteúdo tão infinitamente variado, podem, no entanto, ter, quanto à forma de seu aspecto psíquico, uma tonalidade comum, que seremos obrigados a chamar de religiosa" (*R*, 38-39).

Podemos evidentemente nos interrogar sobre essa categoria de religiosidade que Simmel considera como uma espécie de constante da existência humana, ao passo que as expressões da religiosidade são muito variáveis no tempo e no espaço. Podemos também nos perguntar se a religiosidade, o fato de ter um "humor religioso", permanecerá um dado permanente da condição humana. De um ponto de vista epistemológico, Simmel constata que, como "a religiosidade aparece já secretamente pressuposta em todas as pretensas explicações que dela são dadas", é mais útil "reconhecê-la de início como uma qualidade primária, não dedutível de outros lugares" (*R*, 103), no que ele de fato não errou. Apreender o religioso em um nível formal, como uma "disposição irredutível e fundamental" – o que, por definição, constitui uma hipótese indemonstrável –, tem, em todo caso, a vantagem de não ligar o religioso com crenças e ritos determinados e, portanto, de distinguir o religioso, por abstração, das formas culturais e institucionais que ele revestiu no decorrer da história e que ele reveste no presente. Isso permite a Simmel considerar a existência de uma religiosidade flutuante, errante, sem objeto, determinada como uma disposição amante que jamais experimentaria um verdadeiro amor por um indivíduo: há "almas piedosas que não dirigem sua piedade a nenhum deus e, portanto, a nenhuma dessas figuras que são muito exatamente o puro objeto da piedade, ou seja, naturezas religiosas sem religião" (R, 40). Ao mesmo tempo em que hoje observamos um processo de desregulação institucional e de disseminação cultural da religião e que a conjuntura sócio-religiosa se caracteriza muito mais por um enfraquecimento do poder social das instituições do crer e não tanto como uma crise do próprio crer, a distinção formal entre religiosidade e religião aparece como operativa, ainda que seja delicada de manejar. Ela permite, em particular, levar em conta o fato de que toda manifestação de religiosidade não desemboca, forçosamente, sobre a religião: não só porque, conforme reconhece Simmel, a religiosidade pode impregnar diferentes domínios da existência e, portanto, encontrar-se na política, na vida social, na vida artística ou em outro domínio, sem, no entanto, que se trate de "religiões seculares", mas também porque a religiosidade pode não se estabilizar em conteúdos, e permanecer fluida. "A piedade, que é de algum modo a religiosidade em estado fluido, não tem necessidade de ir até a forma sólida do comportamento em relação aos deuses, até à religião" (R, 40). Embora a religiosidade tenha "a possibilidade de colocar diante de si um mundo objetal modelado por ela", ou seja, "o mundo da religião", a religiosidade é "em si um estado sem objeto ou um ritmo da interioridade" (R, 18), mas que, em seu caminhar em meio à multiplicidade dos conteúdos que o mundo oferece, se dá objetos e "se opõe, desse modo, a si mesma, o mundo da religião diante do sujeito da religião" (R, 18).

Se a religiosidade é, *a priori*, um estado sem objeto, resta que, conforme Simmel, três elementos da vida se prestariam talvez mais particularmente a uma formalização religiosa do mundo, convidando o homem a se colocar em uma "tonalidade religiosa": "Trata-se do comportamento do homem diante da natureza exterior, diante do destino e diante do mundo humano circundante". Há elementos da vida que são mais ou menos "religióides", segundo Simmel. Os três elementos acima citados o seriam, desse modo, mais que outros. Contudo, ao dizer "talvez", Simmel, já de início, relativiza sua afirmação. Quando se trata do comportamento do homem diante da natureza, ele observa, desse modo, que é preciso que categorias religiosas já estejam presentes para que o homem represente para si mesmo seu lugar na natureza de modo religioso. Quanto ao destino, caso ele possa tomar um "curso plenamente irreligioso" (R, 23), ele lhe aparece, segundo sua estrutura, "como que disposto para acolher o humor religioso" (R, 24). Por quê? Porque, por meio do religioso, o destino – esse sentimento de ser influenciado por alguma coisa exterior a si mesmo – adquire, por mais problemático que seja, um sentido relacionado a si mesmo. Quanto à sociedade, como Durkheim – mas sem disso fazer o elemento explicativo do religioso – Simmel reconhece que ela pode inspirar sentimentos religiosos ao indivíduo: "Essa humildade com que o homem piedoso confessa dever a Deus tudo o que ele é e tudo o que ele tem, vendo nele a fonte de seu ser e de sua força, ela se deixa transpor sobre a relação do indivíduo com a coletividade" (R, 34). É o sentimento de dependência do indivíduo em relação à sociedade que lhe aparece decisivo nessa "analogia curiosa que existe entre o comportamento do indivíduo em relação à divindade, e seu comportamento em relação à coletividade social" (R, 33). A afinidade de forma entre a vida social e a vida religiosa reside, conforme Simmel, na própria ambivalência do ser humano, no fato de que o homem experimenta tanto um desejo de liberdade quanto um desejo de dependência, desejando ora ser um todo ora um membro de um todo.

O dom, como acontecimento sociológico "que se apressa a recolher e a transmitir a vibração religiosa" (R, 36) e, principalmente, o amor e a unidade contribuem para a identidade de forma entre fenômenos sociais e fenômenos religiosos. O traço inerente ao conceito de unidade de um grupo "que se dispõe à modelagem religiosa" é a representação ideal da ausência de concorrência e de luta entre seus membros. "A construção da unidade social provoca uma reação religiosa" (R, 65) porque "a ideia de que o mundo é uma unidade (...) se orienta, por pouco que a pensemos absoluta e sem nada que a costeie em seu incondicionado, na direção de um Ser autossuficiente, a quem damos o nome de Deus" (*R*, 92). Portanto, há incontestavelmente, para Simmel, certos elementos da vida social que se prestam particularmente bem a uma formalização religiosa, mas Simmel não reduz a religiosidade a nenhum desses elementos e deles não tira nenhuma conclusão quanto à origem do sentimento religioso. Ele afirma simplesmente que o "homem tem necessidade da religião para atenuar a desunião entre suas necessidades e sua satisfação, entre o que ele deve fazer e o que ele faz, entre sua concepção ideal do mundo e a realidade" (*R*, 133), para, diz ainda Simmel em um texto de 1895, "não deixar a personalidade cair em um incurável dilaceramento interior".[19]

Simmel insiste sobre a religião como "coincidentia oppositorum", a coincidência dos opostos, cara a Nicolau de Cusa (séc. XV). "As tendências incompatíveis da alma encontram a pacificação e a solução de suas contradições na atitude religiosa", pois a religiosidade introduz a "unidade de um sentido mais profundo". A religião é posse e desapossamento, ter e não-ter. Para Simmel, tanto a miséria como a opulência criam deuses, tanto a pobreza como a riqueza geram religiosidade. Se "for um fato certo que muitos homens jamais teriam se prostrado ao pé da cruz, caso todos os recursos da vida não tivessem faltado" (*R*, 131), também é totalmente verdadeiro que "a religião brota do demasiado cheio da alma que, não tendo mais lugar suficiente para conter sua felicidade, projeta-a, por assim dizer, no infinito, a fim de que este restitua a felicidade a ela" (*R*, 132). Como a religião pode dar um sentido tanto à riqueza quanto à pobreza, ela, por esse motivo, não é redutível nem à legitimação de uma nem à legitimação da outra.

---

[19] Trata-se do texto citado por Heinz-Jurgen Dahme, p. 253 de seu estudo "Der Verlust des Fortschrittsglaubens und die Verwissenschaftlichung der Soziologie. Ein Vergleich von Georg Simmel, Ferdinand Tönnies und Max Weber", cf. a referência na nota 3 do presente capítulo.

O que é crer

As reflexões de Simmel sobre o crer são interessantes de se levar em conta no próprio momento em que as análises do religioso contemporâneo deslocam cada vez mais a atenção da pesquisa dos conteúdos das crenças para as modalidades do crer. Por outro lado, Simmel fala de *Glaubigkeit*, ou seja, de propensão a crer, de competência crente, o que indica bem o deslocamento dos conteúdos da crença para o crer. Simmel compreendeu que "se o homem religioso declara: eu creio em Deus, uma outra coisa é visada, e não simplesmente certo modo de considerar sua existência como verdadeira" (*R*, 45). A crença não é um saber, mas um "estado da alma, sem dúvida relativo a um exterior em relação a ela, mas possuindo essa referência como uma característica interior em si mesma" (*R*, 47). O crente crê em Deus assim como nós cremos em alguém, diz Simmel: ora, crer em alguém não é crer em sua existência nem em alguma coisa precisa que se relacione com ele, e sim um "humor do indivíduo inteiro em relação com o outro": "Desse modo, a criança em seus pais, o subordinado em seu superior, o amigo no amigo, o amante na amada, o súdito no príncipe" (*R*, 46). Tal crença sobrevive às suspeitas mais fundadas, que mostram com evidência a indignidade daquele no qual se crê. Crer, na perspectiva de Simmel, é de algum modo ter confiança, uma confiança absoluta e inabalável.

Com a crença em Deus, "o processo de crença em alguém se destacou da ligação com uma contrapartida social, e ele próprio produziu seu objeto no conteúdo também" (*R*, 51). "A fé em Deus é precisamente esse estado orientado para fora de si mesmo a partir do sujeito, deixando seu objeto empírico e sua medida relativa, produzindo um objeto para si por si só e ampliando-o desse modo até o absoluto" (*R*, 46-47). É por isso que Simmel pensa que "Deus é, por excelência, o objeto da crença", é a crença em estado puro, em seu paroxismo, além de qualquer conteúdo. Não é um objeto particular que é procurado em Deus, "mas a busca como tal, que tem em si sua finalidade" (*R*, 53) ("Como Deus é a finalidade em si mesma, escreve ainda

Simmel, ele é precisamente também a finalidade da busca em si mesma"). Nessa perspectiva, não é tanto a adesão a determinados conteúdos de crença que está na origem do crer, e sim o crer que produz ele próprio seu objeto. Os crentes, a partir disso, não se distinguem daqueles que não crêem por meio de qualquer conteúdo de crença, mas por "uma forma de ser interna", um "estado da própria alma". A crença religiosa é, portanto, um "estado de fato" e não "o simples reflexo de um estado de fato" (R, 117). Simmel restitui à dinâmica do crer sua lógica própria, sem procurar explicá-la por alguma coisa exterior, pois a crença lhe aparece como uma disposição particular do indivíduo que, eventualmente, produz um objeto próprio como mira absoluta de sua própria lógica. Essa objetivação da disposição crente em tal ou tal figura do divino como figura do absoluto com a qual se relacionaria uma atitude de confiança, ela própria absoluta, exige, sem dúvida, ser posta em perspectiva histórica, porque tal objetivação pode se fazer ou não se fazer e, se ela se faz, ela pode revestir formas muito diversas. O modo formal com que Simmel aborda o problema permite simplesmente, e isso não é a menor de suas vantagens heurísticas, não identificar, no plano da análise, o crer com esse ou aquele de seus conteúdos. Ao invés de Durkheim, que salienta que o fiel é "um homem que pode mais", Simmel nota que a crença no divino gera força e calma no sujeito que crê: pondo suas forças fora de si próprio, o crente as recupera com mais intensidade (R, 117).

Para Simmel, com o "processo representacional, pelo qual Deus se torna a unidade das coisas", os homens propulsionam para o absoluto as qualidades como o amor, a justiça, a bondade: por meio da representação de Deus, eles concebem essas qualidades em estado puro, e é por isso que dizemos também que Deus não tem suas qualidades, mas que ele as é (R, 91). Os conteúdos do crer, o que chamamos de "artigos de fé", tiram, portanto, sua existência a partir dos próprios dados da existência no mundo. Podemos dizer que Simmel, assim como Feuerbach, opera uma redução antropológica da religião, mas, diversamente de Feuerbach, Simmel não vê nela a própria essência da alienação. Ao contrário, pertence à natureza desta vida, segundo

Simmel, "que ela se objetive na forma do absoluto": "É assim que ela arranca suas formas, de algum modo, dos fatos sociais (como de outros domínios da vida) para que elas cheguem à absolutidade por transcendência – adquirindo, desse modo, também a possibilidade constantemente demonstrada de agir de volta sobre os fatos terrestres, relativos, consagrando-os, realçando-os, visando-os, por assim dizer, com pleno coração" (*R*, 99).

Formas de socialização e vida religiosa

Em sua *Sociologia*, Simmel aborda a religião apenas de modo episódico. Isso não impede que os poucos exemplos que ele dá mostrem todo o partido que podemos tirar do exame das formas da socialização para o estudo da religião. A vida religiosa, assim como outros aspectos da vida social, não escapa da "determinação quantitativa do grupo", estudada por Simmel no capítulo 2 de sua *Sociologia*: o simples número de indivíduos determina também as formas de vida coletiva na religião. Desse modo, Simmel menciona as pequenas comunidades do cristianismo primitivo, formadas em torno da "experiência subjetiva da relação imediata com Jesus"; "sua extensão para grandes círculos esfacelará a ligação que os mantinha unidos, e que repousa em boa parte sobre sua posição de exclusão e de oposição em relação a círculos maiores" (*Soc.*, 83). A extensão do cristianismo ao Estado inteiro modificou completamente, por causa disso, "seu caráter sociológico, da mesma forma que seu conteúdo psíquico": ao se tornar uma religião de massa com o apoio do Estado, o cristianismo não podia se transformar profundamente, tanto em sua estrutura social – o que chamamos de passagem da seita para a Igreja – como em seus conteúdos dogmáticos. O fato de se tornar um grupo numericamente mais importante acarreta a objetivação e a despersonalização, e particularmente reforça o papel do direito. "As relações de pessoa a pessoa, que constituem o princípio vital dos pequenos círculos, são incompatíveis com a distância e a frieza das normas objetivas e abstratas, sem as quais o grande grupo não pode subsistir" (*Soc.*, 90). Opondo dois grandes tipos de formação comunitária, que encontramos em diferentes domínios da vida social (particularmente nos domínios político e religioso), Simmel chega, sem o dizer, à oposição ideal típica de Weber sobre a *Igreja* e a *Seita*:[20] "Ao princípio segundo o qual todos aqueles que não estão expressamente fora estão dentro, se opõe este outro princípio – todos aqueles que não estão expressamente dentro estão fora" (*Soc.*, 399). À Igreja, que pretende abraçar a humanidade inteira e que faz de cada pessoa um membro virtual de sua comunidade, aplica-se o primeiro princípio: "Todo aquele que não está fora, está dentro". Quanto à Seita, ela corresponde, da mesma forma que a sociedade secreta, ao princípio: "Todo aquele que não está dentro, está fora", e isso significa que "todos aqueles que não foram expressamente admitidos se encontram, por isso mesmo, expressamente excluídos" (*Soc.*, 399).

A sociologia da sociedade secreta, desenvolvida por Simmel no capítulo 5 de sua *Sociologia*, oferece, portanto, perspectivas interessantes para o estudo do fenômeno sectário. A maioria das notações de Simmel sobre as especificidades da sociedade secreta se aplicam de fato muito bem ao tipo sociológico da Seita e, a esse respeito, vemos bem como o procedimento de Simmel, quando ele estuda uma forma particular de socialização, está próximo do de Weber, quando este estuda, de modo ideal-típico, a Seita como forma específica de comunalização religiosa (cf. capítulo 3). A sociedade secreta, como forma de socialização, repousa sobre uma forte confiança recíproca entre os membros, e engendra, por força do segredo, certa separação

---

[20] Simmel alcança aqui, não só Weber, mas também Ernst Troeltsch que, em *Die Soziallehren der christlichen Kirchen und Gruppen* (1912), reconhece, por outro lado, sua dívida para com Simmel, quando ele elabora sua tipologia Igreja/Seita: "Como em todo lugar, encontra-se aqui, no pano de fundo de minhas pesquisas, a concepção simmeliana da sociologia como a ciência das relações formais de estruturas de diferentes tipos de formação de comunidades" (*Die Soziallehren der christlichen Kirchen und Gruppen*, 2. Neudrick der im Verlag J. C. B. Mohr (Paul Siebeck), 1922, erschienenen Ausgabe, Scientia Verlag, Aalen, 1965, p. 364, n. 164).

em relação ao meio ambiente social. A separação em relação à sociedade é, neste caso, não só um fato, mas também um valor: "Isolamo-nos porque não queremos partilhar nossos interesses com os outros, porque queremos fazer sentir que somos superiores a eles" (*Soc.*, 395). O não-conformismo, que a sociedade secreta encarna em relação aos valores e normas da sociedade global, se encontra compensado por exigências formais, pois a coesão do grupo contrabalança a "exclusão do meio-ambiente social". É nesse sentido que Simmel diz que o excesso de liberdade, representado pela adesão à sociedade secreta, deve ser "compensado por um excesso de submissão" (*Soc.*, 401). A sociedade secreta é uma sociedade construída com todas as peças, é uma socialização voluntarista que deve incessantemente vigiar para que seus membros tenham constantemente consciência clara e firme de que formam uma sociedade, e o fato formal da socialização se torna, a partir disso, um fim valorizado por si mesmo: "As determinações formais da formação de um grupo se reforçam de modo específico na sociedade secreta" (*Soc.*, 394). Daí o grande valor atribuído aos costumes e aos ritos nesse tipo de sociedade. "A sociedade secreta deve procurar criar uma espécie de totalidade existencial nas categorias que lhe são próprias; em torno de sua finalidade fortemente salientada, ela edifica, portanto, um sistema de fórmulas (...)" (*Soc.*, 391). Tanto no exército como na comunidade religiosa, salienta Simmel, "a esquematização, as fórmulas, as condutas prescritas ocupam grande lugar, o que se explica de modo muito geral pelo fato de que os dois requerem o homem inteiro, de que a vida aí se projeta sobre um plano particular, e de que os dois reúnem um número muito grande de forças e de interesses sob um ângulo particular, para formar uma unidade fechada sobre si mesma" (*Soc.*, 391). Esse tipo de sociedade exerce "uma espécie de autoridade absoluta sobre seus membros". Daí também a centralização que, para a sociedade secreta, é uma condição vital. Mas, como a sociedade secreta não pode se isolar totalmente de seu meio ambiente, há um "círculo de iniciados parciais, que constitui uma espécie de tampão entre a sociedade e os não iniciados" (*Soc.*, 397-398), de modo que os membros exotéricos exercem uma função de intermediários, permitindo ligar e ao mesmo tempo separar. O caráter despótico da sociedade secreta, principalmente nas de tipo ético-religioso, precisa Simmel, acarreta a despersonalização dos membros: "O despotismo também tem como correlato o nivelamento das pessoas submetidas à autoridade" (*Soc.*, 403) e a irresponsabilidade: "O indivíduo desaparece, enquanto pessoa, por trás do membro, por assim dizer, anônimo do grupo, e com ele a responsabilidade, que de nenhum modo pode estar ligada a um ser inatingível em seu comportamento particular" (*Soc.*, 404).

A sociedade secreta, assim como os grupos religiosos de tipo sectário, inquieta a sociedade circundante e suscita reações do poder político. Inicialmente, observa Simmel, "a sociedade secreta parece perigosa, simplesmente porque é secreta" (*Soc.*, 405): sua própria existência é mal suportada pelo poder central que facilmente vê nela um perigo. As sociedades secretas aparecem de tal modo como "concorrentes do Estado" que damos "esse nome, observa judiciosamente Simmel, a todos os grupos políticos que abominamos" (*Soc.*, 405). Ao desqualificar diversos grupos religiosos, chamando-os simplesmente de "seitas", a fim de provar que são perigosos, antes até de proceder às investigações necessárias que permitam demonstrar se de fato são perigosos ou não, os poderes públicos de hoje confirmam esse diagnóstico de Simmel sobre as sociedades secretas.[21]

Igualmente instrutiva para o estudo contemporâneo dos fenômenos sectários é a observação de Simmel, que indica que "a sociedade secreta é a forma social adequada para conteúdos que ainda se encontram de algum modo em sua infância, com a vulnerabilidade própria dos primeiros estágios de desenvolvimento" (*Soc.*, 380). Novas crenças podem ter a tendência de se dissimular muito simplesmente porque são jovens e socialmente frágeis. Essas novas crenças, esses "novos conteúdos existenciais", procurarão,

---

[21] Cf. Françoise Champion e Martine Cohen (eds.). *Sectes et démocratie*. Seuil, Paris, 1999, assim como Francis Messner (ed.), Les "sectes" et le droit en France. PUF, Paris, 1999.

portanto, se proteger, dissimulando-se diante dos poderes constituídos. Da mesma forma, também salienta Simmel, "as aspirações e as forças sociais ameaçadas por novidades têm tendência de se refugiar no segredo" (*Soc.*, 380). Em outras palavras, antigas crenças podem também privilegiar essa forma de socialização quando se sentem ameaçadas ou com perda de rapidez (a *Opus Dei* no mundo católico não ilustra esse fato?). A sociedade secreta representaria uma forma de socialização particularmente adaptada a um estágio transitório, quer se trate de uma fase de declínio ou de ascensão. Se, no domínio religioso, é clássico salientar que a "Seita" pode se tornar "Igreja" – esse foi o destino do próprio cristianismo –, também é interessante salientar, com Simmel, que a "Igreja" pode se tornar "Seita", principalmente quando ela dá mais importância à lógica do "todo aquele que não está dentro, está fora" do que à lógica do "todo aquele que não está fora, está dentro".

Simmel salienta como a existência de adversários é necessária para a coesão de um grupo, o que significa também que "a vitória total de um grupo sobre seus inimigos não é sempre feliz no sentido sociológico do termo". Desse modo, tratando-se do protestantismo, cujo caráter essencial é evidentemente "o protesto", diz Simmel, não é absolutamente bom para sua unidade "que não existam verdadeiramente heréticos" (*Soc.*, 327). Quanto à Igreja católica, a "existência de heresia e a guerra feita contra ela incontestavelmente reforçou o sentimento de unidade" dentro dela. O conflito é, portanto, fator de coesão social.

Elasticidade e flexibilidade fazem parte dos elementos que favorecem a autoconservação de um grupo: "É interessante constatar que a intemporalidade do princípio eclesial se realiza tanto pela técnica da rigidez infrangível quanto pela da flexibilidade infinita. A autoconservação da Igreja permanece sempre a uma tal altura de abstração que ela pode recorrer indiferentemente a uma ou à outra" (Soc., 591). Outro elemento que favorece a autoconservação de um grupo é a existência de um símbolo material de sua coesão, mesmo quando este foi aniquilado. A partir do exemplo da importância sociológica do Templo de Sião para os judeus e das consequências de sua destruição, Simmel conclui: "A aniquilação do símbolo do grupo age, portanto, de dois modos sobre a conservação do grupo: destruição, onde as ações recíprocas de coesão dos elementos já estão fracas em si mesmas, e consolidação, onde essas ações são bastante fortes por si mesmas para poder substituir o símbolo tangível perdido por uma imagem espiritualizada e idealizada" (Soc., 520).

A identificação de uma organização com um lugar preenche uma função importante segundo Simmel: "As grandes organizações têm, por natureza, necessidade de um ponto central no espaço; com efeito, elas não podem sobreviver sem subordinação e hierarquia e, em geral, o comando deve possuir uma residência fixa para, de um lado, ter seus subordinados sob controle e, do outro, para que estes saibam sempre onde encontrar seu chefe" (*Soc.*, 623). Contudo, ter um ponto central no espaço e com ele se identificar acarreta o risco do localismo, caso a individualização do lugar se torne excessiva. É por isso que Simmel cita Roma como exemplo da "maravilhosa reunião entre localização e ultrapassagem da localização" (*Soc.*, 623): "Por sua posse de Roma, a Igreja sem dúvida tem um lugar de residência estável, com todas as vantagens dadas pelo fato de poder sempre ser encontrada, a continuidade concreta e visível, e a segurança da centralização de suas ações e de suas instituições próprias; todavia, ela não é obrigada a pagar por todas as outras dificuldades e restrições que acarretam as localizações de poder em um só ponto particular, porque Roma não é, por assim dizer, sequer um ponto particular. A amplitude dos destinos e das apostas que sobre ela foram investidos faz com que seu efeito psicológico e sociológico se estenda para muito além de sua fixação em um lugar, ao mesmo tempo em que, todavia, ela oferece à Igreja também a precisão dessa fixação" (*Soc.*, 622-623).

Em outras palavras, Roma, como ponto central do catolicismo, acumula as vantagens da localização e da universalização: vantagens da identificação com um lugar, mas também vantagens do não fechamento nesse lugar, indicando, como bem viu Simmel, que a Igreja, contrariamente ao Estado, que reivindica o monopólio de um território, é não-espacial em princípio: ela rejeita qualquer restrição local (*Soc.*, 602-604).

Contudo, a relação da religião com o espaço é complexa porque, observa Simmel, o próprio deslocamento, o fato de passar sem cessar de um lugar para o outro, é fator de unidade para um grupo religioso, pois contribui para evitar o "fechamento particularista de cada paróquia". Citando os *gospel-cars* dos batistas da América do Norte, Simmel nota que "essa mobilidade do serviço divino deve ser particularmente propícia para a propaganda, porque ela faz sentir concretamente aos adeptos dispersos que eles não estão nos postos avançados, isolados e perdidos, mas que pertencem a um todo unido, cuja coesão é mantida por ligações em funcionamento permanente" (*Soc.*, 658). Poderíamos retomar aqui as análises de Simmel para estudar o desenvolvimento atual do protestantismo evangélico como religião de conversão, que tira os indivíduos de seus territórios, inserindo-os em redes transnacionais de solidariedade crente. É significativa, a esse respeito, a utilização dos *mass media* em escala mundial pelos pregadores evangélicos. Quanto ao pentecostalismo, que articula o local e o global, e constitui um exemplo daquilo que se chama de "glocalização", as análises de Simmel da relação com o espaço poderiam ser aplicadas também a ele.[22]

Conforme observou Jean Séguy,[23] as notações de Simmel sobre a divisão do trabalho religioso e o rito de ordenação são igualmente de grande interesse. "Não é porque sua natureza o teria justamente destinado, a ele

---

[22] Desenvolvemos uma primeira análise desses aspectos da modernidade religiosa atual em: "Le pentecôtisme: contours et paradoxes d'un protestantisme émotionnel" (*Archives de sciences sociales des religions*, t. 105, 1999) e "Protestantisme et globalisation. Le développement international du protestantisme de conversion", em Jean-Pierre Bastian, Françoise Champion, Kathy Rousselet (eds.). *L'internationalisation du religieux: mutations, enjeux, limites*. L'Harmattan, Paris, 2001.

[23] Jean Séguy, "Aux enfances de la sociologie des religions: Georg Simmel", *Archives de sociologie des religions*, 9º ano, n. 17, janeiro-junho de 1964, p. 9.

apenas, para essa função superior que lhe é confiada (embora isso possa naturalmente contar também, e fundar certa diferença entre aqueles que são admitidos), nem por garantir com a presença ou a ausência de uma vocação anterior – mas, porque ela transmite o espírito, a ordenação cria a qualificação particular para a função à qual ela chama. Deus dá também àquele que ele chama para uma função a razão que a acompanha – este princípio é realizado aqui da forma mais radical que possa existir, em seus dois aspectos: a inaptidão anterior e a aptidão posterior, criada pela 'função'" (*Soc.*, 264). Chegamos aqui à noção weberiana de carisma de função *(Amtscharisma)* e, de modo mais geral, a tudo aquilo que se refere ao papel dos ritos de instituição na construção social da autoridade.

Algumas considerações de Simmel sobre história comparada das religiões

Quando, nas diferentes formas tomadas pela dominação, Simmel aborda aquilo que ele chama de "liberdade paradoxal do subordinado no caso de uma dominação plural", ele não deixa de aplicar suas reflexões à religião, observando que o politeísmo, pelo fato de permitir ao fiel que "se desvie do deus inacessível ou impotente para se dirigir a um outro" deixa ao fiel mais liberdade que o monoteísmo: "À medida que o sujeito tem ao menos certa escolha entre as instâncias que o dominam, ele adquire certa independência em relação a cada uma delas, e talvez até, ao que lhe parece, em relação a todas, o que lhe permanece interdito quando a mesma soma de dependência religiosa está, por assim dizer, inexoravelmente reunida em uma só representação de Deus" (*Soc.*, 204). A adoração dos santos no catolicismo oferece uma largueza desse gênero ao fiel, segundo Simmel. Todavia, o politeísmo gera também a "cisão religiosa do círculo dos crentes". É assim que "o declínio do politeísmo árabe produziu Allah, o conceito geral de Deus por excelência, se assim pudermos dizer" (*Soc.*, 473).

Quanto ao Deus cristão, ele "é o primeiro a estender sua esfera tanto sobre aqueles que nele crêem como sobre aqueles que nele não creem" (*R*, 94). Enquanto as religiões particularistas são tolerantes, no sentido em que cada deus se refere apenas a seus fiéis, seus membros não se sentem contrariados pelo fato de que outras pessoas creiam em deuses diferentes, o cristianismo é intolerante, no sentido em que ele considera que "crer em outros deuses significa insurgir-se contra ele", uma vez que os cristãos consideram que seu Deus é também o do não crente ou dos outros crentes. Neste sentido, Simmel considera que "o famoso 'Quem não está comigo está contra mim' representa uma das maiores fórmulas da história universal em matéria de sociologia da religião" (*R*, 94). Todavia, se o cristianismo é intolerante pelo próprio motivo de sua pretensão universalista, ele é, contrariamente às religiões particularistas, tolerante no que se refere aos diferentes caminhos que levam a esse único e mesmo Deus, bem como "pode admitir um incomparável registro de atividades agradáveis a Deus e de estados interiores" (*R*, 95). Ele abre o caminho para relações infinitamente variadas dos indivíduos com o divino.

Ao estudar o que ele chama de "cruzamento dos círculos sociais", Simmel não deixa de levar em conta a religião que se mistura ou não se mistura com outros interesses sociais: políticos, culturais, econômicos... Simmel aborda aqui a questão das relações religião/política, religiões/etnias... em poucas palavras, de todos os numerosos casos em que a religião interfere com outros laços sociais, chegando a reforçá-los e sacralizá-los. A distinção entre o político e o religioso pode facilitar uma união política. Desse modo, observa Simmel, a união política entre a Inglaterra e a Escócia em 1707 só foi possível sobre a base de uma separação entre o político e o religioso: "A vantagem que as duas partes tinham em formar um único Estado estava ligada à manutenção de duas Igrejas", afirma Simmel, que cita o dito tradicional a respeito desses dois países: *they could preserve harmony only by agreeing to differ* (eles puderam preservar a harmonia somente por concordar em diferir). Contudo, em relação a todos os intrincamentos possíveis entre a religião e os diversos laços sociais, Simmel salienta particularmente as consequências do tipo da religião individualista – o cristianismo "em seu sentido mais puro" oferece, segundo ele, um caso exemplar – em que "o sentimento religioso se libertou do apoio que lhe dava sua imbricação em todo o complexo dos laços sociais", e se confina "à alma individual e a sua responsabilidade" (*Soc.*, 428). É o caráter individualista do cristianismo que lhe permitiu "se estender através de toda a diversidade dos agrupamentos nacionais e locais" e, portanto, torná-lo uma religião com pretensão universal. Ao mesmo tempo, "a consciência que o cristão possui de levar consigo sua pertença a sua Igreja em não importa qual comunidade, sejam quais forem o caráter e os deveres que esta lhe impõe, sem sombra de dúvida fez nele nascer um sentimento de segurança e de determinação individuais" (*Soc.*, 428). Sem falar de secularização no sentido da autonomização das esferas seculares em relação à religião, Simmel salienta mais a autonomização da religião em relação às esferas seculares, pois o tipo da religião individualista lhe parece encarnar "o sentimento religioso mais profundo", que "permite ao indivíduo pôr em contato o círculo de seus interesses religiosos com todos os tipos de outros círculos cujos membros não tenham outros conteúdos comuns".

Quando Simmel fala da elasticidade das formas sociais que permite continuar a se opor a forças antagonistas conservando, ao mesmo tempo, seus elementos essenciais, ele faz a comparação clássica entre catolicismo e protestantismo, o primeiro integrando a dissidência para melhor reduzi-la, o segundo explodindo em diversas dissidências: "As ordens monásticas permitem 'aos impulsos místicos ou fanáticos', que surgem aqui como em todas as religiões, terem livre curso sem perigo para a Igreja, nela se integrando totalmente – ao passo que no protestantismo, cuja intolerância dogmática foi muito maior em certas épocas, esta frequentemente acarretou dissidências e rupturas" (*Soc.*, 324).

A religião e a arte

A religião e a arte constituem de início, para Simmel, duas formalizações do mundo que têm cada uma sua lógica: "Podemos conceber o mundo religiosamente ou artisticamente, e podemos concebê-lo praticamente ou cientificamente: são os mesmos conteúdos que formam de cada vez, sob uma outra categoria, um cosmo incomparável em sua unidade" (*TC*, 160). Como essas diversas construções do mundo permanecem incompletas em sua tentativa de totalização da vida, cada uma tira impulsos e conteúdos das outras. Assim acontece com as relações entre arte e religião: embora essas duas categorias não tenham em si nada a fazer juntas, pois cada uma exprime "por si, em seu idioma particular, o ser inteiro" (*TC*, 160), arte e religião se encontram e se alimentam mutuamente, mesmo sendo distintas por natureza. O que significa também, bem entendido, que as relações entre arte e religião são também conflituosas e entram em relações de concorrência.

Isso acontece tanto mais pelo fato de que religião e arte, para Simmel, se reúnem: "O comportamento religioso e o comportamento artístico têm em comum o traço seguinte: tanto um como o outro projetam seu objeto muito além de qualquer realidade imediata, para aproximá-lo bem perto de nós, melhor que uma realidade imediata poderia fazê-lo" (*TC*, 147). Como a essência da arte é reunir os opostos, segundo Simmel, Wener Gephart tem razão ao salientar que, a partir disso, a "arte aparece em sua função de compensação de uma unidade perdida".[24] Também nisso a arte alcança uma função da religião. A atitude religiosa, assim como a atitude artística, é um sentimento experimentado pelo indivíduo no mais profundo de si mesmo: "Ora, quando o crente sabe, por meio de sua simples existência, que ele é um com seu deus, ou que o amante da arte tocado por uma obra

---

[24] Werner Gephart. "Georg Simmels Bild der Moderne", *Berliner Journal fur Soziologie*, 1993, Heft 2, p. 184. Uma versão francesa desse texto apareceu em Sociétés, n. 37, 1992.

experimenta isso como sua própria necessidade interior – não são mais particularidades individuais que se encontram então em ação, mas camadas profundas em que o homem sente agir todo o seu eu, mas como o vetor de uma lei e de um sentido ontológico com caráter impessoal, deixando para trás de si sua modalidade singular. E aí eu vejo a identidade formal mais profunda, a partir da qual a religião se apresenta em todo lugar como a precursora da arte, e em todo lugar a arte como o estímulo da disposição religiosa: (...)" (*TC*, 149).

Da mesma forma que a arte, a religião é, poderíamos dizer, pura representação, mas uma representação que indica algo além da realidade imediata, e que afeta o homem de modo particular. Daí essa afinidade, descoberta por Simmel, entre as formalizações religiosas e as artísticas da vida, pois a arte lhe aparece como o "Outro da vida, um modo de dela se libertar por seu contrário", uma formalização que retoma, portanto, a dupla relação com a realidade específica da religião: colocação à distância das realidades tangíveis por meio da propulsão da figura divina no além, e depois a reapropriação subjetiva, que vai até a união mística, dessa figura divina. Essa dialética da distância e da proximidade aproxima a atividade artística da atividade religiosa e explica sua fecundação recíproca, assim como seu cruzamento e seu conflito. Isso acontece porque o cristianismo, conforme Simmel, teria particularmente conseguido significar, por meio de uma tensão conciliada, essa dialética do afastamento e da proximidade do deus, que, diante dele, a arte pareceria "algo supérfluo, até uma inadmissível concorrência" (*TC*, 150).

Simmel não se contenta com suas considerações gerais sobre a arte e a religião, mas analisa também não só as dimensões artísticas do sentimento religioso, mas igualmente as dimensões religiosas da expressão artística. No primeiro caso, Simmel salienta a contribuição artística do cristianismo, ao mencionar, de modo contrastado em relação à arte antiga, dois aspectos essenciais da iconografia cristã: a importância da relação com o outro e do tema do sofrimento. Analisando uma das grandes figuras da mitologia cristã que particularmente inspirou os artistas: a figura de Maria com o menino, Simmel nela vê a emergência de novas formas, as que "permitem conferir à representação de um indivíduo sua mais alta importância própria, justamente por meio da relação que ele pode ter com um outro" (*TC*, 153). O que separa a mitologia cristã da mitologia antiga é que "cada personalidade singular nela entra em uma relação essencial com outras, e essa relação determina sua importância" (*TC*, 153). Eis porque a pintura é tão característica da arte cristã, assim como a escultura o é da arte antiga, pois aquela oferece as formas necessárias para apresentar as relações entre diversas personalidades, e esta para apresentar a figura singular que basta a si mesma" (*TC*, 153). Entre os novos conteúdos que a arte deve ao cristianismo, precisa Simmel, há o sofrimento, porque "para o cristianismo, ao contrário das figuras gregas, o sofrimento é aquilo para o qual não há luto, por menos que ela queira ou possa desvalorizar sua terrível seriedade". "O sofrimento é espiritualizado por um sentido que, ao suprimir a depressão e a fealdade, dele faz um valor novo, uma tarefa a realizar. O cristianismo descobriu, desse modo, o valor estético do sofrimento e prestou à sua importância religiosa a língua da visualidade" (*TC*, 159).

É principalmente em seu estudo sobre Rembrandt que Simmel dá um exemplo de dimensões religiosas da atividade artística. Os personagens pintados por Rembrandt não encarnam um conteúdo religioso, explica Simmel; "eles *são* religiosos".[25] O que Simmel encontra de notável em Rembrandt é que este tenha conseguido pintar a individualidade e a religiosidade em sua especificidade, a religiosidade como profundeza da vida individual. Aqui encontramos o que é essencial na abordagem de Simmel do fato religioso: a religião é de início, para ele, uma atitude individual, ela é de início religiosidade, piedade. Se Rembrandt raramente pinta Deus Pai, é porque, diz Simmel, "o próprio Deus não é piedoso", pois a piedade é uma qualidade humana e não divina, e a religião é uma das facetas da atitude humana. "Não é um Deus interior,

---

[25] *Rembrandt. Ein kunstphilosophischer Versuch* (1916). Wissenschaftliche Buchgemeinschaft, Darmstadt, 1958, p. 149.

bem como não é um Deus exterior ao homem que dá à religiosidade de seus personagens seu matiz incomparável", precisa Simmel: Rembrandt não pinta personagens que exprimem uma religiosidade importada do interior ou do exterior; ele pinta a religiosidade como postura individual. É sendo plenamente eles mesmos que os personagens de Rembrandt são religiosos, e não pelo fato de se deixar invadir por um elemento estranho à sua individualidade. A leitura que Simmel faz de Rembrandt é perfeitamente congruente com sua análise da religiosidade como dimensão constitutiva da relação do homem com o mundo. Os personagens de Rembrandt são tão naturalmente religiosos como a luz em seus quadros: "A luz de Rembrandt é, por assim dizer, religiosa, enquanto realidade natural, assim como seus personagens o são enquanto realidade espiritual" (*Rem*, 173). Essa figuração da religião como atitude individual leva Simmel a uma observação essencial de espantosa modernidade: com Rembrandt, diz ele, "as pessoas não estão mais em um mundo religioso objetivo; elas são subjetivamente religiosas em um mundo objetivamente indiferente" (*Rem*, 82). Elas são religiosas em um mundo desencantado, em uma sociedade secularizada: a religião não é mais uma dimensão objetiva da sociedade, mas uma dimensão subjetiva da individualidade. A esse respeito, poderíamos dizer que Rembrandt é um pintor da modernidade religiosa.

Conclusão

Numerosos autores salientam hoje, e com razão, a modernidade de Simmel.[26] Este sociólogo atípico, que salientou particularmente bem a própria ambivalência da modernidade, de fato desencantou radicalmente o próprio

---

[26] Principalmente Raymond Boudon, no que se refere à epistemologia de Simmel (cf. particularmente sua substancial introdução à tradução, sob seus cuidados, de *Les problèmes de la philosophie de l'histoire*. PUF, Paris, 1984), e Lilyane Deroche-Gurcel para o que se refere à sociologia da arte (cf. *Simmel et la modernité*. PUF, Paris, 1997).

procedimento sociológico ao mostrar a relatividade até da ideia de sociedade. Atento à amplitude das mudanças no modo de viver e de sentir as coisas que a monetarização de todas as atividades e relações sociais implicava, Simmel descreveu com muita acuidade a condição do homem moderno: um homem cético, indiferente a todas as coisas e interessado em todas, individualista e gregário, móvel e errante, como um estrangeiro, em um universo social em que todos os conteúdos se encontram relativizados por meio de sua quantificação. Um indivíduo que é socializado em numerosas formas, mas que não se reduz a nenhuma delas porque ele é, ao mesmo tempo e sempre, social e a-social. Simmel põe em relação o processo de individuação com o aumento do número dos círculos sociais dos quais o indivíduo participa. A partir dessa constatação, Patrick Watier, em seu estudo sobre o indivíduo em Simmel,[27] tira as interessantes conclusões de que o indivíduo, na sociedade moderna, não é mais atribuível a um lugar fixo, que as multipertenças se tornam cada vez mais possíveis e que as socializações escolhidas crescem à custa das afiliações tradicionais. "Georg Simmel ou a modernidade como aventura", intitula judiciosamente Danilo Martucelli no capítulo que ele consagra a Simmel em sua obra *Sociologies de la modernité*.[28] Com efeito, podemos dizer que Simmel compreendeu bem que a modernidade, em sua lógica fundamental, abria radicalmente para a incerteza e não para um futuro balizado por um progresso garantido. Simmel é o sociólogo que mais dissocia a análise sociológica de qualquer filosofia da história e de qualquer metafísica do progresso. Ele rompe radicalmente com essa pretensão dos sociólogos de dizer o sentido da mudança social e de querer reformar a sociedade. Seu agnosticismo engloba as escatologias seculares: como ele havia antecipado o desencantamento do político, ele pouco se interessou por essa dimensão da vida social. Como a separação entre o sujeito e o objeto, entre o homem e seu mundo, entre as

---

[27] Patrick Watier, "L'individu dans la sociologie de Georg Simmel", *Sociétés*, n. 37, 1992, pp. 282-283.

[28] Danilo Martucelli. *Sociologies de la modernité*. Gallimard, Paris, 1999, p. 375.

expectativas e sua realização não pode ser preenchida, a tensão é irredutível assim como o é a da própria sociedade sem cessar tomada entre associação e dissociação (cf. a dialética do ponto como símbolo da ligação e da porta como símbolo da separação no texto de 1909, *Ponto e porta*). Como Simmel levanta a constatação da perda do sentimento unificado da vida, da impossível totalização, ele nos parece mais ultramoderno do que moderno. Mais ultramoderno no sentido em que, para nós, a ultramodernidade é a modernidade desencantada, uma modernidade radicalizada, porque demitizou seus próprios encantamentos, uma modernidade que fez seu luto do sentimento unificado da vida e não procura restabelecê-lo sob formas secularizadas. Ultramoderno, Simmel o é, conforme pensamos, em suas análises da condição moderna como mutações fundamentais nas relações com o espaço e com o tempo: em sua apreensão da modernidade por meio do movimento – que ele percebe principalmente na estatuária de Rodin – a mobilidade, a dificuldade de se ancorar em uma historicidade, o fato de se acorrentar ao instante. A incerteza do homem moderno o incita "a procurar em excitações, sensações, atividades exteriores, sempre renovadas, uma satisfação momentânea"; ela gera "a mania de viajar". Daí essa "infidelidade específica da época moderna no campo do gosto, dos estilos, das opiniões, das relações".[29] Nessa óptica, a modernidade, conforme viu bem Lilyane Deroche-Gurcel, em uma análise refinada e original do tema da melancolia em Simmel, é "a versatilidade do indivíduo em matéria de estilo, e mais geralmente de modo de vida" e seu desgosto, o fato de ser fundamentalmente indiferente a tudo, uma característica que Lilyane Deroche-Gurcel aproxima à do desencantamento weberiano.[30] Quando, em sua obra *Em que sociedade vivemos nós?*, sociólogos como François Dubet e

---

[29] Georg Simmel. *Philosophie de l'Argent* (1ª ed., 1900; 2ª ed., 1907). PUF, Paris, 1987, p. 623.
[30] *Op. cit.*, p. 240 e p. 222. Lilyane Deroche-Gurcel salienta principalmente duas características da condição moderna que aproximam a indiferença própria do homem moderno, sua melancolia, daquilo que chamávamos de acedia (um dos sete pecados capitais que ameaçam o monge): a *curiositas*, "essa sede insaciável de ver por ver, que se perde em possibilidades sempre renovadas" e a *instabilitas loci*, o fato de não ficar em um lugar.

Danilo Martucelli[31] tomam consciência da crise da representação unitária da sociedade – salientando principalmente que, nessa representação, as exigências do funcionamento social tinham se tornado a "moral" da ideia de sociedade – e consideram que "a sociedade não é tanto um todo societário e sim uma dinâmica, uma autoprodução", "o resultado aleatório de uma combinação de tensões e de provas objetivas", eles são bastante simmelianos, embora não se inspirem muito em Simmel.

Essa ultramodernidade de Simmel nós a encontramos também em sua abordagem do fato religioso. De início, porque Simmel deliberadamente saiu do cientificismo e do sociologismo, para os quais a religião é um resto, que a ciência e a sociedade acabarão por reabsorver, a primeira na ordem do conhecimento e a segunda na ordem da vida social. Apreendendo o religioso como um fenômeno puramente humano, Simmel lhe restitui sua profundidade e permite compreender melhor sua recriação permanente por meio da história e da diversidade das culturas. A abordagem de Simmel abre perspectivas para compreender sociologicamente o religioso, ainda que ele apareça, apesar do ressurgimento dos fundamentalismos e dos integrismos, cada vez menos como o concorrente da ciência ou da laicização das sociedades. A seguir, porque privilegiando a abordagem da religiosidade em vez da religião institucional e doutrinal, a abordagem de Simmel aparece pertinente a uma época, a nossa, em que o religioso é muito menos regulado pelas instituições que pretendem enquadrá-lo e muito mais disseminado culturalmente. Como a sociedade se faz e se desfaz sem cessar, por meio de uma multidão de ações interindividuais, o religioso se compõe e se decompõe por meio de todos os tipos de experiências, que se colocam mais ou menos em rede. Finalmente, a atenção de Simmel para as próprias formas da socialização é de grande interesse para o estudo do modo de fazer sociedade como religião, ou seja, o modo como homens e mulheres tecem relações em referência a conteúdos religiosos. Se, conforme

---

[31] François Dubet e Danilo Martucelli. *Dans quelle cité vivons-nous?* Seuil, Paris, 1998. As citações que seguem são tiradas das conclusões, pp. 295-302.

pensamos,[32] a questão propriamente sociológica, a partir da qual podemos estudar particularmente o religioso, e a das formalizações sociais, ou seja, o modo como indivíduos tecem ligações em relação com um ou mais portadores de carismas, a perspectiva de Simmel, cruzada com a de Weber, é, a partir disso, de grande fecundidade heurística para a sociologia das religiões.

Bibliografia

Obras de Georg Simmel

Sociologie. Études sur les formes de la socialization (1908). Trad. do alemão de Lilyane Deroche-Gurcel e Sybille Muller. PUF, Paris, 1999.

Gesammelte Schriften zur Religionssoziologie (herausgegeben von H. J. Helle). Duncler & Humblot, Berlin, 1989.

Essays on Religion, editado e traduzido por Horts Jurgen Helle, em colaboração com Ludwig Nieder. Yale University Press, New Haven e Londres, 1997.

La religion, traduzido do alemão por Philippe Ivernel, com posfácio de Patrick Watier. Circé, Paris, 1998.

Rembrandt (1916), traduzido por Sybille Muller. Circé, Saulxures, 1994.

Estudos sobre Georg Simmel

François Léger. *La pensée de Georg Simmel. Contribution à l'histoire des idées en Allemagne au début du XX*e *siècle*, com prefácio de Julien Freund. Kimé, Paris, 1989.

---

[32] Cf. nosso estudo: "La construction des liens socioreligieux: essai de typologie à partir des modes de médiation du charisme", em Yves Lambert, Guy Michelat e Albert Piette (eds.). *Le religieux des sociologues. Trajectoires personnnelles et débats scientifiques*. L'Harmattan, Paris, 1997, pp. 97-108.

Otthein Rammstedt e Patrick Watier (eds.). *G. Simmel et les sciences humaines*. Méridiens Klincksieck, Paris, 1992.

Jean Séguy. "Aux enfances de la sociologie des religions: Georg Simmel", *Archives de sociologie des religions*, 9º ano, 1964, n. 17, janeiro-junho, pp. 5-44.

Patrick Watier. "G. Simmel: Religion, sociologie et sociologie de la religion", *Archives de sciences sociales des religions*, 1996, 93 (janeiro-março), pp. 23-50.

Patrick Watier (ed.). *Georg Simmel, La sociologie et l'experience du monde moderne*. Klinscksieck, Paris, 1986.

5

ÉMILE DURKHEIM (1858-1917)

O sagrado e a religião

Ninguém, entre os "clássicos" da sociologia, merece mais o título de "fundador" do que Émile Durkheim. Ele foi o fundador em primeiro lugar por seu projeto: o de fundar a sociologia como ciência positiva, autônoma ao mesmo tempo em relação à filosofia da história e em relação à psicologia. Fundador e primeiro titular da cadeira de sociologia da Sorbonne ele o foi igualmente por constituir, em torno da revista *L'Année sociologique*, que ele criou em 1897, uma verdadeira "escola", impressionante viveiro de pesquisas e de intercâmbios. Nesse grupo dos durkheimianos, encontramos – entre outros – os nomes de Célestin Bouglé, Henri Hubert, René Hertz, Paul Fauconnet, Louis Gernet, Maurice Hallbwachs, François Simiand, Paul Lapie, Georges Davy e, sem dúvida, o de seu sobrinho, Marcel Mauss. Durkheim foi, finalmente, fundador por meio da posteridade considerável de sua obra, tanto na França como no estrangeiro. Ela alimentou e sempre fornece matéria para grande quantidade de comentários, artigos, obras, conferências e ensino. Como frequentemente acontece, esse eco considerável também favoreceu simplificações que contribuíram para petrificar o pensamento de Durkheim, fechando-o na canga de um "sociologismo" apequenado. Ao interpretar desastrosamente a famosa máxima das *Regras do método sociológico* – segundo a qual é preciso "tratar os fatos sociais como coisas" – como um convite a assimilar as leis da sociedade às do mundo natural, a leitura da obra de Durkheim ficou empobrecida, transformando seu autor em estátua do comandante da sociologia francesa. Em sentido contrário, o positivismo, o formalismo metodológico, o evolucionismo, o funcionalismo, o moralismo durkheimiano se tornaram cada vez mais objeto das mais vivas críticas. Tornou-se corrente, por trás da concepção holista da sociedade, que atravessa a obra de Durkheim, os traços de uma filosofia social envelhecida. Salientou-se, para além da ambição de fazer da sociologia uma ciência, a pobreza de uma matéria empírica pouco suscetível de interessar os pesquisadores atuais. Teriam estes algo a aprender, para desenvolver uma sociologia do trabalho ou uma sociologia da religião, de *A divisão do trabalho social* ou de *Formas elementares da vida religiosa*? Alguns duvidam disso. "São – consideram eles – livros para os historiadores da sociologia e para os especialistas de Émile Durkheim: monumentos esplêndidos, irremediavelmente datados, situados, mortos".[1] A partir disso, a leitura de Durkheim seria tão somente um exercício obrigatório nos cursos de um sociólogo aprendiz? Os comentadores mais refinados da obra durkheimiana se empenham, ao contrário, em mostrar a riqueza e a complexidade de um pensamento que é, ao mesmo tempo, de um teórico dotado e de uma formidável inventividade científica e de um homem profundamente implicado – de modo às vezes apaixonado e frequentemente dilacerado – nas questões da sociedade de seu tempo. As respostas que Durkheim se esforçou para dar ao problema da reforma moral da sociedade francesa podem ter envelhecido. Sua visão de uma sociedade moderna, desembaraçada da canga das religiões tradicionais, mas capaz de promover um novo ideal coletivo ao fazer do homem um deus para o homem, e da pessoa humana "uma coisa sagrada e até a coisa sagrada por excelência" pode aparecer hoje muito ilusória, assim como sua fé incólume no papel da escola como lugar de elaboração e de difusão dessa nova "religião do homem". Mas as apostas

---

[1] C. Baudelot, R. Establet, *Durkheim et le suicide*. PUF, Paris, 1984, p. 9. Esses autores, ao contrário, homenageiam *Suicide*, que constitui, segundo eles, um "sucesso" e uma "exceção" na obra de Durkheim.

teóricas, políticas e morais que estão no princípio de seu empreendimento científico permanecem, sob muitos aspectos, de grande atualidade. Com efeito, elas se referem fundamentalmente à natureza da ligação social e ao futuro dessa ligação em uma sociedade de indivíduos.

Durkheim em seu tempo: A busca de uma saída para o "frio moral que reina na superfície de nossa vida coletiva"[2]

É indispensável, para apreender a ligação entre esse questionamento maior e a sociologia durkheimiana da religião, esclarecer brevemente o percurso biográfico de Durkheim e as tensões que o atravessaram. Durkheim nasceu em 1858 em Épinal. Obrigado a sustentar sua família depois da morte de seu pai, ele abraça, depois de uma juventude estudiosa e de brilhantes estudos secundários, a carreira de ensino. Na Escola normal superior em que ele entra em 1879, seus condiscípulos – dos quais Bergson e principalmente Jaurès com quem afinidades profundas o ligaram – observaram seu rigor ascético, seu senso do dever e sua excepcional capacidade de trabalho. Essa austeridade pessoal mantinha uma ligação com as origens religiosas de Durkheim? Filho e neto de rabinos, Durkheim bem cedo havia tomado distância de seu enraizamento judaico, e ele próprio se apresentava como agnóstico, racionalista e ateu. Esse judeu secularizado, que foi provavelmente atraído um momento pelo catolicismo, foi uma grande testemunha do humanismo leigo da III República. Numerosos comentadores se dedicaram a encontrar, na trajetória pessoal de Durkheim, os alicerces religiosos de sua preocupação maior com a moral, ao mesmo tempo que uma fonte possível

---

[2] É. Durkheim, "Le sentiment religieux à l'heure actuelle", *Archives de sociologie des religions*, n. 27, janeiro-junho de 1969, pp. 73-77. Trata-se da retomada de uma Conferência sobre o *Futuro da religião*, apresentada por Durkheim por ocasião de um ciclo de conferências organizado pela União dos livre-pensadores e livres-crentes, durante o inverno de 1913-1914. O conjunto foi pulicado em *Le sentiment religieux à l'heure actuelle*. Vrin, Paris, 1914.

de seu interesse pela religião como fato social.[3] Não é duvidoso, em todo caso, que ele foi, em diversas ocasiões de sua vida, posto em questão por causa de suas origens familiares e religiosas.[4] Durkheim – judeu, humanista, republicano e leigo – conheceu fortemente, desde sua maturidade até sua morte em 1917, os sobressaltos e as interrogações, surgidas de uma época de crise, marcada pela derrota de 1870, pela repressão da Comuna de Paris, pela ascensão das paixões nacionalistas, cuja exasperação ameaçou as instituições da República e, finalmente, pela Grande Guerra. Ele dedicou toda a sua vida a refletir nas condições em que a República podia fazer emergir os valores comuns indispensáveis para a vida em sociedade. Ele se implicou por esse motivo na construção da laicidade (foi membro da Federação das juventudes leigas) e simpatizou com os ideais de um socialismo humanista, do qual Jaurès foi o primeiro. Mas esse homem engajado foi antes de tudo um homem de ciência. Ele jamais entrou diretamente na arena política.[5]

Foi em sua própria atividade universitária e científica que Durkheim enfrentou as questões de sua época, com o rigor de um professor e de um

---

[3] Cf., principalmente, J.-C. Filloux, "Il ne faut pás oublier que je suis fils de rabbin", *Revue française de sociologie*, XVII (2), pp. 259-266; A. Derczansky, "Note sur la judéité de Durkheim", *Archives de sciences sociales des religions*, 69, janeiro-março de 1990, 157-160. Ver também: William Pickering. *Durkheim's Sociology of Religion. Themes and Theories.* Routledge & Kegan Paul, Londres e Boston, 1984, que insiste sobre essa dimensão. Essa obra constitui, por outro lado, uma suma muito completa sobre a sociologia da religião de Durkheim.

[4] Seu empenho na luta de Dreyfus, enquanto ensina na Universidade de Bordeaux para a qual foi nomeado em 1887, lhe valeu ataques pessoais, que levantaram o protesto de todos os seus estudantes. Pouco tempo antes de sua morte – pela ocasião em que seu filho acabava de ser morto no front de Tessalônica, em 1915 – um senador pediu à Comissão encarregada do controle dos estrangeiros sobre o território nacional para examinar o caso desse "professor em nossa Sorbonne", "francês de descendência estrangeira, representante, sem dúvida, ao menos se pretendeu, do Kriegministerium alemão"... citado por J. Duvignaud. *Durkheim*. PUF, 1965, p. 11.

[5] B. Lacroix mostrou bem que essa reserva correspondia a uma tensão entre um interesse maior pela república e uma concepção exigente da vida intelectual. "Aux origines des sciences sociales françaises: Politique, société et temporalité dans l'oeuvre d'Émile Durkheim", *Archives de sciences sociales des religions*, n. 69, janeiro-março de 1990, "Relire Durkheim", pp. 109-127.

intelectual, mas igualmente, segundo Georges Davy, com a vocação militante de um "apóstolo".[6] Recebido na agregação de filosofia em 1882, ensinou alguns anos em liceus de província, e depois obteve uma bolsa que lhe permitiu imediatamente descobrir o desenvolvimento das ciências sociais na Alemanha. Essa experiência alimentou diversos artigos, publicados em 1886-1887 na *Revue philosophique*. Em 1887, foi nomeado para uma cátedra de pedagogia e de ciência social na Universidade de Bordeaux, cátedra que manteve durante quinze anos, até sua nomeação para Paris, em 1902. Foi durante esse período em Bordeaux que Durkheim terminou sua tese de doutorado, *Da divisão do trabalho social*, publicada em 1893 e completada – conforme a tradição na época – por uma tese latina sobre Montesquieu. Foi igualmente durante esse período que ele estabeleceu, progressivamente, por meio de seus ensinamentos, os fundamentos teóricos e metodológicos de sua sociologia. Seus cursos tratam da solidariedade social, da família e dos laços de parentesco, do suicídio, da fisiologia do direito e dos costumes, da religião: publicados de modo póstumo, eles formam parte, de modo integral, da obra de Durkheim, ao mesmo título que as quatro obras publicadas enquanto viveu.[7] A interrogação que está no cerne dessa produção científica intensa está diretamente ligada com a inquietação inseparavelmente política e moral de Durkheim: a dos meios de implicar todas as forças da sociedade na obra de construção de um mundo social governado pela justiça.

A questão que atravessa *A divisão do trabalho social*, em uma perspectiva claramente marcada pelo evolucionismo otimista de Auguste Comte, é antes de tudo a da coesão social. Como é possível – pergunta Durkheim – que, quando tudo se torna mais autônomo, o indivíduo dependa mais estreitamente da sociedade? Quem produz a ligação social entre os indivíduos? Como conservar esse laço em uma sociedade moderna em que o ideal moral parti-

---

[6] G. Davy. "É. Durkheim. I: L'homme", *Revue de métaphisique et morale*, 1919, n. 26, pp. 181-198.
[7] Ver, no fim do capítulo, a bibliografia de Durkheim.

lhado pelos indivíduos tende a se esfacelar? Durkheim salientou fortemente os limites da problemática voluntarista do "contrato" como fundamento da ligação social. Ele igualmente pôs em questão com vigor o utilitarismo de um Spencer, para quem a existência da ligação social decorre do interesse que os indivíduos encontram para cooperar juntos. A distinção que ele introduz entre duas formas de solidariedade social é bem conhecida: ela opõe, de um lado, a solidariedade mecânica das sociedades tradicionais, governadas pela uniformidade e pela homogeneidade das participações individuais na vida coletiva; do outro lado, a solidariedade orgânica das sociedades modernas, em que se impõe a complementaridade dos indivíduos e dos grupos que realizam tarefas diferenciadas. As primeiras são marcadas pela pregnância da "consciência coletiva", que se impõe a todos os seus membros e são regidas por um direito repressivo. Nas segundas, o enfraquecimento da consciência comum se traduz pela instituição de um direito restitutivo, visando não tanto a punir a transgressão mas a reparar um dano social particular e a pôr fim à desordem introduzida por essa perturbação. O ponto essencial é que Durkheim associa diretamente, desde seus primeiros trabalhos, a ligação social à obrigação moral que se inscreve nas "regras que presidem às relações dos homens que formam uma sociedade".[8] Essa concepção moral do laço social implica que "a vida coletiva não nasceu da vida individual, mas (que) é, ao contrário, a segunda que nasceu da primeira". A dominação moral da sociedade sobre o indivíduo – dominação que funda a ligação social e lhe dá seu caráter objetivo – é claramente explicitada nas primeiras páginas das *Regras do método sociológico*:

"Quando cumpro minha tarefa de irmão, de esposo ou de cidadão, quando executo os compromissos que contraí, cumpro deveres que foram definidos fora de mim e de meus atos, tanto no direito como nos costumes. Ainda que estejam de acordo com meus sentimentos próprios e que eu sinta interiormente sua realidade, esta não deixa de ser objetiva; porque não fui eu quem as fez, mas

---

[8] *De la division du travail social*. Alcan, Paris, 1893; PUF, 1991, p. 140.

eu as recebi pela educação. (...) Do mesmo modo, as crenças e as práticas de sua vida religiosa, o fiel as encontrou ao nascer; se elas existiam antes dele, é porque elas existem fora dele. O sistema de sinais de que me sirvo para expressar meu pensamento, o sistema de moeda que emprego para pagar minhas dívidas, os instrumentos de crédito que utilizo em minhas relações comerciais, as práticas seguidas em minha profissão etc., funcionam independentemente dos usos que delas faço. Tomemos, uns depois dos outros, todos os membros de que é composta a sociedade, e o que precede poderá ser repetido a respeito de cada um deles. Eis, portanto, modos de agir, de pensar e de sentir que apresentam essa notável propriedade de existirem fora das consciências individuais".[9]

Vemos muito bem o que, neste e em muitos outros textos, pôde levar certos comentadores a insistir de modo exclusivo sobre o "sociologismo" do fundador de *L'Année sociologique* e sobre a concepção determinista que resultaria do primado reconhecido à sociedade sobre o indivíduo. Isso, entretanto, significa desconhecer que essa insistência colocada sobre a primazia do social se inscreve sempre em tensão, em Durkheim, com a capacidade ética que ele atribui ao indivíduo. Desse modo, a moral não se reduz à exigência externa que a sociedade exerce sobre os indivíduos. O sentimento de obrigação se alimenta também da ligação afetiva e positiva ao grupo social e se desdobra principalmente na "inteligência da moral", na capacidade autônoma dos indivíduos de se obrigarem eles próprios, a fim de garantir seu viver juntos. Desde as primeiras páginas de *A divisão do trabalho social*, Durkheim salienta a preocupação que ele tem das ameaças que a dependência crescente do indivíduo em relação à sociedade faz pesar sobre sua autonomia pessoal. Ele salientará, em diversas ocasiões, a necessidade de impor limites ao poder de intervenção do Estado, a fim de proteger os direitos individuais, assim como a importância das associações que permitem aos indivíduos preservar, diante desse poder, sua capacidade de auto-orga-

---

[9] *Les règles de la méthode sociologique*. Alcan, Paris, 1895; PUF, 1973, pp. 3-4.

nização. "Em toda a obra de Durkheim, nota F. A. Isambert, o indivíduo é o objeto de uma atenção particular, embora a sociologia durkheimiana deveria ser definida não como uma ciência da sociedade, mas como a das relações entre o indivíduo e a sociedade".[10] Resta que é a própria sociedade moderna que permitiu a afirmação do indivíduo: é, portanto, a partir das determinações sociais que permitiram essa conquista maior que se trata precisamente de pensar na preservação de sua autonomia.[11] É nessa perspectiva que é preciso ler Durkheim, caso queiramos ir além da censura de "reducionismo" levantada, muito particularmente, à sua sociologia da religião.

Em 1902, Durkheim é nomeado em Paris, e se torna, em 1906, titular da cátedra de ciência da educação, ocupada por Ferdinand Buisson na Sorbonne. O ano de 1912 é o da publicação de *Formas elementares da vida religiosa*, obra maior e também a última. Em 1913, a menção da sociologia é introduzida oficialmente na titulatura de sua cátedra universitária. A revista *L'Année sociologique*, criada em 1897, constitui então um lugar central da discussão nas ciências sociais. Durkheim e sua equipe multiplicam os artigos, as contribuições para debates e as recensões de obras. Essa vida científica coletiva intensa se interrompe com a guerra. Engajada(o) ativamente na luta contra a propaganda alemã, Durkheim, doente, deve parar suas atividades em 1916. A morte de seu filho André no front precede um pouco sua própria morte, no dia 15 de novembro de 1917.

As primeiras abordagens da religião: em busca de uma definição

Na reflexão sobre a natureza da ligação social e sobre as condições da coesão social, que constitui o fio condutor da obra durkheimiana, a ques-

---

[10] F. A. Isambert, "La naissance de l'individu", em Ph. Besnard, M. Borlandi e P. Vogt. *Division du travail et lien social. La thèse de Durkheim un siècle après*. PUF, Paris, 1998, pp. 113-133.
[11] B. Lacroix, art. citado.

tão da religião é uma peça maior. Abordada desde os primeiros escritos de Durkheim, ela se torna progressivamente a chave de sua problemática da ligação social, até o ponto de provocar a reação de alguns de seus colaboradores, que essa insistência acabaria por irritar.[12] É na religião que Durkheim encontra, com efeito, a forma primeira desse espírito comum que faz a sociedade se manter reunida. Com efeito, a sociedade não é um agregado de indivíduos que ocupam um espaço dado em condições materiais determinadas. Ela é "antes de tudo um conjunto de ideias, de crenças, de sentimentos de todos os tipos que se realizam por meio dos indivíduos e, na primeira fila dessas ideias, encontra-se o ideal moral, que é sua principal razão de ser".[13] Estudar a religião é estudar as condições de formação desse ideal moral. É igualmente, e inseparavelmente, se perguntar sobre o futuro da sociedade, quando essa realidade moral da sociedade – como é o caso da sociedade moderna – deixa de se expressar sob uma forma religiosa. É preciso então descobrir "essas forças morais que os homens, até o presente, aprenderam a representar para si mesmos apenas sob a forma de alegorias religiosas; é preciso destacá-las de seus símbolos, apresentá-las em sua nudez racional".[14] Estudar a religião é, portanto, remontar às fontes da ligação social para melhor pensar a refundação possível dessa ligação em uma sociedade laicizada.

Em uma carta publicada em 1807, Durkheim evoca sua descoberta do papel capital da religião na vida social como uma "revelação" que traça, conforme seus próprios termos, uma "linha de demarcação" no desenvolvimento de seu pensamento. Ele mesmo data essa descoberta, própria – segundo ele – para justificar uma "retomada de forma atualizada" de suas pesquisas

---

[12] Assim, G. Lapie, que escreve a C. Bouglé em 7 de maio de 1897: "No fundo, ele explica tudo, neste momento, pela religião – a proibição do casamento entre parentes é questão religiosa; a pena é um fenômeno religioso, tudo é religioso (...)", em P. Besnard (ed.), "Les durkheimiens", *Revue française de sociologie*, XX-1, 1979, p. 39.
[13] *Sociologie et philosophie* (ed. Bouglé). Alcan, Paris, 1924; PUF, 1967, p. 79.
[14] *L'éducation morale* (P. Fauconnet, ed.). Alcan, Paris, 1925; PUF, 1974/1990, p. 76.

anteriores, no ano de 1895. A ocasião para isso foi o curso que ele deu nesse ano em Bordeaux, curso do qual não encontramos as notações, mas do qual o artigo publicado em *L'Année sociologique* em 1899, com o título "Da definição dos fatos religiosos" fornece provavelmente a síntese. Desde antes dessa "reviravolta" de 1895, Durkheim já havia abordado, em seus escritos, a questão da religião. Mas podemos, legitimamente, para entrar no desenvolvimento de seu pensamento nessa matéria, tomar como ponto de partida o artigo de 1899.

Em conformidade com a exigência metodológica, formulada nas *Regras do método sociológico* ("o primeiro procedimento do sociólogo deve ser definir as coisas de que ele trata"), esse texto se propõe a estabelecer uma definição da religião. O propósito não é dizer o que é a religião enquanto tal, mas descobrir um conjunto de fenômenos que procuramos explicar juntos porque eles apresentam características comuns. Essa definição inicial não poderia, portanto, ter como objeto expressar a essência da coisa definida. Ela pode apenas – escreve Durkheim – "delimitar o círculo dos fatos sobre os quais vai conduzir a pesquisa, indicar por quais sinais nós os reconhecemos e em que eles se distinguem daqueles com os quais poderiam ser confundidos".[15] Durkheim começa sua elaboração por uma crítica das definições da religião fundadas sobre a noção de "sobrenatural" ou sobre a categoria de "divindade", observando que certo número de religiões não fazem nenhuma referência a isso. E nota, a esse respeito, a independência entre a ideia de deus e a distinção – que, esta sim, é apresentada em todas as religiões – das coisas em sagradas e profanas.[16] Todavia, a noção de sagrado permanece aqui muito formal, e tem pouco a ver com a que se imporá mais tarde em *Formas elementares da vida religiosa*, a obra-mestra de 1912. De fato, ela entra em uma relação cir-

---

[15] "De la définition des phénomènes religieux", *L'Année sociologique*, II, 1897-1898 (1899), pp. 1-28; retomado no *Journal sociologique* (J. Duvignaud, ed.). PUF, Paris, 1969, pp. 140-165.
[16] Regra de separação da qual ele já salientara a importância em um artigo, um pouco anterior, sobre "a proibição do incesto e suas origens".

cular com a noção de religião que Durkheim se esforça por definir. As coisas sagradas são "aquelas de que a própria sociedade elaborou a representação", ao passo que as coisas profanas são "as que cada um de nós constrói com os dados dos próprios sentidos e da própria experiência". A oposição entre umas e outras – oposição que se confunde com a do "espiritual e do temporal", ou com a do "individual e do social" – não permite, como tal, identificar a especificidade "religiosa" dos fenômenos em questão. Durkheim, por outro lado, rejeita expressamente a ideia de definir os fatos religiosos a partir das "práticas relativas a coisas sagradas" (em outras palavras, a partir do culto): porque essa operação não é nada mais – nota ele próprio – que a substituição de um termo (religião) por outro (sagrado) e "essa substituição não traz, por si mesma, nenhuma clareza". A partir disso, o que permite reconhecer os fatos religiosos enquanto "grupo de fenômenos irredutível a qualquer outro"? O traço distintivo mantido na definição de 1899 é o da existência de crenças obrigatórias, que não se coloca em dúvida e que inspiram aos que as professam um sentimento de respeito absoluto. Essas crenças são formalizadas sob a forma de mitos e de dogmas, e se expressam em cerimônias e práticas rituais.[17] Resta, portanto, explicar sociologicamente – além dessa definição descritiva de qualquer organização religiosa – o sentimento que está em seu princípio. É preciso, em outras palavras, explicar sua origem social. De onde vem esse "respeito" que se apodera dos crentes e que os empenha a não duvidar daquilo que crêem? Durkheim projeta, nesse estágio, um programa de pesquisa que salienta claramente a origem social da noção de sagrado, mas que ainda não diz nada sobre a natureza e o conteúdo desse sagrado. "As forças diante das quais o crente se inclina – escreve ele – não são simples energias físicas, tais como se apresentam aos sentidos e à imaginação; são forças sociais. Elas são

---

[17] Não deixaremos de observar a que ponto a descrição da religião aqui sugerida se ajusta ao modelo católico de uma religião fortemente dogmatizada, na qual o culto ocupa um lugar central: o catolicismo constitui, para Durkheim e para muitos sociólogos franceses da religião, a referência mais imediatamente disponível da "religião por excelência".

o produto direto de sentimentos coletivos que foram levados a tomar um revestimento material. Quais são esses sentimentos, quais causas sociais os despertaram e os determinaram a se exprimir sob tal ou tal forma, à quais fins sociais corresponde a organização que assim toma nascimento? Tais são as questões que devem ser tratadas pela ciência das religiões".[18]

Há, portanto, entre a definição de 1899 e a que, em *Formas*, vai articular-se em torno da noção de sagrado, uma verdadeira mudança de perspectiva. Essa descontinuidade impede, conforme observa corretamente F. A. Isambert, pensar a sociologia religiosa de Durkheim como uma elaboração contínua que se desdobra a partir da "revelação" de 1895. O momento dos anos 1895-1899 marca provavelmente, no percurso do pensamento de Durkheim, uma inflexão que o leva a colocar a religião no centro de seu dispositivo de análise da sociedade. Todavia, são as modificações progressivas de sua concepção do sagrado que irão, na sequência de seu percurso, produzir uma profunda reorganização de sua abordagem da religião.[19]

A elaboração da noção de "sagrado": A contribuição da escola durkheimiana

Diversos fatores favoreceram essa reorganização e contribuíram de modo decisivo para a eclosão da síntese durkheimiana. Uma primeira influência, salientada pelo próprio Durkheim, é a influência de Robertson Smith e da escola antropológica inglesa.[20] Robertson Smith desenvolve, em

---

[18] "De la définition des phénomènes religieux", art. citado, p. 25.
[19] F. A. Isambert apresenta uma análise aprofundada desse percurso e das diferentes fontes da teoria durkheimiana do sagrado em um artigo, que constitui a melhor síntese disponível sobre esse tema. "L'élaboration de la notion de sacré dans l'École durkheimienne", *Archives de sciences des religions*, n. 42, julho-dezembro de 1976, pp. 35-56. A apresentação que segue se apóia muito de perto nesse artigo.
[20] Cf. J. Sumpf. "Durkheim et le problème de l'étude sociologique de la religion", *Archives de sociologie des religions*, n. 20, julho-dezembro de 1965, pp. 63-73.

sua obra sobre a religião dos semitas,[21] uma problemática do sagrado que estabelece uma ligação entre a consagração de objetos ou de seres à divindade e o fato de que esses objetos e esses seres são, assim como os objetos e os seres impuros, submetidos a interditos. Seu caráter "sagrado" se deve à "consagração" de que foram objeto e que os fez pertencer à divindade. Essa perspectiva interessou fortemente Durkheim, mas ela não inspira seu artigo de 1899. A elaboração propriamente durkheimiana da noção de sagrado se fez por meio dos intercâmbios intensos que tiveram lugar, nesses anos, no seio do grupo reunido em torno de *L'Année sociologique*. O pensamento de Durkheim se alimentou desses intercâmbios, ainda que Durkheim não se refira diretamente a eles. Duas contribuições tiveram, desse ponto de vista, uma importância maior. Elas se devem a Hubert e Mauss, e foram publicadas em *L'Année sociologique*: são o "Essai sur la nature et la fonction du sacrifice" ("Ensaio sobre a natureza e a função do sacrifício"), publicado em 1899, e o "Esquisse d'une théorie générale de la magie" ("Esboço de uma teoria geral da magia"), publicado em 1904. "Parece, de fato, nota F. A. Isambert, que Durkheim não teria podido apresentar em *Formas elementares* uma nova teoria da religião sem o trabalho de Hubert e de Mauss." Mas, acrescenta ele, "não podemos considerar essa teoria como tomada de empréstimo dos discípulos. O vigoroso espírito de sistema de Durkheim trouxe às elaborações teóricas parciais sobre o sacrifício, sobre o mana, sobre os ritos e de um modo mais geral sobre o sagrado, um quadro tão exigente do qual podemos, conforme o humor do dia, admirar a lógica ou lamentar as exigências".[22] A força da síntese durkheimiana explica sem dúvida também que o porte próprio dos trabalhos dos discípulos, e particularmente do de Mauss, tenha frequentemente passado para o segundo plano. Hoje, redescobrimos as perspectivas novas que a abordagem de Mauss abre para uma sociologia do simbólico, que permaneceu largamente em suspenso na obra

---

[21] Robertson Smith. *Lectures on the Religion of the Semites*. Edimburgo, 1899.
[22] F. A. Isambert, art. citado, p. 39.

do mestre.[23] Mas não poderíamos, de modo algum, tratar da teoria durkheimiana do sagrado sem nos reportarmos a algumas contribuições decisivas que contribuíram, de um ou de outro modo, para ela se concretizar.

O *Ensaio sobre a natureza e a função do sacrifício* se abre com uma homenagem a Robertson Smith, que "admiravelmente esclareceu" "o caráter ambíguo das coisas sagradas". Na analogia que ele estabeleceu entre o que é "sagrado" *(holy)* e o que é "impuro" *(unclean)*, se lê, com efeito, o caráter fundamentalmente contraditório das coisas e dos objetos sagrados, ao mesmo tempo benéficos e ameaçadores. Entrar em contacto com esses objetos e esses seres é, ao mesmo tempo, eminentemente desejável e extremamente perigoso. Para chegar a isso, é preciso – como quando tratamos de objetos e de seres carregados de impureza, igualmente contagiosa – se submeter a procedimentos de descontaminação. Hubert e Mauss vão tirar todas as consequências dessa homologia da relação ritual com o sagrado, de um lado, e com o impuro, do outro. O papel do sacrifício, "meio para o profano de se comunicar com o sagrado pelo intermédio de uma vítima",[24] é o de tornar possível a circulação entre dois mundos – o mundo sagrado e o mundo profano – que se atraem e se repelem ao mesmo tempo. Ao mesmo tempo que a sacralização do sacrificador e da vítima, o sacrifício garante ao mesmo tempo a sacralização do sacrificante, o que permite a este entrar sem perigo no mundo sagrado, e a dessacralização que o purifica (assim como o sacrificador) da sacralidade, intolerável no universo profano. Essa concepção dinâmica e dialética do sacrifício, tomado como dispositivo operatório de "entrada" e de "saída" do sagrado, permite representar este como um espaço simbólico que comporta diferentes estágios. Cada uma das partes no sacrifício – o sacrificante, o sacrificador e a própria vítima – percorre uma curva que o eleva progressivamente até o ponto culminante do sagrado, de onde ela, em

---

[23] Cf., sobre esse tema, o livro maior de C. Tarot, *De Durkheim a Mauss. L'invention du symbolique*. La Découverte, Paris, 1999 (com prefácio de A. Caillé).

[24] M. Mauss. *Essai sur la nature et la fonction du sacrifice* (1899), em *Oeuvres* (V. Karady, éd.), *1. Les fonctions sociales du sacré*. Éd. De Minuit, Paris, 1968, p. 16.

seguida, desce novamente até o profano: "Cada um dos seres e dos objetos que desempenham um papel no sacrifício é impelido como que por um movimento contínuo que, da entrada até a saída, prossegue sobre duas vertentes opostas. Contudo, se as curvas assim descritas têm a mesma configuração geral, elas não têm todas a mesma altura; é naturalmente a que a vítima descreve que chega ao ponto mais elevado".[25] Esse é o esquema geral. Ele varia consideravelmente, conforme as diferentes funções, gerais ou especiais, do sacrifício, conforme tratemos de sacrifícios de sacralização (iniciação, ordenação, consagração etc.) ou de sacrifícios de dessacralização (purificação, expiação etc.), de sacrifícios realizados em vista do próprio sacrificante ou de uma coisa que seja do interesse deste último. A unidade do sistema sacrifical não se deve (conforme pensava R. Smith) "a que todos os tipos possíveis de sacrifícios saíram de uma forma primitiva e simples. Tal sacrifício não existe". A unidade reside na própria dialética da sacralização e da dessacralização, implicada em toda forma de sacrifício.[26]

Qual é, porém, a natureza do sagrado? Sobre o quê repousa a clivagem do mundo em "sagrado" e "profano"? É em *O esboço de uma teoria geral da magia*, publicado em 1904 em *L'Année sociologique*, que Hubert e Mauss empreenderam a resposta a essa questão, ligando a noção de sagrado à de "mana", que eles tomam de empréstimo (e a transformam) do antropólogo inglês Codrington. O "mana" é esse poder ligado aos objetos, às pessoas e aos próprios ritos, e que os torna eficazes: "O mana é a força por excelência, a eficácia verdadeira das coisas, que corrobora sua ação mecânica sem aniquilá-la. É ele que faz com que a rede apanhe, que a casa seja sólida, que a canoa se mantenha bem no mar. No campo, ele é a fertilidade: nos remédios, ele é a virtude salutar ou mortal. Na flecha, ele é o que mata e, nesse caso, ele é representado pelo osso da morte com o qual a haste da flecha é munida".[27]

---

[25] M.Mauss. *Oeuvres*, p. 255.
[26] *Ibid.*, p. 301.
[27] "Esquisse d'une théorie de la magie", *L'Année sociologique* (1902-1903), 1904, VII, p. 111; retomado em *Sociologie et anthropologie*. PUF, Paris, 1950/1968, pp. 1-141.

Esse poder é também o dos magos e dos ritos que ele realiza. Possivelmente espalhada em todo lugar e em todas as pessoas e coisas, a qualidade do mana frequentemente as coloca, quando ela lhes é reconhecida, "fora do domínio e do uso comum". Sagrado e mana se superpõem aqui perfeitamente: são sagrados os objetos e as pessoas aos quais a qualidade de mana é imputada e que são, por esse fato, colocados à parte e separados do domínio profano. Essa imputação é o resultado de um julgamento coletivo que o grupo põe em ação, em função das necessidades, das aspirações e das expectativas que lhe são próprias. O "julgamento mágico" não é o resultado de um procedimento racional, mas de uma pressão afetiva que encontra sua fonte no imaginário de uma sociedade que aspira superar as violências e os sofrimentos da vida ordinária: ele é "síntese coletiva, crença unânime, em um determinado momento de uma sociedade, na verdade de certas ideias, na eficácia de certos gestos". "É pelo fato de que o efeito desejado por todos seja constatado por todos que o meio é reconhecido como apto para produzir o efeito; é porque desejavam a cura das pessoas febris que a aspersão com água fria, o contacto simpático com uma rã pareciam aos hindus, que haviam recorrido aos brâmanes do Atharvaveda, antagonistas suficientes da febre alta ou paludismo. Definitivamente, é sempre a própria sociedade que se paga com a moeda de seu sonho."[28] O sagrado é associado aqui, por meio da noção de mana – que Durkheim desdobrará em *Formas*, com a noção de "princípio ou mana totêmico" – uma experiência coletiva de gênero emocional. Esses "estados afetivos sociais" estão no princípio do sentimento partilhado do sagrado: as representações do mana que nele se constituem são os "fatos básicos" tanto da religião como da magia.[29]

A esses dois ensaios de Hubert e Mauss, seria preciso acrescentar – como o faz F. A. Isambert no artigo do qual retomamos aqui o procedimento – a síntese teórica que constitui a *Introdução* de Henri Hubert ao

---

[28] *L'Année sociologique*, art. citado, pp. 126-127.
[29] *Ibid.*, p. 138.

Manual de história das religiões, de Chantepie de la Saussaye.[30] Todos esses textos são anteriores à publicação de *Formas elementares da vida religiosa*. Neles encontramos presentes elementos que serão retomados e sistematizados na grande obra de Durkheim: a ambivalência estrutural do sagrado e seu caráter eminentemente social, a superposição da noção de sagrado e da noção de mana, a tomada em consideração dos "estados afetivos sociais" que estão no princípio do sentimento religioso etc. As publicações sucessivas de *L'Année sociologique* permitem assim seguir a emergência e a elaboração de certos temas. O tema, por exemplo, da relação entre a religião, o processo de simbolização e a intensidade afetiva das relações no seio da sociedade está bem delineado na recensão de uma obra sobre *Os princípios de 1789 e as ciências sociais*, publicada por Durkheim em 1890. Esse texto lhe dá a ocasião de uma reflexão espantosamente nova sobre a dimensão religiosa da Revolução Francesa.[31] Mas observamos também a continuidade que existe entre a análise que propõe Mauss sobre a vida religiosa dos esquimós no *Ensaio* de 1904 e a abordagem durkheimiana da recorrência periódica dos rituais religiosos australianos e de seu efeito energético sobre as consciências. A questão da circulação de ideias no seio da Escola durkheimiana é uma questão obscura, apaixonante sem dúvida para os historiadores da sociologia, mas que podemos, aqui, deixar de lado. Houve, sem qualquer dúvida, a influência maior de Durkheim sobre todos eles, Mauss em primeiro lugar, que trabalharam a seu lado. Salientemos, ao mesmo tempo, que o grupo dos durkheimianos foi um meio de pesquisa vivo, no qual as ideias eram trocadas e confrontadas, e que o próprio Durkheim nele encontrou uma poderosa alimentação de suas próprias intuições.[32] Se Durkheim – mais que outros membros importantes desse grupo e até mais

---

[30] Paris, 1904.
[31] "Les principes de 1789 et les sciences sociales", *Revue internationale de l'enseignement*, 1890, pp. 450-456; retomado em *La science sociale et l'action* (J. C. Filloux, ed.), 1970/1987, pp. 215-225.
[32] Cf. C. Tarot. *Op. cit.*, pp. 29-45.

que Mauss (que Claude Lévi-Strauss torna, contudo, o principal precursor do estruturalismo)[33] – é reconhecido como um fundador da sociologia das religiões, é porque a teoria do sagrado e da religião atinge nele uma amplitude e uma sistematização que encontram pouco equivalência na literatura sociológica.

Um tratado do sagrado e da religião: "Formas elementares da vida religiosa" (1912)

Em *Formas elementares da vida religiosa*, publicado em 1912, Durkheim oferece, de fato, uma verdadeira suma teórica de suas perspectivas sobre a religião.[34] É preciso, portanto, antes de qualquer comentário, apresentar suas principais articulações.[35]

a) Em um primeiro momento, Durkheim define o objeto da pesquisa e precisa os princípios metodológicos do procedimento seguido. Esses preliminares ocupam a Introdução e os três primeiros capítulos do Livro I. Aí encontramos, como no artigo de 1899, a crítica cerrada das diferentes definições disponíveis da religião. São recusadas em primeiro lugar as que, como em Spencer, associam a religião com o sobrenatural, "o mundo do mistério, do incognoscível, do incompreensível" (p. 33). Ora, essa ideia de mistério, presente tardiamente na história das religiões, é totalmente estranha às religiões das sociedades tradicionais que, ao contrário vivem em um

---

[33] C. Lévi-Strauss, "Introduction à l'oeuvre de Marcel Mauss, em M. Mauss. *Sociologie et anthropologie, op. cit.*, IX-LII.

[34] Cursos anteriores de sociologia religiosa: em 1894-1895 e 1900-1901 em Bordeaux. Em 1906-1907, em Paris. Não dispomos de anotações desses cursos. Mas um resumo do curso de 1906 foi publicado por um dos alunos de Durkheim, P. Fontana, na *Revue de Philosophie*. Encontramos, em Formas, sob uma forma completamente desenvolvida, o plano e os temas desse Curso.

[35] Encontraremos uma análise minuciosa de *Formas*, em J. Pradès. *Persistance et métamorphose du sacré*. PUF, Paris, 1987.

mundo de evidências. As concepções religiosas nelas têm em primeiro lugar como objeto "expressar e explicar, não o que há de excepcional e de anormal nas coisas mas, ao contrário, o que elas têm de constante e de regular" (p. 39). A ideia do mistério tem lugar apenas nas sociedades em que emergiu a ideia de uma ordem natural das coisas regida por leis: nesse caso apenas, o acontecimento inesperado e inexplicável se torna mistério. "É a ciência e não a religião que ensinou aos homens que as coisas são complexas e difíceis de compreender" (p. 37). A importância metodológica dessa observação é considerável, porque ela põe em questão a tendência dos pesquisadores a projetar sobre o universo das crenças daqueles que eles observam noções e categorias que são as de seu próprio universo de pensamento. Para abordar corretamente a religião dos "primitivos" (e mais amplamente, o conjunto dos fatos de crença), é preciso se esforçar antes de tudo para restituir o sentido vivido dessas crenças para os próprios interessados. As definições que apelam para a categoria de divindade e às quais recorrem Tylor, Réville ou Frazer, não são mais aceitáveis. Existe, com efeito, grandes religiões (tais como o budismo e o jainismo) "em que a ideia de deuses e de espíritos é ausente ou, pelo menos, desempenha apenas um papel secundário e apagado" (p. 41). E "mesmo no interior das religiões deístas, encontramos um grande número de ritos que são completamente independentes da ideia de deuses ou de seres espirituais": é o caso dos interditos (por exemplo, interditos alimentares dos judeus) e de ritos positivos que agem por si mesmo e suscitam mecanicamente, sem intervenção divina, os efeitos que são sua razão de ser. O sacrifício védico age assim, diretamente, sobre os fenômenos celestes sem os deuses e até apesar deles. "Há ritos sem deuses". "A religião transborda, portanto, a ideia de deuses e de espíritos e, por conseguinte, não pode ser definida exclusivamente em função dessa última" (p. 49). Para enfrentar corretamente o problema da definição da religião, é preciso primeiro afastar o projeto de apreender a natureza da religião em seu conjunto, como se ela formasse uma espécie de "entidade invisível". Ora, "a religião é um todo formado de partes". Ela é um "sistema complexo de mitos, de dogmas, ritos e cerimônias". Para compreender o todo, é preciso decompor esse conjunto, "caracterizar os fenômenos elementares dos quais toda religião resulta". É o único meio, principalmente, para poder tratar o caso dos elementos religiosos que não dependem de nenhuma religião particular: fragmentos de religiões desaparecidas, sobrevivências ou práticas folclóricas.

Depois de colocar esses preliminares metodológicos, parece que os fenômenos religiosos se classificam em duas categorias fundamentais: as crenças e os ritos. As crenças são "representações que exprimem a natureza das coisas sagradas, as virtudes e os poderes que lhes são atribuídos, sua história, suas relações umas com as outras e com as coisas profanas" (p. 51). Os ritos, que dependem das crenças, são "regras de conduta que prescrevem como o homem deve se comportar com as coisas sagradas" (p. 56). A distinção entre o que é sagrado e o que é profano está, desse modo, no coração de toda religião: "Todas as crenças religiosas conhecidas, sejam elas simples ou complexas, apresentam um caráter comum: elas supõem uma classificação das coisas, reais ou ideais, que os homens representam em duas classes, em dois gêneros opostos, designados socialmente por dois termos distintos que traduzem muito bem os termos profano e sagrado. É essa separação radical que, enquanto tal, é importante. O círculo dos objetos sagrados pode ele próprio variar consideravelmente conforme as religiões, e o caráter sagrado que lhes é reconhecido não significa necessariamente que se lhes atribua um valor eminente ou uma superioridade particular. Há objetos sagrados com os quais o homem se sente inteiramente à vontade. Acontece que batemos no fetiche quando não estamos contentes e nos reconciliamos com ele caso se mostre mais dócil... (p. 52). Se entre eles não houver hierarquia, a heterogeneidade do sagrado e do profano não é, por isso, menos absoluta. Esta aparece, essencialmente, no fato de que as coisas correspondentes não devem ser confundidas nem postas em contacto. "O sagrado e o profano sempre foram concebidos pelo espírito humano como gêneros separados, como dois mundos entre os quais não há nada em comum." Essa separação não significa que não possa existir nenhuma passagem de um mundo para o outro, "mas essa passagem, quando tem lugar, põe em evidência a dualidade essencial dos dois reinos", que se constituem correntemente como dois mundos antagônicos e rivais. A passagem implica, para o ser ou para o objeto que a realiza, uma verdadeira metamorfose e múltiplas precauções. Consideraremos, portanto, que se trata de uma "religião" em todos os casos em que observarmos que certo número de coisas sagradas, que mantêm entre si relações de coordenação e de subordinação, formam "um sistema provido de certa unidade, embora ele próprio não entre em nenhum sistema do mesmo gênero" (p. 56).

Resta, entretanto, antes de prosseguirmos, esclarecer um ponto importante, que é o da relação entre a religião, assim definida, e a magia. Com efeito, a magia é igualmente um dispositivo, sem dúvida mais rudimentar (segundo Durkheim) porque mais diretamente instrumental, de crenças e de ritos. Os seres invocados frequentemente são os mesmos, e magia e religião são frequentemente misturadas, até nas grandes religiões. Entretanto, é impossível confundi-las, tanto mais que elas manifestam, uma em relação à outra, uma repugnância e uma hostilidade acentuadas. A distinção entre elas se deve ao fato de que "as crenças propriamente religiosas são sempre comuns a uma coletividade determinada, que faz a profissão de a elas aderir e de praticar os ritos que delas são solidários". As crenças mágicas (mesmo que elas jamais sejam sem alguma generalidade) não têm como efeito ligar uns aos outros os homens que a elas aderem. "Não existe uma Igreja mágica", nenhuma ligação permanente entre o mago e a clientela que a ele recorre (pp. 60-61). A noção de Igreja entra, desse modo, na própria definição de religião: essa abordagem apresenta o problema do futuro da religião em uma sociedade moderna, na qual os indivíduos reivindicam uma vida espiritual interior e subjetiva. A esse ponto de seu procedimento, Durkheim não se arrisca a um prognóstico. Mas salienta a importância da dimensão comunitária nas religiões do passado e nas que existem atualmente. A definição final à qual ele chega é, pois, a seguinte: "Uma religião é um sistema solidário de crenças relativas a coisas sagradas, ou seja, separadas, interditas, crenças e práticas que unem em uma mesma comunidade moral, chamada Igreja", todos aqueles que a ela aderem (p. 65).

b) A questão que se apresenta, então, é a da origem da religião e do sagrado. Depois de ter rejeitado as explicações supraexperimentais – que anulam o próprio projeto de uma ciência das religiões, para a qual a religião nada expressa que não esteja na natureza –, Durkheim mantém à distância as diferentes explicações apresentadas pelos pesquisadores. A explicação animista, que faz da religião um sonho sistematizado e vivido, fundamento de um culto dos mortos, estendido em seguida ao conjunto da natureza, é seu primeiro alvo. Essa perspectiva, defendida por Tylor e Spencer, tem como principal defeito reduzir a religião a um conjunto de representações alucinatórias, a um tecido de ilusões sem nenhum fundamento objetivo. Durkheim leva demasiadamente a sério o fato religioso, fonte "para a qual os homens se dirigiram em todos os tempos para buscar a energia que lhes era necessária para viver", e que teve um lugar tão considerável em sua história, para aceitar tal redução. Mas a teoria naturalista de Max Muller, que coloca a origem da religião no sentimento de surpresa, de temor e de desconhecido, que nasce para os seres humanos da experiência da natureza, não lhe parece mais convincente. Podemos, sem dúvida, compreender que o homem – que experimenta em todas as suas relações com o mundo circundante a imensidão e a infinitude da natureza – tenha necessidade de elaborar pela linguagem representações dessas forças naturais e que as transforme, desse modo, em poderes espirituais aos quais ele presta um culto. Mas vemos mal como essas representações, "ficções decepcionantes", incapazes de garantir aos homens um conhecimento e, portanto, um meio efetivo de agir sobre a realidade natural, puderam sobreviver e constituir sistemas permanentes de ideias e de práticas, ao passo que abordagens mais operatórias dos fenômenos naturais começaram a emergir. Mais fundamentalmente, não percebemos o que, na elaboração dessa metáfora religiosa do mundo natural, pôde fundar a oposição radical do mundo sagrado e do mundo profano que se encontra no princípio de toda religião. As explicações "animistas" e as "naturalistas" dizem que a origem das representações religiosas se situa ou, para uns, na natureza do homem, ou, para os outros, na do universo. Por esse motivo, elas se condenam a reduzir essas representações à expressão de um sonho ou à interpretação delirante dos fenômenos cósmicos, deixando escapar, ao mesmo tempo, a relação que as ideias religiosas mantêm com a realidade vivida dos homens, ou seja, com a realidade social. Ora, é precisamente a descoberta dessa relação que poderá permitir perceber a grande oposição que separa o profano do sagrado. "Uma vez que nem o homem nem a natureza têm, por si mesmos, um caráter sagrado, isso se deve ao fato de que eles o têm a partir de uma outra fonte. Fora do indivíduo humano e do mundo físico, deve, portanto, haver alguma outra realidade em relação à qual essa espécie de delírio que é de fato, em certo sentido, toda religião, toma uma significação e um valor objetivo. Em outras palavras, para além do que chamamos de naturalismo e animismo, deve haver um outro culto, mais fundamental e mais primitivo, do qual os primeiros são provavelmente apenas formas derivadas ou aspectos particulares" (p. 124).

Antes de examinar como Durkheim operacionaliza essa proposição a partir do caso do totemismo australiano, não é inútil salientar em que seu procedimento está distante do de um racionalismo positivista reducionista, que não atribuiria outro objetivo à ciência senão o de dissipar as ilusões religiosas. Para compreender o fato religioso, é preciso, segundo Durkheim, reconhecer uma verdadeira consistência a fenômenos que contribuem para modelar a vida social e os costumes, que implicam profundamente os indivíduos e os grupos humanos e que lhes fornecem orientações para a ação. Mais ainda, é preciso reconhecer a continuidade fundamental que existe entre as crenças religiosas das sociedades tradicionais e as crenças coletivas que fazem viver os homens modernos que somos nós, mesmo quando a ciência de que nos prevalecemos tenha expulsado a maioria das cosmologias, que detinham a explicação do mundo, para fora das fronteiras da "racionalidade".[36] Com efeito, todo grupo humano é levado a forjar, a partir das experiências concretas que ele atravessa e em função de seus recursos cognitivos próprios, hipóteses explicativas mais ou menos precárias, que permitem aos indivíduos dar um sentido às situações que vivem e partilhar entre eles essas significações. Mesmo nas sociedades modernas, que supomos que elas governem, as exigências da razão dedutiva e da verificação experimental estão longe de ter definitivamente liquidado todas as formas "irracionais" do recurso explicativo que permite aos homens perceberem por si próprios aquilo que eles são e aquilo que eles fazem. Para explicar as crenças coletivas "primitivas" ou contemporâneas, é preciso levar em conta essa lógica que lhes é própria e que faz sua "verdade", seja qual for seu conteúdo. "Consideramos como axioma – nota Durkheim nas últimas páginas de *Formas* – que as crenças religiosas, por mais estranhas que sejam na aparência, têm sua verdade, que é preciso descobrir" (p. 625). Para realizar esse desvelamento, é preciso poder "colocar-se a si mesmo diante da religião, no estado de espírito do crente", em uma atitude compreensiva que nada tem a ver com a adesão, mas que permite entrar na inteligibilidade da experiência vivida dos que aderem. Quem se recusasse a essa disposição intelectual "pareceria um cego que falasse das cores"! "Não pode haver uma interpretação racional da religião que seja fundamentalmente irreligiosa: a interpretação irreligiosa da religião seria uma interpretação que negaria o fato do qual se trata de levar em conta. Nada é mais contrário ao método científico. Esse fato pode ser compreendido diferentemente por nós, e até podemos chegar a não compreendê-lo, mas não poderíamos negá-lo".[37]

---

[36] Durkheim salienta muito claramente, desse ponto de vista, a distância entre seu pensamento e o de Lévy-Bruhl, que coloca, ao contrário, como princípio, a descontinuidade entre a mentalidade primitiva e o pensamento científico. Cf. sua relação das "Fonctions mentales dans les sociétés inférieures" de Lévy-Bruhl, em *L'Année sociologique*, XII, 1913, pp. 75-76.

[37] "Le sentiment religieux à l'heure actuelle", *Archives de sociologie des religions*, art. citado, p. 75-76.

O caminho tomado por Durkheim para descobrir essa "verdade" da religião consiste em se colocar no ponto em que esta se manifesta do modo mais elementar e mais simples, a fim de apreender, em toda a sua pureza, essa relação específica com a realidade na qual se origina a dissociação radical entre o sagrado e o profano. A abundante literatura etnográfica disponível sobre os cultos totêmicos, dos quais se descobria então a extensão no tempo e no espaço, lhe forneceu a matéria de uma descrição minuciosa dessas crenças e práticas "elementares". Entre as censuras feitas a Durkheim, o fato de que ele não tenha tido nenhum contacto direto com a realidade empírica, que é o suporte de sua demonstração, frequentemente foi posto em questão. Em todo estado de causa, Durkheim utilizou os conhecimentos disponíveis em seu tempo e uma parte das proposições que ele desenvolve a partir dessa documentação perdeu sua pertinência pelo simples fato do avanço do conhecimento antropológico.[38] Essa crítica é sem dúvida de porte menor que a que é feita sobre a ambiguidade do caráter "primitivo", associado por ele a esses cultos totêmicos. Estes são primitivos por serem, do ponto de vista funcional, o dispositivo mais simples, a partir do qual é possível descobrir a lógica dos sistemas religiosos mais complexos? Ou são primitivos por corresponderem a uma forma cronologicamente primeira de organização religiosa, ponto de partida das evoluções de onde emergem as religiões hoje conhecidas? O conflito entre a abordagem funcional e a abordagem evolucionista, "a confusão entre os pontos de vista histórico e lógico, entre a pesquisa das origens e a descobertas das funções", apontado por C. Lévi-Strauss, são dificuldades que atravessam toda a obra durkheimiana. De modo geral, a análise de Durkheim do totemismo como fato propriamente religioso não resistiu à crítica do estruturalismo, que põe a relevância sobre a lógica de classificação das espécies naturais e dos grupos

---

[38] Cf., sobre esse ponto, C. Rivière, "Les Formes élémentaires de la vie religieuse: une mise en question", *L'Année sociologique*, 49 (1), pp. 131-148.

sociais que governa os fatos totêmicos.[39] O que importa aqui é não tanto se apegar ao detalhe dessa análise, e sim restituir o movimento pelo qual Durkheim estabelece, por meio dessas considerações ultrapassadas sobre o totemismo, uma problemática dinâmica da religião, apreendida não como um sistema de ideias e de coisas, mas como um sistema de forças.

O ponto de partida de seu procedimento é a observação da diversidade infinita de coisas e de seres sagrados que são suscetíveis de se tornar o objeto de um culto totêmico. Essa multiplicidade é tão grande que é impossível identificar um atributo comum que lhes conferiria por si mesmo um caráter sagrado. O que é comum, ao contrário, a esses diferentes tipos de coisas, são os sentimentos semelhantes que elas despertam na consciência dos fiéis. Tais sentimentos, "que fazem sua natureza sagrada", procedem "de um princípio que é comum a todos, indistintamente, tanto aos emblemas totêmicos como às pessoas do clã e aos indivíduos da espécie que serve de totem". É a esse princípio, conforme Durkheim, que o culto é dirigido: "O totemismo é a religião não de tais animais, ou de tais homens, ou de tais imagens, e sim de uma espécie de força anônima e impessoal, que se encontra em cada um desses seres, sem todavia se confundir com nenhum deles. Ninguém a possui inteiramente, e todos dela participam. Ela é de tal modo independente dos indivíduos particulares em que ela se encarna, que ela tanto os precede como os ultrapassa. (...) Tomando o termo em um sentido muito amplo, poderíamos dizer que ela é o deus que cada culto totêmico adora. Apenas é um deus impessoal, sem nome, sem história, imanente ao mundo, difuso em uma inumerável multidão de coisas" (p. 269).

Esse princípio (ou mana) totêmico é uma força, e o termo força é empregado aqui em um sentido que nada possui de metafórico: ele induz, para aquele que entra em contacto com ele, efeitos físicos diretos. Ele constitui, principalmente, um formidável poder moral: ele liga os indivíduos uns aos

---

[39] C. Lévi-Strauss. Le totémisme aujourd'hui. PUF, Paris, 1980 (1962).

outros no seio do clã; ele os obriga a agir de determinado modo; ele é "a fonte da vida moral do clã". Sua dominação é tal, que ele é correntemente personificado e vem a "se transformar em divindade propriamente dita" (p. 271). Para além dos cultos totêmicos, o culto prestado a esse poder está presente em todos os sistemas religiosos, desde os mais simples até os mais complexos, porque ela é "a matéria primeira com a qual foram construídos os seres de todos os tipos, que as religiões de todos os tempos consagraram e adoraram" (p. 284). E Durkheim pode concluir: "Agora podemos compreender melhor porque nos foi impossível definir a religião pela ideia de personalidades míticas, deuses ou espíritos. (...) O que encontramos na origem e na base do pensamento religioso não são objetos ou seres determinados e distintos, que possuam por si mesmos um caráter sagrado; são, ao contrário, poderes indefinidos, forças anônimas, mais ou menos numerosas conforme as sociedades, por vezes até reconduzidas à unidade e cuja impersonalidade é estreitamente comparável à das forças físicas, cujas manifestações são estudadas pelas ciências da natureza. Quanto às coisas sagradas particulares, elas são apenas formas individualizadas desse princípio essencial" (pp. 285-286).

É necessário, a partir disso, dar mais um passo, a fim de explicar a origem desse respeito absoluto que o princípio quase divino suscita nas consciências crentes. Detendo-se sempre no caso australiano, Durkheim generaliza sua análise ao conjunto dos fenômenos religiosos conhecidos. O totem é a expressão do mana que nele se encarna; ele é igualmente o símbolo do clã que ele identifica. Se o emblema do grupo se tornou a figura de uma quase divindade, é porque o clã e o deus do clã são, em última análise, uma só e mesma coisa. O deus do clã "é o próprio clã, hipostasiado e representado nas imaginações sob as espécies sensíveis do vegetal ou do animal que lhe serve de totem" (p. 295). O deus que os homens adoram e ao qual prestam um culto é, na realidade, a própria sociedade. Todas as religiões, para além da diversidade das crenças e das práticas que elas põem em ação, têm como realidade própria o fato de suscitar em seus adeptos o sentimento unânime e intenso de sua comum pertença a um mesmo corpo. É a sociedade que suscita a comunhão das consciências que nasce do sentimento da dependência partilhada; é a própria sociedade que os indivíduos honram quando celebram seus deuses. "A sociedade tem tudo o que é necessário para despertar nos espíritos, por meio da única ação que ela exerce sobre eles, a sensação do divino; porque ela é para seus membros o que um deus é para seus fiéis. Um deus, com efeito, é em primeiro lugar um ser que o homem representa, por meio de certos aspectos, como superior a si mesmo e do qual ele crê depender. (...) Ora, também a sociedade mantém em nós a sensação de uma perpétua dependência. (...) Ela exige que, esquecidos de nossos interesses, nós nos tornemos seus servidores e ela nos obriga a todos os tipos de jejuns, de privações e de sacrifícios, sem os quais a vida social seria impossível" (p. 295). "Mas um deus não é somente uma autoridade da qual dependemos; ele é também uma força sobre a qual se apóia nossa força. O homem que obedece a seu deus, e que, por esse motivo, crê tê-lo consigo, aborda o mundo com uma confiança e uma energia maior. Da mesma forma, a ação social não se limita a exigir de nós sacrifícios, privações e esforços. (...) Ela penetra e se organiza em nós; ela se torna parte integrante de nosso ser e, por isso mesmo, ela o eleva e o desenvolve" (p. 299). Quando ela atinge um grau suficiente de intensidade partilhada, essa comunhão das consciências suscita o religioso, fixando-se sobre coisas e seres que supomos serem portadores do poder gerador do sentimento comum. Eles são, então, reconhecidos como "sagrados". "A força religiosa é tão somente o sentimento que a coletividade inspira a seus membros, mas projetado fora das consciências que o experimentam, e objetivado. Para se objetivar, ele se fixa sobre um objeto que se torna, desse modo, sagrado; mas qualquer objeto pode desempenhar esse papel" (p. 307). O sentimento do sagrado é um sentimento *sui generis*, irredutível a outros, e que tira sua especificidade da realidade à qual ele se dirige, para além dos objetos que são sua expressão simbólica: essa realidade não é nada mais que a própria sociedade.

A descrição durkheimiana do poder que a sociedade exerce sobre os indivíduos incita, em último caso, a considerar esta como uma entidade quase que personificada e dotada de vontade própria. As formulações de

Durkheim se prestam facilmente a esse desvio, e fortes críticas foram feitas contra uma substantificação da sociedade, que parece inseparável da teoria do sagrado que ele desenvolve.[40] Essas críticas perfeitamente justificadas não significam que a abordagem de Durkheim da especificidade do sentimento do religioso tenha perdido, por esse motivo, qualquer interesse teórico. Mas é preciso, frequentemente, para apreciar sua importância, ler Durkheim ultrapassando Durkheim. Um artigo recente de Raymond Boudon ilustra bem esse exercício, fazendo uma ligação muito interessante entre Durkheim e Simmel que, tanto um como o outro, salientam a especificidade própria do sentimento do sagrado.[41] Simmel também identifica essa forma de respeito absoluto e de adoração que se apodera dos indivíduos em certas circunstâncias e que pode se fixar apaixonadamente sobre objetos muito diversos: o sindicato, o partido, o proletariado etc. Contudo, ele imputa esse sentimento não ao poder de imposição da "sociedade", concebida como uma espécie de entidade transcendente, e sim à separação entre o mundo dos valores dos quais esses indivíduos aspiram participar o mais completamente possível, e o universo da realidade concreta, o dos fatos que se opõem a esses valores. A noção de "alma" – presente de uma ou de outra forma em todas as religiões conhecidas, e na qual Durkheim vê a representação simbólica da dualidade do indivíduo, dilacerado entre suas aspirações individuais egoístas e os imperativos que decorrem de sua pertença a uma comunidade moral – pode estar relacionada, nessa perspectiva, com o "senso dos valores", que confere ao indivíduo, em Simmel, sua dignidade de pessoa humana. O deslocamento simmeliano consiste em reler a teoria do sagrado nos termos de uma problemática dos valores (em si mesma estranha a Durkheim), e permite manter-se distante de alguns

---

[40] Cf., por exemplo, R. Aron. *Les étapes de la pensée sociologique*. Gallimard, Paris, 1967.
[41] R. Boudon, "Les Formes élémentaires de la vie religieuse: une théorie toujours vivante", *L'Année sociologique*, 1999, n. 1, pp. 149-198. Cf. R. Boudre. *Études sur les sociologues classiques II*. PUF, Paris, 2000, "Émile Durkheim: l'explication des croyances religieuses", pp. 63-123.

impasses nos quais se encontra presa a construção durkheimiana, e reconhecer, ao mesmo tempo, que ela é "uma teoria sempre viva". Simmel abre, entre outras, a possibilidade de pensar o sentimento religioso como o fruto possível de uma experiência pessoal, evidentemente inscrita no conjunto de determinações sociais e culturais, mas não diretamente suscitada por uma experiência coletiva específica. Contudo, o fato é que o próprio Durkheim não se empenhou nesse caminho, e é precisamente essa experiência coletiva – irredutível a qualquer outra – que ele se empenha, ao contrário, em identificar como a fonte originária de toda "religião".

c) De que modo, portanto, emergem concretamente esses sentimentos coletivos que constituem o homem ao elevá-lo acima de si mesmo, permitindo-lhe aceitar as exigências físicas e morais ligadas à vida social e multiplicando suas energias próprias? Em páginas tocantes, Durkheim faz esforço para se colocar na fonte dessa energia espiritual. Ele capta o momento em que a dinâmica religiosa da experiência individual e social lhe parece poder ser apreendida do modo mais imediatamente evidente, ao propor, a partir dos dados fornecidos por Spencer e Gillen, uma descrição extraordinariamente viva das festas que os Warramunga celebram em honra da serpente Wollunga. Essas festas, ou *corrobbori*, rompem ciclicamente a monotonia da vida ordinária dos aborígenes, vida consagrada à busca, por pequenos grupos que se aplicam separadamente, dos meios de subsistência material do grupo. A temporalidade vivida dessa sociedade australiana alterna, desse modo, duas fases contrastadas: uma fase de fraca intensidade coletiva, na qual a atividade econômica é preponderante e as relações sociais "fracas e mornas"; e uma fase de intensidade emocional extrema (a das festas), na qual "as paixões desencadeadas são de tal impetuosidade que por nada se deixam conter". O tumulto, a aproximação dos corpos, as danças frenéticas em torno das fogueiras que perfuram as trevas: tudo está reunido para produzir efeitos perturbadores sobre os espíritos. Durkheim descreve, nos termos da paixão e do êxtase, essa "emoção das profundezas", prodigioso reservatório de energia, na qual toda a vida social se alimenta, ainda que de muito longe: "Inflamação, elevação das forças, efervescência, paixão intensa, frenesi, transfiguração, transbordamento, metamorfose, poder extraordinário" que galvaniza até o frenesi, hiperexcitação, exaltação psíquica que não é sem relação com o delírio etc. (p. 299s.). No princípio de toda sociedade haveria, portanto, em primeiro lugar, essa experiência intensa do sagrado, experiência elementar e essencialmente coletiva que exerce sobre as consciências essa "influência dinamogênica",[42] por meio da qual a sociedade cria a si mesma ao imprimir de modo indelével sua marca nas consciências coletivas. "Chegando a esse estado de exaltação, o homem não se conhece mais. Sentindo-se dominado, arrastado por uma espécie de poder exterior que o faz pensar e agir de modo diferente que no tempo normal, ele tem naturalmente a impressão de não ser mais ele mesmo" (p. 312).

É nessa experiência, repetida em intervalos regulares, que o homem se persuade de que existe efetivamente dois mundos heterogêneos e incomparáveis entre si. "Um é aquele em que ele arrasta languidamente sua vida cotidiana; ao contrário, ele não pode penetrar no outro sem entrar imediatamente em relação com poderes extraordinários, que o galvanizam até o frenesi. O primeiro é o mundo profano; o segundo, o das coisas sagradas. É, portanto, nesses meios sociais efervescentes, e dessa própria efervescência que parece ter nascido a ideia religiosa" (p. 313).

Da experiência do sagrado à religião institucional: Os dois "patamares" do religioso

De que modo essa experiência elementar do sagrado, da qual deriva a ligação social, se articula com a religião, com suas crenças organizadas, seu cortejo de prescrições e de obrigações, com suas práticas rituais?

---

[42] "Le sentiment religieux à l'heure actuelle", art. citado, p. 75.

Que ligação existe, em outras palavras, entre o "sagrado de ordem" – que corresponde à primeira definição da religião, proposta por Durkheim – e o sagrado surgido da "emoção das profundezas" em um grupo em fusão? Durkheim desenvolve, no Livro III das *Formas*, uma reflexão sobre as lógicas sociais que estão no princípio da vida ritual dos grupos humanos, e que correspondem à necessidade de reativar e de "rejuvenescer" constantemente as representações coletivas que se relacionam com os seres sagrados, retemperando-os "na própria fonte da vida religiosa, ou seja, em grupos reunidos" (p. 494). A fé comum, ameaçada por múltiplas causas internas e externas, renasce graças ao culto e ela triunfa, assim restaurada, das dúvidas que haviam feito surgir no espírito dos humanos o enfraquecimento dos deuses. Com efeito, além do desaparecimento sempre possível destes, é a própria existência da sociedade que se encontra ameaçada, ao mesmo tempo em que se desloca o "sentimento do nós" que liga os indivíduos entre si. Os homens têm necessidade dos deuses para existir em sociedade, mas os deuses dependem dos homens, que se dedicam, por meio do culto que lhes prestam, a preservar sua existência. As práticas religiosas e as crenças que racionalizam teologicamente sua necessidade social têm como função reativar regularmente e perenizar a "emoção das profundezas". Elas relançam a própria dinâmica da vida coletiva, garantindo a "restauração moral" dos indivíduos que retornam à vida profana com mais coragem e ardor. As festas religiosas são, nesse sentido, a própria respiração da sociedade. Contudo, quem fala de reativação não fala de repetição pura e simples da experiência emocional fundadora. Se os *corrobbori* levam, de modo cíclico, a exaltação coletiva a seu ponto mais elevado, na maioria do tempo as festas religiosas, as práticas culturais reatam apenas muito parcialmente com a intensidade do momento fundador, onde se supõe que o trabalho de simbolização, que dá nascimento a uma religião, conforme Durkheim, encontra sua origem. Essa distância se deve ao perigo direto que se liga a essa experiência, à violência física e psíquica que ela consigo carrega e que proíbe prolongá-la no tempo. Mas ela fala igualmente alguma coisa do estatuto originário dessa experiência, "cena primitiva" da fundação de qualquer religião (e de qualquer sociedade), assim como momento efetivo da emergência de uma religião particular.[43]

Em um texto pouco conhecido, descoberto por Constant Hamès e do qual Henri Desroche comentou a importância, Durkheim salienta a estruturação do fenômeno religioso em dois "patamares distintos": um patamar primário, que é o do contacto emocional com o princípio divino, e um patamar secundário, no qual essa experiência se socializa e se racionaliza, diferenciando-se em crenças, de um lado, e em cultos e ritos, do outro lado. Crenças, ritos e cultos têm como função tornar viável e suportável uma experiência por natureza insuportável e perigosa. Eles garantem o caráter durável e inesquecível de uma experiência essencialmente efêmera e fugitiva. Eles têm igualmente como função tornar esta acessível àqueles que não a fizeram diretamente, de torná-la universal e transmissível. Essa institucionalização religiosa garante a domesticação de uma experiência emocional considerada ao mesmo tempo como experiência "primitiva", ou seja, como forma elementar da religião, do ponto de vista cronológico, e como experiência "originária", ou seja, como forma fundadora do sentimento religioso, de um ponto de vista genético.[44]

O problema todo é saber em que medida essa domesticação necessária preserva a experiência primeira e em que medida ela tende, ao contrário, a reprimi-la nas profundezas do inconsciente coletivo. Domesticar um animal selvagem é torná-lo apto a viver na casa do homem com o qual ele pode coabitar sem perigo. Mas essa domesticação sempre tem algo de degeneração. A passagem da experiência emocional primeira para a religião institucional reduz o caráter perigoso do contacto com o "sagrado selvagem", mas implica uma perda de sabor da própria experiência. Ela inscreve a experiência

---

[43] C. Tarot. *Op. cit.*, p. 222-225.
[44] H. Desroche, "Retour à Durkheim? D'un texte peu connu à quelques thèses méconnues", *Archives de sociologie des religions*, 27, 1969, p. 79-88.

religiosa extraordinária, transitória e ocasional por definição, nas rotinas da vida cotidiana e ordinária. A reativação episódica da efervescência fundadora – indispensável para bloquear as tendências à dispersão que dissolvem o laço social – se faz nos limites que a regra do jogo social cotidiano autoriza: segundo os ritmos temporais precisos, em espaços delimitados para esse fim, e em conformidade com o regime dominante das relações sociais e das relações de sexo. As crenças e os ritos garantem, portanto, uma ligação funcional entre o universo das significações simbólicas, das quais o homem e o grupo experimentam, na experiência de êxtase, o caráter transcendente, e o universo das coisas e das formas da vida cotidiana, no qual tais significações são operacionalizadas. Tanto no plano individual como no plano coletivo, uma dialética se instaura, desse modo, entre a emoção e a crença, entre a emoção e o rito, dialética que permite o ajustamento da experiência religiosa à cotidianidade.

A concepção durkheimiana dos dois "patamares" da religião não é a única fonte da ideia segundo a qual as "expressões" religiosas (crenças, ritos, formas de comunidades etc.) são manifestações derivadas, mas também forçosamente limitadas, de uma "experiência" religiosa que se confunde com a experiência emocional do sagrado. Essa perspectiva conheceu, sob diversas formas, uma grande sorte entre os sociólogos das religiões. A distinção entre "expressões" e "experiência" pertence a Joachim Wach.[45] Contudo, nós a encontramos igualmente em outros autores: religião "dinâmica" ("aberta") e religião "estática" ("fechada") em Henri Bergson;[46] "religião vivida" e "religião em conserva" em Roger Bastide etc.[47] Ela está presente em Schleiermacher ou Kierkegaard. Ela encontra um desenvolvimento do lado da psicologia da religião: ao distinguir a religião "de primeira e de segunda mão", William James desdobra a mesma dissociação entre a experiência

---

[45] J. Wach. *Sociologie de la religion*. Payot, Paris, 1955, p. 21s.
[46] H. Bergson, *Les deux sources de la morale et de la religion*. PUF, Paris, 1946.
[47] R. Bastide. *Les Amériques noires*. Payot, Paris, 1967, pp. 133-134.

emocional – que está no princípio do sentimento religioso – e as manifestações da "religião institucional" – "o culto e o sacrifício, as receitas para influenciar as disposições da divindade, a teologia, o cerimonial, a organização eclesiástica" – que são sua expressão segunda.[48] Em todos os casos, essa visão sugere que o que existe de mais autêntico no fato religioso se encontra do lado da fonte emocional, da qual derivam as manifestações institucionais. Ela até implica, de modo mais ou menos explícito, que as crenças e práticas religiosas instituídas são tão somente a colocação sob controle da experiência fundadora. Essa concepção não é formulada de modo direto em Durkheim, que salienta antes de tudo a necessidade social à qual corresponde a formalização religiosa da experiência originária. Mas ela sem dúvida encontra sua formulação mais resumida e mais impressionante no durkheimiano Hubert, na "Introdução" ao *Manual de história das religiões* de Chantepie de la Saussaye, publicado em 1904: "A religião é a administração do sagrado". Essa fórmula sugere que a formatação religiosa da experiência do sagrado a preserva, sem dúvida, mas ao mesmo tempo a esvazia, ao menos parcialmente, de seu potencial criativo.

Da "administração do sagrado", passamos assim facilmente à ideia de que a institucionalização religiosa da "emoção das profundezas" tem sua parte na exclusão do sagrado, que caracteriza as sociedades modernas. Existe, desse ponto de vista, uma estreita correspondência entre a visão de uma experiência religiosa originária e irredutível, aclimatando-se à vida cotidiana por meio das formas parciais e transitórias da religião institucional, e a concepção clássica, segundo a qual a história da humanidade é a história contínua do estreitamento da presença da religião na vida social. A diferenciação dos "patamares" do religioso – da percepção imediata da presença do divino na administração institucional dos bens de salvação – se encaixa correntemente em um esquema cronológico da perda da religião, na qual se supõe que a laicização

---

[48] W. James. *The Varieties of Religious Experience*. Macmillan, New York, 1961, pp. 40-41.

das sociedades modernas constitui a etapa última. Todavia, essa perspectiva pode, em contrapartida, inspirar uma sociologia do protesto sociorreligioso. Os movimentos religiosos efervescentes (heresias, messianismos, milenarismos etc.) que põem em questão inseparavelmente a ordem religiosa e a ordem social dominantes, podem igualmente ser tomados como "apelos de uma sociedade fria por uma sociedade quente".[49] Eles traduzem, em condições sociais e históricas determinadas, algo da necessidade fundamental da sociedade de se recriar a si mesma, de "manter e consolidar, em intervalos regulares, os sentimentos coletivos e as ideias coletivas que fazem sua unidade e sua personalidade" (FEVR, pp. 609-610).

Essas últimas observações permitem encontrar novamente a tensão e também a inquietação que atravessam a sociologia da religião de Durkheim, e que agitam, mais amplamente, toda a obra do fundador da Escola francesa de sociologia. De um lado, as sociedades modernas, governadas pela racionalidade científica e pela divisão do trabalho, são sociedades definitivamente laicizadas. Elas marcam o termo de um processo de eliminação progressiva da religião, que se confunde com a própria história da humanidade. Essa trajetória histórica da secularização é, para o apóstolo da laicidade que Durkheim não deixou de ser, um caminho de emancipação. "Se existe uma verdade que a história colocou fora de dúvida – escreve ele já em *Da divisão do trabalho social* – é que a religião abarca uma porção cada vez menor da vida social. Na origem, ela se estende a tudo; tudo o que é social é religioso; os dois termos são sinônimos. Depois, pouco a pouco, as funções políticas, econômicas, científicas, se libertam da função religiosa, constituem-se à parte, e tomam um caráter temporal cada vez mais explícito. Deus, se assim podemos nos exprimir, que de início estava presente em todas as relações humanas, delas progressivamente se retira; ele abandona

---

[49] H. Desroche. "Retour à Durkheim? D'un texte peu connu à quesques thèses méconnues", *Archives de sociologie des religions*, art. citado, p. 85; *Sociologie de l'esperance*. Calmann-Lévy, Paris, 1973.

o mundo para os homens e para suas disputas. Ao menos, caso ele continue a dominá-los, é do alto e de longe (...)." Seria um erro crer que essa exclusão da religião é um fenômeno próprio dos tempos modernos e contemporâneos, caracterizados pela emergência da modernidade política e da autonomia do indivíduo. Trata-se de um processo que se inscreve na longa duração, e que parece de fato, a esse título, irreversível. "O individualismo, o livre-pensamento não datam – nota ainda Durkheim – nem de nossos dias, nem de 1789, nem da Reforma, nem da escolástica, nem da queda do politeísmo greco-latino ou das teocracias orientais. É um fenômeno que não começa em nenhum lugar, mas que se desenvolve sem cessar ao longo de toda a história."[50]

Contudo, de um outro lado, o problema é saber de que modo preservar ou fazer surgir, nessas sociedades em que os deuses se retiraram, uma fonte energética em que a coletividade possa colher o sentimento de sua própria existência e reconstituir seu ideal comum. É preciso que a sociedade "consagre" homem, coisas e principalmente ideias. É preciso que ela suscite crenças unânimes, "nas quais seja proibido tocar": crenças que não podemos negar ou contestar. A "religião", nesse sentido, é imperecível. Nenhuma sociedade, de um ou de outro modo, pode ficar sem ela. Mesmo entre os povos apaixonados pela liberdade, que põem acima de tudo o livre exame, em que o princípio do livre exame, ao menos, é assim sacralizado, ou seja, colocado fora do alcance de qualquer contestação (*FEVR*, p. 305). "A religião – observa H. Desroche, comentando Durkheim – é uma constante de qualquer sociedade, para além das variações de cada sociedade, e não existe, portanto, sociedade sem religião, nem sem o equivalente de uma religião".[51] Se as religiões instituídas perdem inevitavelmente sua influência social, a dinâmica da religião deve ser prolongada, porque ela é a

---

[50] De la division du travail social. Alcan, Paris, 1922, pp. 143-144 e 146.
[51] H. Desroche. "Retour à Durkheim? D'un texte peu connu à quelques thèses méconnues", *Archives de sociologie des religions*, art. citado, p. 87.

própria dinâmica da criação e da recriação do social. Os grandes períodos de inovação social são, por outro lado, inseparavelmente, períodos de criatividade religiosa. Disso testemunha particularmente o momento religioso da Revolução Francesa. "Essa capacidade da sociedade de se erigir como deus ou a criar deuses em nenhum lugar foi mais visível do que durante os primeiros anos da Revolução. Nesse momento, com efeito, sob a influência do entusiasmo geral, algumas coisas, puramente leigas por natureza, foram transformadas pela opinião pública em coisas sagradas: a Pátria, a Liberdade, a Razão. Uma religião tendeu, por si mesma, a se estabelecer com seu dogma, seus símbolos, seus altares e suas festas. É a essas aspirações espontâneas que o culto da Razão e do Ser supremo tentou trazer uma espécie de satisfação oficial" (*FEVR*, p. 305). Todavia, essa religião nova, apoiada pelo entusiasmo patriótico, foi efêmera. O que acontece então com a França contemporânea? Durkheim podia ver, na obra escolar da III República e na elaboração dos ideais da laicidade, alguma coisa da emergência dessa "religião" nova, que recusaria "qualquer empréstimo dos princípios sobre os quais repousam as religiões reveladas". Ele apostava em uma moral fundada sobre a ciência, que respondesse às novas aspirações de uma comunidade de cidadãos.[52] Mas a dinâmica criadora para fazer surgir esse espírito comum lhe parecia, às vésperas da Primeira Guerra Mundial, dramaticamente esgotada. O quadro que ele apresenta da situação espiritual de seu tempo é escuro. "Se hoje temos talvez alguma dificuldade para nos representar em que poderiam consistir essas festas e essas cerimônias do futuro, é porque atravessamos uma fase de transição e de mediocridade moral. As grandes coisas do passado, as que entusiasmavam nossos páis, não excitam mais em nós o mesmo ardor, ou porque não entraram no uso comum, ou porque elas não respondem mais a nossas aspirações atuais, e entretanto, ainda nada se fez para substituí-las (...). Em uma palavra, os deuses envelhecem

---

[52] Cf. J. Baubérot. "Note sur Durkheim et la laïcité", *Archives de sciences sociales des religions*, n. 69, janeiro-março de 1990, pp. 151-156.

ou morrem, e outros ainda não nasceram"(pp. 610-611). Ora, toda atitude voluntarista é, nesse campo, votada ao fracasso. A tentativa de Auguste Comte de criar uma religião positiva "a partir de velhas lembranças históricas, artificialmente despertadas", era vã. Com efeito, o movimento deve partir da própria vida. Ele deve partir das profundezas da sociedade e são as aspirações novas, surgidas dessas profundezas, que são suscetíveis – como foi exatamente o caso da Revolução Francesa – de dar nascimento a "um culto vivo". Durkheim não pode crer que "esse estado de incerteza e de agitação confusa" possa durar eternamente. "Um dia virá – escreve ele, nas últimas páginas de *Formas* –, em que nossas sociedades conhecerão de novo horas de efervescência criativa no decorrer das quais novos ideais surgirão, novas fórmulas se desprenderão, servindo, durante um tempo, como guia para a humanidade; e tais horas, depois de vividas, os homens experimentarão espontaneamente a necessidade de revivê-las de tempos em tempos pelo pensamento, ou seja, de manter sua lembrança por meio de festas que revivificarão regularmente seus frutos" (p. 611). Nas sociedades modernas, em que o pensamento científico alterna e reprime o pensamento religioso tradicional, a função dinamogênica da religião permanece uma necessidade vital: se as religiões tradicionais, e até as mais racionais delas, estão fadadas a uma inevitável erosão, a dimensão religiosa inerente à própria sociedade é irredutível.

A permanência do sagrado e a questão do futuro da religião na sociedade moderna: Alguns debates pós-durkheimianos

Essa proposição de Durkheim teve, não duvidamos, uma importância maior para o desenvolvimento de uma sociologia da modernidade religiosa. Ela alimentou uma abundante reflexão sobre as "religiões seculares", que constituem, nas sociedades secularizadas, esse equivalente funcional da religião, na ausência do qual a ligação social está ameaçada de se dissolver.

Nessas sociedades em que as religiões tradicionais perderam amplamente sua capacidade de organizar a vida social e sua aptidão para fornecer aos indivíduos códigos de sentidos comuns, a política, a arte, a sexualidade, a medicina, o esporte, a própria ciência são suscetíveis de fazer surgir essas religiões de substituição (os anglo-saxões falam de *surrogate religions*), que permitem partilhar significações comuns e "fazer sociedade". Nesse esforço para inventariar o universo muito compósito das crenças contemporâneas e estabelecer sua relação com a "religião", a noção durkheimiana de "sagrado" foi abundantemente mobilizada. Desde o fim dos anos 1970, uma vasta literatura trata, em perspectivas diversas, do "retorno", da "volta", das "derivações" ou das "mutações" do sagrado.

Em certo número de autores, essa referência perdeu amplamente sua ancoragem na problemática durkheimiana da "emoção das profundezas": ela é apenas um modo de fazer funcionar, em toda a sua extensão, uma definição puramente funcional do sagrado, abarcando sob esse título o conjunto dos universos de significação produzidos pelas sociedades modernas. Em última análise, é sagrado tudo aquilo que, nessas sociedades, tem uma ligação qualquer com o mistério, ou com a busca de sentido, ou com a invocação da transcendência, ou com a absolutização de certos valores. O que liga junto esse agregado compósito e não especializado, é que ele ocupa o espaço liberado pelas religiões institucionais. O processo de diferenciação e de individualização no qual se inscreve o avanço da modernidade privou as religiões da proeminência que elas exercem sobre as respostas às questões existenciais fundamentais que todos os grupos humanos encontram: como enfrentar a morte ou a desgraça? Como fundar os deveres dos indivíduos para com o grupo etc.? Se admitirmos que o conjunto dessas respostas religiosas constituía o "universo sagrado" das sociedades tradicionais, designaremos como "cosmo sagrado das sociedades industriais", "sagrado moderno", sagrado "difuso" ou "informal", sem tornar mais pesado, o conjunto das soluções de substituição trazidas às mesmas questões nas sociedades modernas. Essa compreensão extensiva da noção de sagrado torna insípida e dilui a perspectiva durkheimiana, evacuando aquilo que constituía sua especificidade, ou seja, a descoberta da "lógica hierogônica"[53] da autocriação da sociedade.

Mas a ambição é, por vezes, impelida mais longe. A noção de "sagrado" é então colocada como contribuição para designar uma estrutura de significações comum às religiões históricas e às formas novas de respostas às "questões últimas" da existência, para além das "crenças" que umas e outras desenvolvem. Os pesquisadores que se orientam nesse caminho insistem no fato de que o sagrado transborda e envolve as definições que dele fornecem as religiões históricas e que elas por muito tempo impuseram à sociedade inteira. Ele transborda igualmente as formas novas da religião institucional não convencional, por vezes designada sob o título dos "Novos movimentos religiosos". Ele remete, para além de todas as sistematizações das quais ele pôde e pode tornar-se objeto, a uma realidade específica que não se esgota em nenhuma das formas sociais que ela possa assumir. Ao mesmo tempo, a referência ao sagrado permite também, ao postular a existência de uma estrutura originária, comum ao conjunto dessas expressões, diferenciar o que constitui o espaço próprio do sagrado, no interior da nebulosa indefinidamente móvel das representações coletivas. Manteremos, na maioria das vezes, nesse espaço, as representações que se referem à oposição fundamental entre duas ordens absolutamente distintas de realidades, e o conjunto das práticas que têm a ver com a gestão social dessa irredutível tensão entre o profano e o sagrado. A partir desse critério fielmente durkheimiano, torna-se possível, supomos, descobrir, mas também delimitar os "retornos", as "renovações" e "ressurgências" contemporâneas dessa "sacralidade", constituída como dimensão antropológica universal. Esse procedimento pode ser considerado como um modo de reabrir o debate sobre a modernidade religiosa: um debate paralisado pelas eternas trocas de armas entre aqueles que definem de modo restritivo a religião, a partir do conteúdo das crenças

---

[53] H. Desroche, art. citado, p. 85.

(crença em um poder sobrenatural, em um outro mundo etc.) e aqueles que dela dão uma definição funcional (a partir das funções sociais que ela preenche) indefinidamente extensiva. Os primeiros, prisioneiros do modelo das grandes religiões históricas conhecidas, se encontram na impossibilidade de apreender as novas formas de religiosidade que emergem nas sociedades secularizadas. Os segundos estendem tão amplamente a noção de "religião" que esta perde qualquer consistência. A referência ao sagrado poderia constituir uma "terceira via", permitindo sair do impasse? Com efeito, todas as tentativas de operacionalizar essa abordagem tropeçam em uma mesma dificuldade: à medida que elas continuam, em última instância, a definir a religião como formalização do sagrado, e que tratam o sagrado como a matéria primeira da religião, elas permanecem prisioneiras do jogo de espelhos entre sagrado e religião, jogo do qual desejariam precisamente frustrar as armadilhas.

O exame das utilizações da noção de sagrado na sociologia contemporânea da modernidade religiosa mostra muitas distâncias em relação à problemática durkheimiana clássica. Todavia, observamos, em todos os autores, uma dificuldade constante em dominar essa questão da relação entre a experiência fundadora do sagrado (cuja referência é encontrada em Durkheim) e as formas religiosas nas quais ela se exprime. Com efeito, tais formas religiosas são descobertas como tais à medida – e apenas à medida – que elas correspondem, ao menos analogicamente, às formas conhecidas da religião institucional, com seus deuses e seus ritos. Para apreender o que faz essa aderência invencível da noção de sagrado à religião convencional – mesmo nos casos em que ela é invocada para escapar à pressão que o modelo das religiões históricas faz pesar sobre o pensamento do religioso – é preciso se remeter à própria genealogia da noção de sagrado. É preciso, em outras palavras, se interessar pelo processo por meio do qual essa noção se tornou um ponto de passagem obrigatório da reflexão sobre o religioso, ao passo que ela não tinha conteúdo preciso antes de Robertson Smith, e depois Durkheim e sua escola, não empreenderem sua elaboração intelectual. Nessa matéria, ninguém impulsionou mais longe que F. A. Isambert a desconstrução da noção de sagrado, e essa análise decisiva merece que nela nos detenhamos um momento.[54]

F. A. Isambert abre sua proposta, relembrando que os pais fundadores da noção de sagrado "nada mais pretendiam senão desdobrar, refinar e delimitar uma noção que eles consideravam comum a todos os povos". Ao transformar em conceito uma noção suposta comum, eles assim contribuíram para imprimir na linguagem comum a evidência de que o sagrado constitui uma realidade tangível, um objeto identificável por suas propriedades, que encontraríamos, de modo muito geral, em todas as religiões: poder misterioso, separação absoluta entre um mundo sagrado e um mundo profano, ambivalência que torna o sagrado ao mesmo tempo fascinante e repulsivo, atraente e aterrador. No decorrer do procedimento, o sagrado assim se desfez como adjetivo e se impôs como substantivo. Doravante, ele serve para designar "um pouco confusamente, o parentesco de objeto entre todas as religiões, e até entre todas as crenças, todos os sentimentos religiosos.[55] O interesse da reconstituição dessa trajetória semântica, é que ela permitiu a F. A. Isambert esclarecer a lógica cultural à qual correspondem essas evoluções sucessivas. Essa lógica é a da própria modernidade, que assimila a noção proteiforme, móvel, suscetível de acepções diversas, que estava em jogo no ponto de partida, transformando-a em uma propriedade-objeto, reconhecida como princípio de toda religião. Essa transformação, que faz do instrumento intelectual regulado pelos durkheimianos uma essência, permite, de fato, postular, por trás da multiplicidade das expressões religiosas da humanidade, um objeto real e único. Todos os caminhos espirituais, todas as vias religiosas são supostas levar ao mesmo "sagrado". Essa perspectiva corresponde perfeitamente à necessidade de legitimação das convicções subjetivas, característica das sociedades pluralistas, nas quais um valor absoluto é atribuído às escolhas do indivíduo. Como o discurso

---

[54] F. A. Isambert. Le *Sens du Sacré. Fête et religion populaire*. Éd. de Minuit, 1982, 3ª parte.
[55] *Ibid.*, p. 250.

religioso, por não poder assumir sua validade em termos de revelação e de autoridade dogmática, procura assim, do lado do sagrado, como experiência religiosa, o caminho de novamente se tornar plausível cultural e socialmente. É – observa F. A. Isambert – "o direito a uma fé que considera algo como sagrado", que tende a se tornar o apoio do reconhecimento da existência do sagrado. Ao homogeneizar artificialmente a realidade múltipla e plural das religiões, das quais ela postula a convergência, ao sugerir que a pesquisa do contacto com a transcendência ultrapassa amplamente os caminhos balizados pelas religiões institucionais,[56] a noção de sagrado permite salvar a presença da Religião maiúscula em um universo cultural caracterizado pela individualização e pela subjetivização dos sistemas de significação. Operação útil para todos os que lutam pelo reconhecimento da dimensão irredutivelmente religiosa do humano em um universo secularizado, mas que está nos antípodas da caminhada de construção do objeto "religião" que mobiliza o sociólogo. Com efeito, como lembra F. A. Isambert, os trabalhos dos antropólogos mostraram suficientemente que a oposição fundadora do sagrado e do profano, pivô da sociologia durkheimiana da religião, não possui nenhum caráter invariável, e que ela está longe de corresponder ao modo de estruturação de todas as religiões.[57] Ao reduzi-la, como o faz Mircea Eliade, à sua dimensão puramente formal, chegamos, por outro lado, a fazê-la "se confundir sobre o plano das significações, com qualquer oposição semântica, seja qual for seu conteúdo".[58] Se o conceito durkheimiano do sagrado puder ser mantido, ele o será "com a condição de renunciar a exigir que ele caracterize qualquer realidade religiosa, e servir-

---

[56] Cf., nessa ordem de ideias, as considerações sobre a arte como via de acesso ao sagrado, para além das religiões institucionais, em C. Bourniquel e J. C. Meili. *Les créateurs du sacré*. Cerf, Paris, 1966.

[57] F. A. Isambert desenvolveu, por outro lado, a crítica da utilização transcultural dos conceitos antropológicos, na Introdução ao *Rite et efficacité symbolique*. Cerf, Paris, 1979. Cf. também sua crítica da fenomenologia religiosa, *Phénoménologie religieuse*, em H. Desroche e J. Séguy. *Introduction aux sciences humaines des religions*. Cujas, Paris, 1970, pp. 217-240.

[58] F. A. Isambert. *Le Sens du Sacré. Fête et religion populaire*, op. cit., p. 267.

se dele apenas como de um tipo particularmente dotado de estrutura, cuja validade empírica será medida apenas em um segundo tempo".[59]

Essa prudência é tanto mais exigida pelo fato de que essas propriedades específicas de todos os objetos religiosos que Durkheim designa como o sagrado, e que ele identifica nas formas mais "simples" da religião primitiva, é ela própria, segundo F. A. Isambert, apenas uma transposição esquematizada dos atributos do sagrado cristão, e até, mais especificamente, dos traços do catolicismo contemporâneo, tomado, de fato, como referência. "A primeira definição da religião, feita por Durkheim – observa ele – tinha do que chamar a atenção. Uma religião definida por 'crenças obrigatórias' não encontraria sua explicação bem mais no dogmatismo do primeiro concílio do Vaticano [Vaticano I] do que entre os povos em que não vemos muito bem o que tal 'obrigação' significa? Muito mais explícitas a seguir são as considerações sobre o poder integrador da religião sobre o modelo católico *(O suicídio)*, depois sobre a crise moral que resulta da perda da influência do catolicismo *(A educação moral)* e a necessidade de substituir por alguma coisa aquilo que fazia o caráter sagrado do fundamento da moral *(Da definição do fato moral)*."[60] Essas observações levam F. A. Isambert a se perguntar, a partir disso, se a oposição entre o sagrado e o profano não constituiria uma transposição da oposição especificamente cristã entre o temporal e o espiritual, inscrita de modo particular, no momento em que Durkheim escrevia, na oposição entre o domínio leigo e o domínio confessional. Do mesmo modo, a noção "etnologicamente duvidosa" de mana poderia bem ser apenas um modo de transposição da graça... A crítica da noção de sagrado encontra seu ponto terminal na descoberta dessa "sociologia implícita do catolicismo", que atravessa a teoria durkheimiana, e que François A. Isambert não hesita em aproximar daquela que, mais explicitamente, percorre a obra de Auguste Comte.

---

[59] *Ibid.*, p. 266.
[60] *Ibid.*, pp. 266-267.

No termo deste percurso crítico, parece claramente que a noção de sagrado introduziu mais confusão do que clareza no debate sobre a modernidade religiosa.[61] A referência ao sagrado devia servir, no espírito daqueles que a ela recorreram para tratar das produções simbólicas da modernidade, tanto para identificar a dimensão religiosa dessas produções de modo diverso do que utilizando a analogia com as religiões históricas, como até para evitar que todas as "respostas às questões fundamentais da existência" sejam automaticamente depositadas na conta religiosa da humanidade. Na primeira perspectiva, a noção de sagrado é considerada como tendo arrancado das religiões a definição do "religioso". Na segunda perspectiva, supõe-se que ela evitou que o "religioso" fosse erigido como categoria global, a cada vez que a questão da produção social do sentido está em jogo. Muitos autores passam facilmente de uma perspectiva para a outra, ou combinam uma com a outra de modo mais ou menos controlado. Mas o problema não está aí. Ele está no fato de que a noção de sagrado está votada, pelo próprio fato das condições nas quais ela foi elaborada, a reintroduzir de modo subreptício o que precisamente se supunha que ela iria desativar, ou seja, a hegemonia do modelo cristão sobre o pensamento do religioso, e a hegemonia desse modelo particular de religioso sobre a análise dos universos modernos de significações.

A crítica de F. A. Isambert é inevitável quando desnuda os pressupostos que conduzem, sob a noção de "sagrado", a constituir como essência essa estrutura de significações que, em algumas sociedades (e em algumas sociedades apenas) "dá aos poderes espirituais e temporais o reforço do poder sacral (*omnis potestas a Deo*), e aos seres sagrados um poder que participa da autoridade desses poderes".[62] Contudo, o sagrado visado por essa crítica é essencialmente aquele que se inscreve em "uma ordem hie-

---

[61] Para uma discussão mais completa dessa questão, cf. D. Hervieu-Léger. *La Religion pour mémoire*. Cerf, Paris, 1993.
[62] F. A. Isambert. *Op. cit.*, p. 270.

rárquica, fundada sobre a crença na natureza excepcional do ser ou dos seres que se encontram em sua fonte". E poderemos salientar que o próprio Durkheim utiliza uma dupla abordagem do sagrado, ao distinguir entre um "sagrado de ordem" que, de fato, se encaixa em uma estrutura de dominação social, e um "sagrado de comunhão", que resulta da fusão das consciências na reunião comunitária. Um modo de revalorizar a noção de sagrado consiste em pôr exclusivamente a importância sobre essa segunda dimensão do sagrado, salientando a ligação que existe entre o sentimento afetivo do "nós" que reúne os participantes a tais reuniões e a constituição de um "espírito comum", indispensável a toda forma de vida em sociedade. Mais que sobre a oposição estruturante do sagrado e do profano, insistimos, nessa perspectiva, sobre a especificidade única dessa experiência emocional, que as diversas religiões sempre se dedicaram a manter sob seu controle. São numerosos os pesquisadores, todavia muito distantes da fenomenologia religiosa e pouco preocupados em apreender a essência da religião, que parecem no entanto repugnar o abandonar a ideia de que a religião se refere fundamentalmente – para além das formas contingentes que ela assume nas religiões históricas – a comunicação com esse poder "diferente" e misterioso. A busca "moderna do sagrado" consiste então em descobrir as manifestações ressurgentes e renovadas, à medida mesmo que a secularização enfraqueceu a capacidade das instituições religiosas de dominar e de racionalizar essa experiência. Por causa da intensa mobilização emocional à qual dão lugar, os grandes encontros esportivos ou as reuniões depois do jogo (do *Mundial* à *Euro* 2000), os concertos de rock, os encontros políticos mais exaltados ou ainda as imensas reuniões conviviais (do tipo do "incrível piquenique da Méridienne, no dia 14 de julho de 2000), poderão ser considerados como os lugares de expressão de uma religiosidade coletiva, que doravante se exprime fora das instituições religiosas socialmente identificadas como tais. O principal limite de tal perspectiva é não se resolver romper definitivamente a ligação estabelecida por Durkheim entre a "emoção das profundezas" e a religião. O próprio das sociedades modernas "saídas da religião"[63] é precisamente o fato de que as experiências emocionais nas quais um grupo humano constitui simbolicamente sua identidade coletiva não requerem mais a formalização legitimadora de uma tradição que dava a essas experiências, nas sociedades pré-modernas, sua consistência propriamente "religiosa". Em todas as sociedades modernas, o movimento da secularização faz escapar a maioria das atividades e das experiências humanas da influência reguladora das instituições religiosas. Contrariamente ao que sugerem certos teóricos do "sagrado moderno", essa mutação não se limita a deslocar os lugares da experimentação do sagrado, fazendo entrar, ao mesmo tempo, novos objetos no espaço cada vez mais extensivamente definido de uma "religiosidade moderna" desinstitucionalizada. Ela desfaz definitivamente a ligação estrutural que, nas sociedades tradicionais, une a experiência emocional que transforma um agregado de indivíduos reunidos em um espaço determinado em um grupo consciente de si mesmo, aos dispositivos sociais e simbólicos (em matéria de transmissão, principalmente), que permitem a esse grupo se constituir como uma filiação religiosa. Isso não significa que as religiões institucionais sejam doravante incapazes de gerar, para seus membros, experiências do sagrado favoráveis à renovação das ligações comunitárias que os unem: o sucesso das grandes reuniões religiosas, a expansão, em todas as tradições, de uma religião de comunidades emocionais que privilegiam a experiência afetiva da comunhão entre os fiéis, são testemunhas do contrário. Mas elas não podem mais, com certeza, pretender o monopólio de tal experiência coletiva, que se manifesta, em todas as sociedades modernas, sob formas dispersas e localizadas, aninhadas, se assim o podemos dizer, nos diferentes registros especializados da atividade social. Elas não podem mais, principalmente,

---

[63] Segundo a fórmula de M. Gauchet. *Le désenchantement du monde. Une histoire politique de la religion*. Gallimard, Paris, 1985.

pretender fornecer, por meio dessas experiências, a fonte e o sentido da ligação social para a sociedade inteira. Durkheim claramente antecipou essa ruptura ao interrogar com ansiedade as possibilidades que as sociedades modernas, que são sociedades de indivíduos, possam ainda preservar – fora desse suporte religioso – algo de um "espírito comum", no qual a ligação social possa se ancorar. A melhor maneira de fazer frutificar hoje a herança durkheimiana não consiste em salvar, apesar da oposição geral, a ligação postulada por Durkheim entre sagrado e religião, mas em tirar, ao contrário, todas as consequências da disjunção doravante atestada entre a religião e as novas formas da experiência do sagrado.

Bibliografia

Obras de Durkheim

Bibliografias desenvolvidas são apresentadas em diferentes obras sobre o pensamento de Durkheim; ver, particularmente: Steven Lukes. *Émile Durkheim, His Life and Work. A Historical and Critical Study*. Penguin Books, London, 1988 (1ª ed., 1973); Camille Tarot. *De Durkheim à Mauss. L'invention du symbolique*. La Découverte, Paris, 1999 (que inclui igualmente uma bibliografia das obras de M. Mauss).

As "fundamentais", às quais fazemos referência aqui, são as quatro obras, publicadas enquanto Durkheim vivia:
 – *De la division du travail social* (1893). PUF, col. "Quadrige", Paris, 1990.
 – *Les règles élémentaires de la méthode sociologique* (1895). PUF, Paris, 1973.
 – *Le suicide* (1897). PUF, Paris, 1979.
 – *Les formes élémentaires de la vie religieuse* (1912). PUF, Paris, 1968.

A elas devemos acrescentar uma série antológica, que reúne artigos, contribuições e comunicações, publicados em *L'Année sociologique*:

– *Sociologie et philosophie*. PUF, Paris, 1924-1967.
– *La science sociale et l'action* (J.-C. Filloux, ed.). PUF, Paris, 1970-1987.
– *Journal sociologique* (J. Duvignaud, ed.). PUF, Paris, 1969.
– *Textes 1. Éléments d'une théorie sociale* (V. Karady, ed.). Éd. de Minuit, Paris, 1975.
– *Textes 2. Religión, morale, anomie*. Id.
– *Textes 3. Fonctions sociales et institutions*. Id.

E, igualmente:

– *L'Éducation morale* (1902-1903). PUF, col. "Quadrige", Paris, 1992.
– *L'évolution pédagogique en France* (1938). PUF, col. "Quadrige", Paris, 1990.
– *Le Socialisme* (1928). PUF, Paris, 1971.

Algumas obras sobre Durkheim, sua sociologia e sua sociologia das religiões

J. M. Berthelot. *1895, Durkheim, l'avènement de la sociologie scientifique*. Presses Universitaires du Mirail, Toulouse, 1995.

Ph. Besnard, M. Borlandi, P. Vogt (eds.). *Division du travail et lien social, Durheim, un siècle après*. PUF, col. "Sociologies", Paris, 1993.

M. Borlandi, L. Mucchielli (eds.). *La Sociologie et sa méthode. Les regles de Durkheim un siècle après*. L'Harmattan, Paris, 1995.

F. A. Isambert. *Le Sens du sacré. Fête et religion populaire*. Éd. de Minuit, Paris, 1982.

S. Lukes. *Émile Durkheim, His Life and Work. A Historical and Critical Study*. Penguin Books, London, 1988 (1ª ed., 1973).

J. Pradès, *Persistance et metamorphose du sacré*. PUF, Paris, 1987.

W. S. F. Pickering, *Durkheim's Sociology of Religion. Themes and Theories*. Routledge and Kegan Paul, London, 1984.

P. Steiner. *La sociologie de Durkheim*. La Découverte, Paris, 1994 (col. "Repères").

C. Tarot. *De Durkheim à Mauss. L'invention du symbolique*. La Découverte, Paris, 1999.

Archives de sciences sociales des religions, n. 69, janeiro-março de 1990, "Relire Durkheim".

L'Année sociologique, n. 49, 1999.

6

MAURICE HALBWACHS (1877-1945)

Religião e memória

A obra de Maurice Halbwachs tornou-se objeto, do lado dos sociólogos das religiões, de uma redescoberta relativamente recente. Há trinta anos, ela era raramente contada no número dos "clássicos", que todo iniciante na disciplina devia ler e meditar desde os primeiros momentos de sua aprendizagem. A apresentação da escola de Durkheim incluía correntemente referências às reflexões de Halbwachs sobre a memória religiosa. Henri Desroche e, principalmente, Roger Bastide o levavam muito em conta em seus próprios trabalhos. Contudo, raramente se propunha, no ensino de iniciação, uma abordagem sistemática da contribuição própria de Halbwachs à sociologia das religiões. O fato é que, por outro lado, não encontramos em sua obra uma teoria da religião que possa ser comparada, por exemplo, com a síntese de Durkheim. Hoje, porém, levamos em conta as perspectivas que sua reflexão sobre a memória abre para a construção de uma sociologia da modernidade religiosa. Essa descoberta sem dúvida tornou possível, pelo trabalho incansável de comentário, da edição crítica e até da atualização dos trabalhos de Halbwachs, realizados por Gérard Namer.[1]

---

[1] É a este último que devemos, particularmente, o acesso, finalmente, ao texto original de *La mémoire collective*, cujo porte inovador em relação ao *Cadres sociaux de la mémoire* foi por muito tempo esquecido por causa de uma transcrição póstuma parcial e partidária. Cf., sobre essa descoberta, o prefácio de G. Namer à última edição de *La mémoire collective*. Albin Michel, Paris, 1997.

Todavia, se esse trabalho produziu seus efeitos, é também porque a sociologia inteira foi levada, há cerca de vinte anos, a renovar suas interrogações sobre a natureza da ligação social e sobre a formação das identidades nas sociedades modernas. Nessas sociedades, a aceleração do ritmo da mudança, o reino da comunicação imediata e a circulação generalizada dos bens, pessoas, capitais, saberes e símbolos, colocam as questões do tempo, da memória e do esquecimento no centro de qualquer esforço de inteligibilidade do contemporâneo. A reflexão pioneira de Halbwachs sobre os jogos e os mecanismos sociais da memória é hoje de extrema atualidade para todos os domínios da sociologia. Ela é de particular fecundidade para uma sociologia das religiões diretamente confrontada com o problema do futuro da tradição na modernidade.

O percurso comprometido de um intelectual racionalista

Nascido em 1877 em Reims, Maurice Halbwachs é filho de um professor alsaciano que optou pela França em 1871. Aluno no liceu Henri-IV em Paris, ele descobre sua vocação para a filosofia junto de Henri Bergson, mas o estudo que realiza sobre Leibniz, de 1901 a 1905, o afasta do psicologismo de seu mestre e o orienta – com preocupação muito viva pela verificação experimental e pela quantificação – para as ciências sociais.[2] Para trabalhar sobre os manuscritos não publicados de Leibniz, ele viaja para a Alemanha e se familiariza com o pensamento sociológico alemão: Weber, Simmel, e também os marxistas. Em 1909, ele defende sua tese de doutorado sobre as "Desapropriações e os preços dos terrenos em Paris (1860-1900)",[3] e se impõe, com esse trabalho sobre os

---

[2] M. Halbwachs. *Leibniz*. Delaplane, Paris, 1907 (2ª ed. Melloté, 1928).
[3] M. Halbwachs. *Les expropriations et le prix des terrains à Paris (1860-1900)*. Éditions Rieder et Cornély, Paris, 1909 (tese de doutorado em direito). Halbwachs publicara no ano precedente um opúsculo notável: *La politique foncière des municipalités*. Col. "Les Cahiers du Socialiste", Paris, 1908.

mecanismos da especulação territorial e imobiliária, como um especialista da sociologia econômica e como o verdadeiro fundador de uma morfologia social, da qual Durkheim havia formulado a ambição. Professor de sociologia na Universidade de Estrasburgo a partir de 1919, nomeado para a Sorbonne em 1935, Halbwachs concretiza esse projeto, apoiando-se sobre vastas pesquisas estatísticas (em assunto de sociologia urbana, de sociologia da consumação ou de psicologia das classes sociais).[4] Tendo entrado desde 1905 no grupo dos durkheimianos, em que F. Sirmiand o introduziu, ele irá, por outro lado, se impor sobre diversas frentes como um renovador do pensamento de Durkheim, do qual ele revisita as hipóteses (como em *As causas do suicídio*, publicado em 1930) e desenvolve algumas intuições maiores como, por exemplo, a noção de "corrente social", que lhe permite, em Os quadros sociais da memória (1925), e depois em *A morfologia social* (1938), tematizar o problema das interações entre indivíduo e grupos sociais.

Como ela se desenvolve durante vinte anos, por meio de canteiros empíricos muito diversos e publicações múltiplas, não é fácil captar o fio condutor que atravessa a obra abundante de Halbwachs. A tarefa se torna mais difícil ainda pelo caráter evolutivo de um pensamento que "se elabora" ao mesmo tempo em que debate com outros e que transforma seus instrumentos ao explorar novas questões. Contudo, uma vez que o próprio Halbwachs – conforme o testemunho de G. Namer – colocava a invenção da "memória social" no centro de sua obra, é plenamente justificado nos ligarmos à sua sociologia da memória como o eixo maior, que permite reconstituir a coerência intelectual de seu modo de proceder. Descobrimos então que, seguindo esse fio, apreendemos igualmente a ligação que tece junto o empreendimento científico de Halbwachs e a trajetória pessoal de

---

[4] Cf. *La classe ouvrière et les niveaux de vie. Recherches sur la hiérarchie des besoins dans la société industrielle*. Alcan, Paris, 1913; 2ª ed., Gordon and Breach, 1970. *L'évolution des besoins de la classe ouvrière*. Alcan, Paris, 1933; *Esquisse d'une psychologie des classes sociales* (1935). M. Rivière, Paris, 1955 (2ª ed., 1964).

um homem engajado do lado de um socialismo humanista e reformista, desafiado pelas convulsões do século: a guerra de 1914-1918, a revolução russa e a ascensão dos fascismos.

O engajamento socialista de Halbwachs data da época de seus estudos na Escola normal superior da rua de Ulm e começa com o Affaire Dreyfus. Membro do grupo da "Unidade socialista" (com J. Perrin e H. Lévy-Bruhl), ele entra em 1905 na SFIO, à qual continuará aderindo até sua morte. Escreve em revistas socialistas, está ao lado de Jaurès em *L'Humanité*, e até será expulso da Alemanha em 1909 por ter relatado, em um artigo incisivo, as condições da repressão policial de uma greve operária. Reformado por causa de miopia durante a guerra de 1914-1918, entra para o gabinete ministerial de Albert Thomas, do qual é próximo e do qual partilha as visões quanto à manutenção da Rússia na aliança contra a Alemanha. Aí permanece até o momento em que o Partido socialista deixa o governo, em setembro de 1917. Depois da guerra, sua atividade militante passa para o segundo plano: ele realiza, de Caen a Estrasburgo (onde ele se encontra ao mesmo tempo em que M. Bloch, L. Febvre, Ch. Blondel ou G. Le Bras), depois em Paris, uma carreira universitária que culmina com sua eleição para o Collège de France em 1944, alguns meses antes de sua prisão e deportação. Sua fidelidade ao socialismo reformista, contudo, não se desmente no correr dos anos. Contrário ao bolchevismo, apoia o Front popular. Em março de 1936, adere ao comitê de vigilância dos intelectuais antifascistas. Sua esposa, Yvonne, se engaja ativamente no apoio aos republicanos espanhóis. Ele próprio é vigorosamente anti-muniquense ("Possamos – escreve em seus *Carnets* – não expiar essa pusilanimidade").[5] Sua família inteira foi devastada pela guerra. Em 1940, seu cunhado, médico militar, desesperado por causa da capitulação, suicida-se. Victor Basch e sua esposa, e seus cunhados, são assassinados pela milícia de

---

[5] Citado por P. Deyon, "Maurice Halbwachs et l'histoire de son temps", em C. de Montlibert (ed.). *Maurice Halbwachs, 1877-1945*. Presses Universitaires de Strasbourg, Estrasburgo, 1997, p. 19.

Touvier. Preso pela Gestapo, ao mesmo tempo em que seu filho Pierre, por atos de resistência, é deportado para Buchenwald, onde falece em 1945.[6]

A sociologia da memória

Esse percurso – que temporalmente se confunde com a história da III República – permite compreender a sensibilidade particular pela questão da memória desse homem fundamentalmente ligado aos valores da laicidade, da razão, do progresso e da democracia. Com efeito, a memória é, para Halbwachs, a própria trama da identidade individual e coletiva. A jovem escrava, encontrada errante nos bosques perto de Châlons em 1731, não sabe quem ela é porque foi privada da memória de seu grupo. Mas ela se emociona e lembranças emergem quando lhe mostram imagens das regiões esquimós, de onde se supunha que ela tivesse saído. Pouco importa que esse fato – relatado na introdução dos *Quadros sociais da memória*[7] – seja real ou fictício: ele mostra metaforicamente a condição memorial – e, portanto, a situação identitária – dos grupos sociais dominados. Em sua tese, Halbwachs faz da exclusão da memória coletiva a marca da alienação da classe operária: uma exclusão que a expropria da consciência de si mesma. A partir disso, se a preservação de sua memória é a condição da identidade e da unidade de um grupo humano, o fato de retomar a posse de sua memória constitui um ato de emancipação social. Em sentido inverso, uma sociedade que se esquece de seu passado é uma sociedade que perde sua identidade, uma sociedade incapaz, ao mesmo tempo, de enfrentar seu próprio futuro. Nos anos que seguem à Primeira Guerra Mundial e que marcam uma nova ascensão dos perigos, a ameaça do esquecimento é de acuidade espinhosa.[8]

---

[6] Jorge Semprun evoca seus últimos momentos, que ele acompanhou, em *L'Écriture ou la vie*. Gallimard, Paris, 1996, p. 32.

[7] M. Halbwachs. *Les cadres sociaux de la mémoire*. Alcan, Paris, 1925; Albin Michel, Paris, 1994, pp. V-VI.

[8] "Como – escreve Halbwachs em seus Carnets, em 1920 – a sociedade pode esquecer?"

Os quadros coletivos da memória

No entanto, a preocupação ética e política do "dever de memória", que anima Halbwachs, nele é inseparável de uma tomada de posição intelectual contra um psicologismo avassalador na época. Ao salientar – em uma linha claramente durkheimiana – a importância da memória coletiva, ele se inscreve equivocamente contra a abordagem espiritualizante desenvolvida por Bergson, para quem a memória se situa na intuição que o indivíduo pode ter de um passado que ele reprimiu em sua consciência. Para Halbwachs, que é racionalista, a memória individual não é construída fora da memória de um grupo. As condições sociais e culturais do presente comandam a mobilização – tanto individual como coletiva – da lembrança.

A aproximação entre o sonho e a lembrança – sobre a qual se abre a primeira parte de *Os quadros sociais da memória* – esclarece de início essa natureza social da memória. Quando nos lembramos de um sonho, chamamos de novo imagens que podem ter entre si uma ligação de sucessão cronológica, e que obedecem a uma lógica interna particular. Contudo, elas escapam às referências espaço-temporais da vida desperta, não estão ligadas ao "conjunto das ideias que formam nossa concepção do mundo". Ao contrário, quando mobilizamos lembranças que chegam esparsas à consciência, nós as ordenamos em relação a outras, e as organizamos conforme todos os tipos de pontos de referência que nos são dados por nosso meio ambiente. Por esse motivo, o trabalho da memória não é uma operação apenas da consciência individual. Ele requer, para se exercer, "um meio natural e social ordenado, coerente, do qual reconheçamos a cada instante o plano de conjunto e as grandes direções". Quando decompomos e recompomos, à custa de uma atividade racional intensa, as imagens que nos vêm ao espírito, nós harmonizamos nossa própria experiência com as experiências e com os atos dos membros de nosso grupo. E é deles que recebemos a confirmação de nossas próprias lembranças. Em certo número de casos, é a atestação direta, trazida por outras testemunhas, que garante essa validação. Na maioria das vezes, são as referências partilhadas no seio do grupo que provocam, guiam e ativam nossa própria atividade memorial, por mais íntima que seja. "Toda lembrança, por mais pessoal que seja, até as de acontecimentos de que apenas nós fomos testemunhas, até as de pensamentos e de sentimentos não expressos, está em relação com todo um conjunto de noções que muitos outros além de nós possuem, com pessoas, grupos, lugares, datas, palavras e formas da linguagem, também com raciocínios e ideias, ou seja, com toda a vida material e moral das sociedades das quais fazemos ou não fazemos parte".[9]

Os "quadros coletivos" da memória são constituídos por todos esses elementos que induzem e organizam a lembrança individual e que permitem "determinar, com uma precisão crescente o que era tão somente um esquema vazio de um acontecimento de outrora": "Pontos de referência no espaço e no tempo, noções históricas, geográficas, biográficas, políticas, dados da experiência corrente e modos de ver familiares".

Entretanto, o ponto de vista sociológico que Halbwachs defende não é um ponto de vista vulgarmente determinista. Embora a memória do indivíduo esteja bem engastada no dispositivo social dos "quadros coletivos da memória", a rememoração é um trabalho individual que implica raciocínio, avaliação e julgamento. Esse trabalho interage com os dados que a sociedade lhe fornece. Cada um tira um partido diferente do "instrumento comum" que a memória coletiva põe à sua disposição para mobilizar suas próprias lembranças. A autonomia memorial do indivíduo é tanto mais garantida pelo fato de que ele sempre pertence a diversos grupos e que sua memória individual está no cruzamento de diversas memórias coletivas. "Diríamos, de bom grado – insiste Halbwachs –, que a memória individual é um ponto de vista sobre a memória coletiva, que esse ponto de vista muda conforme o lugar que nele ocupo e que esse próprio lugar muda conforme as relações que mantenho com outros meios."[10] As lembranças comuns, que

---

[9] *Les cadres sociaux de la mémoire*, op. cit., p. 38.
[10] M. Halbwachs. *La mémoire collective*. PUF, Paris, 1950; Albin Michel, Paris, 1997, pp. 94-95.

se apoiam umas sobre as outras, portanto, evoluem elas próprias em função das elaborações singulares que os membros do grupo podem delas fazer. A memória individual e a memória coletiva se interpenetram mutuamente: a primeira se alimenta da segunda, seguindo seu caminho próprio; a segunda envolve a primeira sem se confundir com ela, nem com a soma das memórias individuais agregadas.

Por causa dessa interação entre a sociedade e o indivíduo, e por causa igualmente da renovação das experiências coletivas, que produzem o remanejamento contínuo das referências partilhadas no seio do grupo, os quadros da memória não são malha rígida de noções e de imagens que encerram a lembrança individual e coletiva. São estruturas dinâmicas que se ajustam permanentemente aos dados novos do presente. Esse ajustamento implica operações de triagem: quando a lembrança não tem nenhuma pertinência na vida atual do grupo, ela desaparece, total ou parcialmente. O grupo esquece aquilo que de nada lhe serve. Essa flexibilidade é também aquilo que permite aos quadros da memória exercerem no presente sua função normativa: à medida que correspondem a um universo de significações em conformidade com as referências atuais de um grupo, eles implicam uma recriação contínua da memória em função desses dados. O presente não arrasta atrás de si todo o passado: ele o produz. Esse poder normativo dos quadros coletivos da memória atribui legitimidade à lembrança individual: "Um homem que se lembra daquilo que os outros não se lembram se parece com alguém que vê o que os outros não veem. Ele é, sob certos aspectos, um alucinado, que impressiona desagradavelmente aqueles que o cercam. Como a sociedade se irrita, ele se cala e se força a calar-se, esquece os nomes que ao redor dele ninguém pronuncia. A sociedade é como a matrona de Éfeso, que enforca o morto para salvar o vivo".[11]

---

[11] *Les cadres sociaux de la mémoire, op. cit.*, p. 167.

Memórias plurais

Em *Os quadros sociais da memória*, o grupo que é o suporte das referências partilhadas e legítimas (dos quadros) da memória é sempre um grupo concreto. É também um grupo *"capaz de se lembrar"*. Para Halbwachs, essa fórmula nada tem de metafórico: os grupos humanos – família, grupo religioso, classe social e qualquer outro conjunto coletivo – constituem uma memória que lhes é própria, em função da natureza específica das ligações que nele se reúnem. A segunda parte da obra é precisamente consagrada ao exame dos aspectos próprios da memória familiar, da memória religiosa, da memória de classe. A primeira é caracterizada por sua densidade afetiva, sua irreversibilidade, sua notável continuidade e seu poder de imposição. A segunda – que descreveremos mais adiante de modo mais preciso – é uma memória atravessada por conflitos. A terceira é aquela em que se reúnem as ligações complexas entre memória e história. Todas elas têm em comum a força simbólica que permite aos que pertencem aos grupos em questão fazer, em seu seio, a experiência de uma totalidade de sentido.

A pluralidade dos gêneros de memórias reproduz a pluralidade de pertenças que definem a inserção de cada indivíduo na sociedade. Contudo, vemos que cada um desses grandes conjuntos se subdivide ele próprio em múltiplos subconjuntos: cada família desenvolve a memória familiar que lhe é própria; no seio da memória religiosa, comunidades diferenciadas fazem emergir memórias específicas e concorrentes. No primeiro caso – o da memória familiar – a homogeneidade do conjunto permanece preservada, pois a lógica do parentesco confere estruturas comuns às memórias das diferentes famílias. No caso da memória religiosa, ao contrário, a pluralidade se expressa por meio do conflito das memórias condenadas, pelo fato de suas pretensões igualmente hegemônicas de possuir a "memória verdadeira" do grupo, a fazer uma guerra impiedosa (ainda que toda religião vise, afinal de contas – voltaremos a isso –, a garantir a demonstração de sua própria continuidade). De modo geral, as memórias coletivas são suscetíveis de uma divisão ao infinito, na mesma medida da divisibilidade dos próprios grupos.

Essa pluralidade de memórias se desdobra ao mesmo tempo no espaço e no tempo: no espaço, ao ritmo da extensão e da ramificação da sociedade; no tempo, ao longo da sucessão das gerações. Esse duplo movimento leva a um esfacelamento da memória coletiva em uma multidão de pequenas memórias que se referem apenas a um número muito pequeno de pessoas. Nas sociedades modernas, caracterizadas pela diferenciação e pela funcionalização crescente das instituições, esse processo é dramaticamente aumentado pela disjunção crescente dos diferentes gêneros de memória. Nas sociedades tradicionais, as diferentes memórias se recobriam, ao menos em parte. A memória familiar e a memória religiosa podiam coincidir, ainda que a comemoração familiar não se confundisse inteiramente com uma atitude religiosa. Uma e outra se encaixavam, por outro lado, na memória de uma comunidade camponesa, que era ao mesmo tempo a de um grupo social e a de um grupo econômico. A memória da classe nobre não resumia inteiramente a memória da nação. Mas o nobre, definido não por sua função social mas pela posição e pelo passado de sua família, era "um elemento e uma parte da própria substância da sociedade",[12] um "homem-memória" – diria Georges Balandier – do grupo inteiro. Nas sociedades modernas, em que as esferas religiosa, econômica, doméstica, política etc., se diferenciam e funcionam de modo autônomo, gerando formas específicas de ligação social, a memória se fragmenta. A divisão do trabalho produz a disseminação de múltiplas memórias funcionais esfaceladas, sem ligações entre si, sem ancoragem em um passado longínquo, e incapazes de servir à unidade do todo social. A preocupação de Halbwachs alcança diretamente neste ponto o questionamento de Durkheim: como manter juntas sociedades em que a diversidade de pertenças individuais pulveriza – relativizando as normas e

---

[12] *Ibid.*, p. 152.

os valores de que são portadoras – os quadros de uma memória unificada, fonte da identidade coletiva?

Em *Quadros,* Halbwachs se esforça por localizar, para além da pluralidade das memórias técnicas, especializadas e anômicas, a fonte possível de uma memória que ofereceria à sociedade as referências e os valores comuns, indispensáveis para a realização de sua unidade. Ele situa esse princípio de unificação do lado dos grupos familiares ou "mundanos", nos quais a atividade dos membros se refere a "eles mesmos, seus interesses de todos os tipos e tudo aquilo que pode enriquecer ou intensificar sua vida espiritual".[13] Com efeito, é nesses grupos, estranhos ao universo puramente técnico das profissões, que "têm nascimento e se conservam as lembranças coletivas mais importantes".[14]

Todavia, essa evocação de uma saída possível para a funcionalização memorial das sociedades modernas permanece, nessa primeira fase de seus trabalhos sobre a memória, relativamente inconsistente. Halbwachs dará mais tarde uma solução muito claramente racionalista para esse problema. Em um artigo de 1939 sobre *A memória coletiva dos músicos* (que abre a coletânea de *A memória coletiva*), ele põe em evidência o poder unificador do código que uma comunidade intelectual dá a si mesma para transcender a diversidade das apropriações memoriais individuais. Há múltiplos modos de se relacionar com uma melodia, conforme a ouvimos pela primeira vez, ou que já ouvimos, ou que possamos reconhecê-la, ou que possamos reproduzi-la etc. Essas múltiplas memórias individuais não teriam nenhuma oportunidade de se unificar caso não existisse um grupo de músicos que dominem a formalização codificada da melodia em questão. A partitura escrita "traduz, em uma linguagem convencional, toda uma série de mandamentos aos quais o músico deve obedecer, caso queira reproduzir as notas e sua sequência com os matizes e seguindo o ritmo que convém".[15] Ela

---

[13] *Ibid.*, p. 242.
[14] *Ibid.*, p. 244.
[15] *La mémoire collective, op. cit.*, p. 23.

permite a harmonização, no seio da orquestra, das diferentes interpretações que cada executante pode dar de sua parte, em função de sua sensibilidade e de seu talento próprio. A posse desse código comum faz do grupo de músicos o grupo de memórias às quais as outras memórias, dispersas e disparatadas, podem fazer referência. Em muitos outros domínios, além do da música – no teatro ou na igreja, por exemplo – a memória intelectual desempenha esse papel federativo da memória coletiva, que permite aos indivíduos dar um sentido à sua própria prática. Mas podemos ampliar mais o projeto: há, na importância que Halbwachs atribui à capacidade da memória intelectual de unificar a pluralidade das memórias ordinárias ou populares, uma opção em favor da razão e da educação, uma opção ao mesmo tempo ética e política por uma memória coletiva que seria, antes de tudo, uma memória cultural.

Da memória dos grupos à memória social

Essa perspectiva indica, ao mesmo tempo, que M. Halbwachs evoluiu em relação a sua problemática inicial, que associava estreitamente a memória coletiva à memória de grupos concretos, localizados no tempo e no espaço. A memória coletiva que se unifica em uma memória cultural tem uma extensão muito mais vasta que a memória de um grupo particular. Ela abraça uma série de elementos por meio dos quais o indivíduo entra em contacto com uma pluralidade de memórias coletivas, como esse vadio solitário de Londres, que toma uma série de pontos de vista diferentes e se recoloca em pensamento em tal ou tal grupo, conforme os companheiros que encontra, os bairros que atravessa, os edifícios que olha etc.[16]

---

[16] *Ibid.*, pp. 52-53.

Podemos seguir G. Namer quando ele vê o momento-chave da passagem de uma concepção da memória ligada a grupos para uma concepção da memória ligada a *"correntes de pensamento"* no modo como M. Halbwachs se posiciona, em *A memória coletiva*, diante de uma questão colocada por Charles Blondel: "O que acontece com lembranças que remetem a uma experiência puramente individual, e que reaparecem sem que seja possível colocá-las em relação com um grupo? Blondel relata, para fundamentar sua objeção ao ponto de vista sociológico mantido por Halbwachs, uma lembrança de infância que permaneceu extremamente presente em seu espírito: o de sua queda dentro de um poço d'água, enquanto se encontrava completamente sozinho.[17] Como pode ele lembrar-se disso, quando não sabe onde nem quando o acontecimento teve lugar, na medida, portanto, em que ele não pode se apoiar sobre as referências espaço-temporais (os quadros coletivos) de uma memória familiar? A discussão desse ponto leva Halbwachs para uma nova direção. Retomando por sua conta a noção durkheimiana de "corrente de pensamento", ele salienta que a criança, embora completamente isolada e, portanto, privada das referências espaciais e temporais, em princípio necessárias para a ativação da lembrança, estava, no momento preciso de sua desgraça, "sozinho apenas aparentemente". Na realidade, ela pensava nos seus, com muito mais intensidade pelo fato de estar deles separada. O quadro de memória é fornecido, neste caso particular, pelo pensamento da família ausente. Para reencontrar essa lembrança, de modo algum é necessário "reconstituir o ambiente da lembrança", conforme sugere Blondel, "porque a lembrança se apresenta nesse ambiente": a do fio invisível que liga a criança isolada – e, portanto, o adulto que se lembra desse momento crítico – com sua família.

A perspectiva, delineada a respeito de uma lembrança particular de infância, pode ser sistematizada e generalizada. Ao lado da memória cole-

---

[17] *Ibid.*, p. 69.

tiva viva, correspondente a grupos concretos, empenhados ativamente na reconstrução do passado e alimentando a memória pessoal dos indivíduos que são membros desses grupos (sua memória autobiográfica), existe uma outra memória coletiva, mais tênue e mais difusa no tempo e no espaço. Essa "memória social" é uma memória cultural, eco no presente de uma memória coletiva apagada ou passada para o segundo plano. Essa memória está em perpétuo remanejamento, em função das transformações que atingem o grupo em questão e que obrigam a alívios e triagens que as diferentes partes do grupo organizam em função de seus interesses próprios, preservando, conforme os casos, mais ou menos lembranças.[18] Disso resulta que a memória coletiva, entendida doravante como memória social, é tecida de correntes de pensamento sem ancoragem direta em um grupo de referência concreto.

Esse deslocamento progressivo do pensamento de Halbwachs, da memória coletiva dos grupos para a memória social, é particularmente bem ilustrado pelos textos que tratam especificamente da memória religiosa. Dois deles demarcam o caminho percorrido de uma abordagem para a outra: o primeiro – sobre o qual voltaremos longamente na sequência de nosso projeto – é o capítulo VI de *Os quadros sociais da memória*, intitulado "A memória coletiva religiosa"; o segundo é a última obra publicada em 1941, enquanto M. Halbwachs ainda vivia, *A topografia legendária dos evangelhos na Terra Santa*, que traz, como subtítulo: "Estudo de memória coletiva". Enquanto o capítulo de *Quadros* apresenta a especificidade da memória religiosa em relação a outros gêneros de memória, *A topografia* prolonga e sistematiza a problemática da unificação da pluralidade das memórias coletivas por meio da memória intelectual, já presente em *A memória coletiva entre os músicos*.

---

[18] *Ibid.*, p. 184.

A memória dos grupos religiosos: Uma memória de combate

Uma memória compósita

Como se constitui uma tradição religiosa? Desde as primeiras linhas do capítulo VI de *Quadros sociais da memória*, a saliência é colocada sobre o trabalho de integração e de unificação que cada religião realiza a partir das contribuições que lhe chegam dos diferentes componentes da sociedade. "Podemos dizer de toda religião que, sob formas mais ou menos simbólicas, ela reproduz a história das migrações e das fusões de raças, e de povoações, de grandes acontecimentos, guerras, estabelecimentos, invenções e reformas, que encontraríamos na origem das sociedades que os praticam".[19] A dinâmica própria de uma tradição religiosa reside em sua capacidade de organizar sistematicamente, do ponto de vista dos jogos atuais da sociedade, ritos e crenças que vêm do passado e que continuam a viver, com força desigual, nos diferentes grupos. A dinâmica das relações sociais, a evolução dos saberes e das técnicas, as relações que a sociedade mantém com seu meio ambiente, os interesses das camadas dominantes em seu seio transformam as crenças antigas e fazem emergir ideias religiosas novas. O estudo das religiões antigas revela, desse modo, a existência de diferentes estratos de crenças, que correspondem a cultos distantes no tempo e de orientações opostas. Enquanto a sociedade não pode se desembaraçar dessas crenças, ela deve se compor com elas, integrando-as em uma síntese religiosa continuamente re-elaborada. Essa reconstrução permanente passa por "um trabalho mitológico de interpretação, que altera progressivamente o sentido, quando não a forma das antigas instituições".[20] Este se inscreve

---

[19] *Les cadres sociaux de la mémoire*, p. 178.
[20] *Ibid.*, p. 182.

em um movimento de racionalização que corresponde, na perspectiva evolucionista e racionalista de Halbwachs, ao próprio progresso da sociedade: desse modo, na religião grega dos séculos V e IV a.C., crenças e organização ritual mais avançadas substituem em parte os "costumes e superstições primitivas". Contudo, como bem o mostra o caso dos ritos de fertilidade, essas concepções novas deixam subsistir elementos antigos, em estado de traços reinterpretados e racionalizados. Estes perderam sua ancoragem na realidade social e material que os fizera nascer, mas não desapareceram totalmente. O processo de racionalização que reabsorve progressivamente as crenças antigas deixa, portanto, um resto: é por isso que as religiões novas têm interesse em preservar algumas dessas crenças, que correspondem a necessidades humanas que as próprias religiões novas não conseguem satisfazer, apesar de se esforçarem por transformá-las a partir do interior.

Reativações, renovações e inovações religiosas

As reativações, portanto, sempre são possíveis: elas não correspondem a uma "ressurreição do passado", mas ao fato de que aspirações novas a ponto de emergir podem se inserir sobre esses elementos antigos incompletamente reprimidos pela religião oficial. A sociedade não vai procurar no mais profundo de sua memória fragmentos de religiões antigas a fim de fazê-los reviver. Mas ela procede por reempregos, servindo-se de recursos religiosos preservados "em grupos que permaneceram mais o que eram outrora, ou seja, que ainda se encontram em parte nos resíduos do passado".[21] Essas considerações sobre as reativações possíveis de elementos religiosos que haviam se tornado, em princípio, obsoletos pelas evoluções sociais e culturais posteriores são, evidentemente, do mais elevado interesse para os debates

---

[21] *Ibid.*, p. 183.

mais contemporâneos sobre a realidade e a significação de um "retorno do religioso" nas sociedades modernas mais secularizadas. A fecundidade da perspectiva de Halbwachs está ligada ao fato de que ela exclui qualquer ideia de uma simples reaparição, no estado [original], dos cultos antigos: a reativação das partes ainda vivas desses cultos é sempre uma reconstrução inovadora, uma recriação que se opera em função dos dados novos da sociedade e da cultura. Nessa linha, observaremos, por exemplo, que os movimentos neotradicionalistas contemporâneos, que apelam para a volta a um passado religioso "autêntico", "improvisam" suas referências à "tradição pura", da qual se prevalecem, assim como os crentes modernos, que reivindicam seu direito à reinterpretação subjetiva das verdades oficiais defendidas pelas instituições religiosas. As reativações não são ressurgimentos, mas recriações que se apoiam, caso sigamos Halbwachs, sobre sobrevivências.

Essas reativações correspondem – na concepção de uma memória enraizada em grupos concretos que é ainda a de *Quadros* – à presença na sociedade de "grupos retardatários", nos quais crenças marginalizadas conservam ainda uma pertinência ativa ou semi-ativa. O estudo dos fenômenos de renovações religiosas contemporâneas mostra que esse esquema compreende apenas em parte a realidade: com efeito, a revivescência atual de práticas religiosas chamadas de "populares" (peregrinações, cultos locais, práticas de cura etc.) corresponde apenas por uma parte ínfima à manutenção dessas práticas em comunidades rurais que teriam preservado suas tradições próprias no seio da modernidade (se de fato tais comunidades existam ainda, nesta hora da integração da agricultura na modernidade técnica e econômica globalizada mais avançada). O interesse por formas de expressão religiosa chamadas de "tradicionais" é o fato, de modo muito geral, de camadas sociais plenamente integradas à modernidade social e cultural: intelectuais médios, professores, agentes sociais, intermediários culturais, técnicos e engenheiros etc. Os mesmos podem também desenvolver, em sentido claramente contrário, formas individualizadas e subjetivizadas de religiosidade, em perfeita afinidade com a cultura moderna do indivíduo. Quando a construção de sua identidade religiosa passa pela reapropriação de crenças e de práticas religiosas em princípio ultrapassadas, ela corresponde a uma forma de protesto social e cultural que se remete a uma lembrança mitificada de um passado frequentemente confundido com o sonho de uma harmonia primitiva preservada. Essa mobilização da lembrança por camadas em situação de frustração social e cultural relativa (e não em situação de marginalização, ou até de completa exclusão) permite constituir a referência ao passado como arma de luta contra um presente contestado ou rejeitado. Ela implica apenas raramente um desejo coletivo de restaurar efetivamente o estado do mundo que corresponde a esse passado mitificado. Ela é, com efeito, algo muito diferente de uma simples reatualização do passado no presente, mas ela não implica necessariamente, conforme sugere Halbwachs, que sejam recriadas na sociedade as condições nas quais essas crenças e práticas nasceram outrora. Se ela frequentemente passa, para os indivíduos, pela ativação de lembranças religiosas familiares mais ou menos profundamente enterradas, ela é mais comumente imaginação de um enraizamento, invenção da relação com uma tradição à qual os interessados têm acesso por meio de traços culturais dispersos, ou pelo intermédio de produtos mais ou menos vulgarizados de uma memória histórica intelectual. Eles se ligam, desse modo, para além de toda referência a um grupo de memória concreto, a correntes de pensamento muito mais difusas, que autorizam as improvisações memoriais mais diversificadas. As considerações de Halbwachs sobre as reativações da memória religiosa assumem toda a sua importância, do ponto de vista de uma sociologia da modernidade religiosa, se retomarmos os desenvolvimentos consagrados a esse tema no capítulo VI de *Quadros*, no quadro problemático apresentado nos trabalhos posteriores e, particularmente, na *Topografia*: o de uma memória cultural que agrega e combina correntes de pensamento, eco de memórias de grupos, progressivamente dissolvidas pelo tempo e remanejadas em função das transformações da sociedade.

Essa leitura é tanto mais justificada pelo fato de que o próprio Halbwachs não imputa a sobrevivência de elementos antigos na organização religiosa de uma sociedade apenas à força de conservação de grupos retardatários. Ele propõe, ao mesmo tempo, uma análise muito mais ampla da relação particular que toda religião mantém com o passado: "Para apreciar exatamente um procedimento ou um progresso religioso, os homens devem – escreve ele – se lembrar, ao menos de modo geral, de onde partiram".[22] Mesmo quando uma religião nova rompe com crenças antigas, ela o faz opondo-se, ou seja, ligando-se negativamente (de modo mais explícito) a um fundo mais antigo do qual ela parte. Os cultos olímpicos têm necessidade, para se afirmar, de preservar os traços da presença dos antigos deuses, a fim de pôr às claras sua submissão. O cristianismo se constitui como religião ao salientar sua descontinuidade com o judaísmo tradicional, mas ele próprio só se compreende pela referência à tradição judaica. A inovação religiosa, portanto, jamais pode ser absoluta, porque ela é, em última instância, sempre subordinada ao imperativo da continuidade, que é o aspecto próprio de todo pensamento religioso. "Se o politeísmo homérico quisesse permanecer uma religião, seria forçoso que ele tomasse a sério certo número de crenças que aspirava a suplantar (...). Do mesmo modo, se o cristianismo jamais tivesse se apresentado como a continuação, em certo sentido, da religião hebraica, podemos nos perguntar se ele teria podido se constituir como religião."[23]

O imperativo religioso da continuidade

De onde procede que a colocação em evidência de sua própria continuidade (positiva ou negativa) com o que a precedeu se impõe com uma força tão decisiva para toda religião? Halbwachs dá a essa questão uma resposta em dois tempos:
– Primeiro tempo: quando uma sociedade se transforma e transforma ao mesmo tempo sua religião, "ela avança um pouco no desconhecido". Não

---
[22] *Ibid.*, p. 184.
[23] *Ibid.*, p. 186.

se trata, porém, de um começo absoluto. As relações de força se transformam no seio do grupo e esses novos equilíbrios impõem múltiplas adaptações. A religião muda, mas ela deve, para preservar a unidade do todo social, proceder por meio de ajustamentos sucessivos, introduzir crenças novas "sem quebrar inteiramente o quadro de noções no qual ela cresceu até o momento". A religião tece, portanto, para além das rupturas que a mudança social impõe, o fio da continuidade, que permite à sociedade não se partir com o choque. Ela não o faz permanecendo idêntica a si mesma na duração, mas ligando a novidade ao passado de um lado, e incorporando o passado à novidade, por outro lado. A religião assume assim a necessidade de continuidade que é a da própria sociedade, cuja coerência é ameaçada pela mudança que ela deve introduzir para continuar a existir. "Ao mesmo tempo em que ela projeta em seu passado as concepções que ela acaba de elaborar, ela se preocupa em incorporar à religião nova os elementos dos velhos cultos que esta pode assimilar. Ela deve persuadir seus membros que eles já traziam consigo, ao menos em parte, essas crenças, e até que eles simplesmente encontram de novo aquelas das quais há algum tempo haviam se afastado. Mas isso apenas lhe é possível se ela não atacar de frente todo o passado, se ela ao menos conservar suas formas. A sociedade, no momento em que evolui, faz, portanto, um retorno sobre o passado: é em um conjunto de lembranças, de tradições e de ideias familiares que ela enquadra os elementos novos que ela impele para o primeiro plano."[24]

– Mas, segundo tempo, se a religião é, desse modo, o vetor privilegiado da continuidade social, é pelo fato de ela ser, em sua própria "substância", relato e comemoração de sua própria origem: é pelo fato de ela ser, em si mesma, tradição. Desse modo, "toda a substância do cristianismo consiste, desde que Cristo não mais se mostrou sobre a terra, na lembrança de sua vida e de seu ensinamento". Toda celebração eucarística é anamnese da

---

[24] *Ibid.*, pp. 185-186.

Paixão, e cada missa é, para os fiéis, participação nesse sacrifício único, que torna Cristo integralmente presente em toda assembléia reunida em seu nome, através do espaço e do tempo. O culto cristão não tem outro objetivo a não ser a reativação permanente dessa lembrança, que ele destaca da história, para torná-la a verdade, dada de uma vez por todas, dessa história passada, presente e futura. A Igreja "fixou" precocemente essa verdade, sob a forma do dogma. Isso não significa que o conteúdo do dogma seja em si mesmo imutável e que nenhum acréscimo seja a ele trazido através do tempo. Todavia, toda mudança religiosa encontra sua legitimidade na afirmação de sua perfeita continuidade com aquilo que precedeu. A inovação pode ser, em uma perspectiva religiosa, apenas uma fundação continuada: as teses novas, a organização do culto, as transformações dos modos de vida e de pensamento religioso encontram sempre seu sentido acima, a partir dos episódios fundadores, aos quais podemos reuni-los. Desse modo, a "Igreja se repete indefinidamente, ou pretende ao menos se repetir". "O dogma, assim como o culto, não tem idade: ele imita, no mundo mutante da duração, a eternidade e a imutabilidade de Deus, conforme a possibilidade dos gestos, das palavras e dos pensamentos humanos."[25] Nenhuma religião pode se estabelecer fora da representação da linhagem das testemunhas que, por meio da lembrança, a inscrevem na imemorialidade do tempo, ou seja, fora da história.

A demonstração de Halbwachs se apoia, de modo privilegiado, sobre o caso cristão. Mas a evocação do budismo, cujo caso é menos claro, permite apoiá-la solidamente. Diversamente do cristianismo, a revelação trazida pelo Buda se limita à vida histórica que ele viveu sobre a terra: uma vez morto e tendo entrado no Nirvana, ele não intervém mais na vida dos homens. Mais ainda, admite-se que houve e que haverá uma infinidade de budas. O Buda não é um deus, e ele deixa atrás de si um ensinamento mo-

---

[25] *Ibid.*, p. 191.

ral e os caminhos de uma prática. Se o budismo não se reduz a essa moral intemporal e se ele pode ser considerado como uma religião, isso acontece à medida que a lembrança dessa "sequência de anos históricos bem definidos e há muito tempo fechada", que foi a vida de Buda, permanecer uma referência constante para todos aqueles que reivindicam sua doutrina. O caráter religioso de uma crença reside inteiramente, portanto, em um tipo particular de mobilização da memória que faz da lembrança enraizada em uma história localizada no tempo e no espaço o momento fundador da emergência de uma verdade intemporal e universal; verdade que transforma, em outras palavras, a corrente de lembranças transmitidas de geração em geração em uma tradição fixada fora da história, sob a forma de um dogma eterno e fixo. Desse modo, a doutrina cristã do amor ao próximo não constitui, enquanto tal, uma religião: podemos interpretá-la em um sentido puramente moral e a esse título a ela nos conformarmos. Para que essa moral revestisse o prestígio de uma religião, portadora de uma verdade absoluta e eterna que se impõe a todos os crentes, foi necessário que "ela se cercasse de uma armadura dogmática e ritualista, feita inteiramente de ideias e de instituições tradicionais". Uma religião se constitui quando a lembrança das circunstâncias históricas que fizeram nascer uma crença no seio de uma comunidade de adeptos se torna, por meio da memória que dela fazem as gerações crentes sucessivas, o princípio de uma tradição que situa fora do tempo os acontecimentos que lhe deram nascimento. Nesse movimento, o tempo da religião – que é o da eternidade e da repetição – separa-se radicalmente dos outros domínios da vida social e que levam em conta a duração. A separação entre o religioso e o profano não se situa em outro lugar – caso sigamos Halbwachs até o fim – a não ser na disjunção radical desses dois regimes de temporalidade: o da tradição e o da história. Disjunção que decorreria talvez (Halbwachs reserva a essa proposição um aspecto bastante hipotético) das representações opostas que, de um lado, o espetáculo dos fenômenos naturais e de seu retorno cíclico desperta no espírito humano e, do outro, a experiência incerta e mutante da vida ordinária e de seus acontecimentos imprevisíveis.[26] Essa hipótese, brevemente evocada por Halbwachs, parece reatar com a ideia clássica de um fundamento "natural" de toda religião. Mas o essencial não está aí: ele se encontra no modo como Halbwachs desdobra, com todas as suas consequências, uma abordagem da religião como *modalidade do crer*. Uma abordagem que rompe definitivamente com a ambição, da qual a sociologia sempre tem dificuldade de se desembaraçar, de captar o coração, a essência ou o núcleo consistente da religião, para além da diversidade mutante das expressões religiosas, no tempo e no espaço.

Uma memória totalizadora e exclusiva

Enquanto todas as coisas aparecem como relativas e dependentes de conjunturas e de determinações variáveis no tempo, as verdades religiosas se apresentam como definitivas e imutáveis. Para estabelecer o caráter absoluto das proposições oferecidas à adesão dos fiéis, a memória religiosa deve ser uma memória conquistadora. Ela se impõe como a única autorizada (como a tradição verdadeira) ao assimilar os resíduos das memórias antigas, ao se opor e eventualmente ao se compor com as novas crenças suscetíveis de se constituírem como memórias concorrentes. Quando sua dominação é estabelecida, ela a preserva, dando uma forma cada vez mais fixa e rígida às crenças e aos ritos que ela organiza e excluindo todas as expressões religiosas que não se inscrevem no quadro que ela fixa. Em situação defensiva em relação às experiências novas que poderiam pôr em questão a evidência que a sociedade atribui a essas crenças e a esses ritos, a memória religiosa estabilizada é uma memória sitiada. Ela se paralisa e se isola, rompendo sempre mais profunda-

---

[26] *Ibid.*, p. 192.

mente com as outras memórias sociais que se ajustam continuamente aos novos dados da sociedade. O fosso é cavado de modo irremediável, portanto, entre as ideias e os modos de ação dos homens de hoje e os conteúdos religiosos. Quanto menos esses conteúdos transmitidos estiverem em harmonia com o pensamento e a vida atual dos grupos que pretendem reger, mais a tendência à formalização dogmática se acentua. O processo de petrificação doutrinal e ritual toma, a partir disso, um aspecto cumulativo: o endurecimento do pensamento religioso, que é o meio pelo qual ela se defende da contaminação por outras memórias emergentes, torna-a cada vez menos apta a levar em conta as evoluções culturais e sociais com as quais ela é confrontada. Para enfrentar a ameaça crescente que representa a emergência contínua de necessidades espirituais novas, o pensamento religioso reforça, ao preço de um exclusivismo sempre mais pronunciado, sua pretensão hegemônica de englobar todas as outras memórias ou de destruí-las. A memória religiosa é, por essência, uma memória sempre mais totalizadora e, portanto, sempre mais conflituosa.

Toda a demonstração de Halbwachs se apóia sobre as considerações que lhe são inspiradas pela história das origens cristãs. A Igreja primitiva, que esperava o retorno próximo de Cristo, mergulhava profundamente suas raízes na sociedade de seu tempo. Ela difundiu sua mensagem, incorporando e se compondo com as crenças que nela estavam presentes. Mas a memória cristã, ainda ligada à experiência direta das testemunhas, permanecia esparsa em uma multidão de pequenas comunidades, cujas crenças podiam divergir. A partir dos séculos IV e V, depois da reviravolta do concílio de Nicéia, a memória cristã se afasta da lembrança direta de sua fundação. Ela se unifica e se estabelece: o dogma e o essencial das práticas culturais se fixam. O cristianismo se empenha, ao mesmo tempo, no caminho de uma estruturação institucional, na qual os clérigos, definitivamente separados do povo dos leigos, se impõem como os depositários e os únicos garantes de uma memória que encontra um eco cada vez mais diluído na experiência direta dos fiéis. Quanto mais a memória cristã se retrai em uma tradição fixada, tanto mais ela exclui que os grupos que ela liga a si conservem seus interesses e sua memória próprios. A disciplina da memória é garantida, de modo cada vez mais rígido, por "uma hierarquia de clérigos que não são mais simplesmente os funcionários e os administradores da comunidade cristã, mas que constituem um grupo fechado, separado do mundo, voltado inteiramente para o passado, e ocupado unicamente em comemorá-lo".[27] O monopólio clerical da memória religiosa não corresponde apenas à desigual qualificação teológica dos clérigos e dos leigos. Ele permite evitar a contaminação da memória, que poderia resultar da intervenção de fiéis implicados, por sua vida profana, em outros grupos de memória, diferentes do grupo religioso. A memória cristã se petrifica, desse modo, sob a forma de uma memória teológica uniforme, que articula e ensina noções, mas que não se preocupa de "fazer reviver" o passado que essas noções conservam. No termo desse processo, os fiéis perdem qualquer capacidade de fazer memória, ou seja, de ligar as prescrições às quais eles se conformam com os acontecimentos históricos fundadores. Eles recebem então essas normas da instituição, como um dado imemorial, como *"aquilo que sempre foi"*. Em toda religião, a referência ao passado é onipresente. Contudo – e aqui temos a especificidade paradoxal da memória religiosa – o fechamento doutrinal dessa relação com o passado bloqueia o dinamismo criativo da anamnese: os fiéis não se apropriam da memória religiosa; eles a "recebem" como uma verdade absoluta, fixada de uma vez por todas. Pressentimos aqui a que ponto a análise da memória cristã traz a marca das observações que M. Halbwachs podia fazer sobre as evoluções da Igreja católica de seu tempo.

[27] *Ibid.*, p. 199.

"Dogmáticos" e "místicos"

Essa fixação da tradição não significa que a instituição religiosa seja refratária a qualquer mudança. Com efeito, ela também é elaborada por correntes que põem em questão a petrificação dogmática da memória. A contestação vem dos místicos, que reagem às insuficiências, à rigidez e à sequidão do pensamento teológico oficial. Eles apelam para uma memória afetiva, suscetível – reatando diretamente com o cristianismo primitivo e com a experiência emocional da presença do divino – de dar vida novamente aos dogmas e aos ritos. No decorrer de sua história, a Igreja teve de se compor com essa dinâmica do protesto místico. Longe de provir dos fiéis mais rudimentares e menos dispostos ao manejo dos conceitos teológicos, a resistência mística ao congelamento dogmático emerge em grupos religiosamente qualificados (monges, religiosos ou religiosas). Ela é o fato – caso possamos empregar aqui essa fórmula weberiana – de "virtuoses", que constituem uma verdadeira vanguarda espiritual. A ameaça para a instituição vem precisamente pelo motivo de que os místicos raramente são indivíduos isolados. Eles participam de correntes espirituais enraizadas em diversas tradições, e cada um pode se referir a uma linhagem de testemunhas, portadora de uma memória própria, no próprio seio da grande tradição cristã. Ainda que ela seja suscitada por transformações sociais e culturais que fazem nascer novas necessidades espirituais, a contestação mística permanece, portanto, uma contestação religiosa: ela não se opõe à religião dogmática dominante em nome da razão moderna. Ela se dedica, ao contrário, a encontrar em uma tradição renovada, redescoberta e aprofundada, a fonte das inovações que ela promove. O que os místicos desejam é "reconduzir a religião a seu princípio e a suas origens, tanto quando procuram reproduzir a vida da comunidade cristã primitiva, como quando pretendem abolir a duração e entrar em contacto com Cristo tão diretamente quanto os apóstolos que o viram, tocaram, e aos quais, depois de sua morte, ele se manifestou".[28] Para além da singularidade das experiências de iluminação e de êxtase que eles reivindicam como graça puramente pessoal, os místicos participam, portanto, duplamente de uma experiência coletiva: acima, por meio da tradição que eles invocam; abaixo, pelo fato da capacidade que têm de arrastar consigo "todo um grupo de clérigos e de fiéis de comprovada devoção".[29] A partir disso, a Igreja não pode ignorar completamente, nem excluir brutalmente essas correntes protestatárias. Ela é levada a integrá-las, a assimilá-las, a digerir a contestação da qual elas são portadoras, colocando os místicos, caso necessário, por via de canonização, na posição dos fundadores da memória institucionalmente autorizada. Pelo fato de ser elaborado por uma contínua retomada do passado, o protesto místico, domesticado pela instituição, é o impulso da inovação religiosa: esta procede de uma composição (jamais definitivamente estabilizada) entre a memória autorizada – a tradição oficial, defendida pelos guardiões da conformidade dogmática – e memórias enterradas, reduzidas ou reprimidas, das quais as necessidades espirituais do presente suscitam a reativação mística. É essa capacidade de incorporar a contestação mística à sua memória oficial que permite à Igreja mudar, afirmando ao mesmo tempo a continuidade e a homogeneidade da tradição pela qual ela se responsabiliza.

Todavia, para que essa atestação paradoxal da permanência pela mudança possa funcionar, é preciso que a instituição seja suficientemente poderosa para conter os arroubos da mística nos limites da memória teológica dogmática. Halbwachs estabelece, de passagem, uma ligação entre o reconhecimento de que a Igreja se beneficia na sociedade e sua capacidade de pôr sob sua tutela as diferentes correntes que põem em questão a racionalização excessiva dos dogmas e o formalismo do culto. A Igreja

---

[28] *Ibid.*, p. 217.
[29] *Ibid.*, p. 213.

só pode servir-se dos místicos (dando-lhes um lugar subordinado em seu seio) enquanto se sinta suficientemente garantida de conservar, "por causa da riqueza de sua doutrina e do vigor de suas tradições", "sua independência e sua originalidade na sociedade temporal".[30] Podemos deduzir dessa proposição que, em sentido contrário, uma Igreja que não está mais encostada em uma sociedade na qual as verdades que ela sustenta podem ser recebidas como evidentes pela maioria será levada a reforçar a armadura dogmática da memória autorizada, excluindo sempre mais radicalmente a contestação dos místicos. A menos que o protesto deles não acabe por submergir a grande tradição da qual ela quer ser a depositária exclusiva: "Se os místicos predominassem na Igreja, observa Halbwachs, isso seria o sinal de que a grande tradição cristã dos evangelhos, dos padres [da Igreja] e dos concílios pouco a pouco se esgotasse e se perdesse".[31] Uma reflexão sobre a onda contemporânea dos movimentos religiosos de renovação de tipo emocional, fora e dentro das grandes tradições religiosas, não pode deixar de ser atingida por esta última observação: o transbordamento da religião mística poderia marcar, caso sigamos essa pista, o esgotamento da memória teológica, ou seja, o próprio fim da instituição do religioso.[32]

A memória religiosa — compacta, maciça e petrificada — é também, portanto, por definição, uma memória frágil, irremediavelmente minada pelo movimento da história. Sem que Halbwachs trate disso diretamente, descobrimos, para além de sua abordagem do movimento histórico da constituição da tradição cristã, o esboço de uma problemática original da secularização. A perda de plausibilidade da religião nas sociedades modernas se deveria — se seguirmos seu raciocínio até o fim — ao fato de que a tensão entre o regime de

---

[30] *Ibid.*, p. 217.
[31] *Ibid.*, p. 217.
[32] Cf. D. Hervieu-Léger. "Renouveaux émotionnels contemporains. Fin de la sécularisation ou fin de la religion?", em F. Champion e D. Hervieu-Léger. *De l'émotion en religion*. Centurion, Paris, 1990, pp. 217-248.

temporalidade que rege a instituição religiosa e os regimes de temporalidade que têm curso nas outras esferas da vida social atingiu seu ponto de ruptura. A religião está condenada, pela própria natureza de sua relação com o passado, a se fechar no imobilismo de uma temporalidade destacada da história. Sua dinâmica interna – assim como as agressões externas que lhe vêm das transformações de seu meio ambiente – a congela em uma exterioridade sempre maior em relação aos modos de vida e de pensamento do presente. Esse fechamento significa, quando ele estabelece a instituição religiosa como uma fortaleza sitiada na sociedade de seu tempo, a perda inevitável de sua influência social e cultural. Para além desse esquema geral que podemos fazer decorrer, sem forçar o traço, das proposições de Halbwachs sobre a rigidez específica de sua memória religiosa, não podemos deixar de pressentir um conjunto de considerações e de julgamentos que se referem diretamente ao catolicismo do qual ele era contemporâneo. Sua descrição de uma Igreja que radicaliza sempre mais o dispositivo de preservação de sua memória e agrava permanentemente sua distância em relação ao mundo de hoje, remete, de modo transparente, ao catolicismo intransigente que triunfa desde a metade do século XIX. Essa Igreja que se fecha na repetição de suas próprias certezas dogmáticas, que faz barreira às solicitações do mundo e que confia ao exército de seus clérigos a defesa exclusiva da Tradição, é a Igreja de Pio IX e do Syllabus. Inscrevendo-se, como Durkheim, em uma perspectiva evolucionista, que faz do cristianismo o ponto de chegada do desenvolvimento religioso da humanidade, Halbwachs é levado, como ele, a encontrar no dispositivo hierárquico e dogmático do catolicismo romano as referências espontâneas de sua descrição da instituição religiosa, em sua forma mais acabada.[33] De fato, a Igreja de seu tempo, inteiramente ocupada com a erradicação do modernismo em seu seio, encarna no mais alto grau

---

[33] Essa pregnância do modelo católico romano, tomado como a figura da "religião por excelência", é muito característica da tradição sociológica francesa. Nós a encontramos em Durkheim ou Halbwachs, mas também em Bourdieu (cf. "Genèse et structure du champ religieux"), *Revue française de sociologie*, julho-setembro de 1971-XII-3, pp. 295-334.

o exclusivismo dogmático e a violência homogeneizadora que caracterizam, segundo ele, toda memória religiosa. Em uma sociedade moderna em que se garante a vitória do pensamento leigo e da razão (que Halbwachs, assim como Durkheim, chama de seus votos), essa instituição bem que poderia estar condenada a uma defesa sem esperança dos bastiões da verdade que ela se esforçou para constituir ao se destacar ela mesma do movimento da história.

Podemos ir além e nos perguntarmos, prosseguindo Halbwachs, se a lógica do enclausuramento da memória e da absolutização do passado, que caracterizam todo grupo religioso que pretenda por natureza o monopólio da verdade, não marca inexoravelmente a expulsão da religião para fora de uma sociedade moderna, caracterizada pela aceleração da mudança e pelo encolhimento do tempo. Uma tradição religiosa petrificada em uma relação imutável com as lembranças que ela conserva perde, com efeito, sua capacidade de fornecer significações para um presente sempre mais móvel. Mas a memória de cada grupo religioso levado a tal fechamento se inscreve – salienta igualmente Halbwachs – em correntes de memória mais vastas, em uma memória cultural que pode alimentar, em uma situação cultural e social transformada, novas configurações do crer comum. A contestação dos místicos ou dos reformadores, que se remetem sempre às fontes mais longínquas (e, portanto, mais maleáveis) da memória, garante esse "recarregamento memorial" dos grupos religiosos, ou faz nascer – diante das memórias religiosas esgotadas pela lógica dogmática – novas apropriações coletivas da tradição: novas maneiras, para uma determinada sociedade, de representar para si sua própria continuidade.

A dinâmica criadora da tradição: a topografia legendária dos evangelhos, na Terra Santa

A problemática das "correntes de memória", desenvolvida em *A memória coletiva*, leva Halbwachs a explorar as molas dessa dinâmica criadora da memória cultural na longa duração. Aqui ainda, o terreno da religião fornece materiais privilegiados para sua demonstração. *A topografia dos evangelhos na Terra Santa* recapitula, de modo exemplar, os encadeamentos sucessivos de sua sociologia da memória. Contudo, o objetivo perseguido por Halbwachs nesse *Estudo de memória coletiva* vai além do caso da memória religiosa: trata-se, a partir de um exemplo particular, de atualizar funcionamentos permanentes da memória coletiva, que deverão ser aprofundados por meio de outros estudos: "A experiência que estudamos (...) – nota Halbwachs – é para nós tão somente uma experiência de psicologia coletiva, e as leis que dela podemos tirar terão de ser confirmadas e precisadas por pesquisas do mesmo gênero, feitas sobre outros fatos".[34]

Se tais fatos de religião são mantidos para essa primeira pesquisa, é antes de tudo porque dispomos, a seu respeito, de materiais que permitem remontar muito acima na memória social: o vasto corpus que constituem os relatos dos viajantes na Palestina do século IV até nossos dias oferece uma matéria inestimável para seguir no tempo as variações das crenças coletivas que se referem aos lugares e aos monumentos visitados pelos peregrinos. Em nenhum momento Halbwachs se preocupa em identificar "o que há por trás" dessas crenças; o que lhe interessa é descobrir, na diversidade dos testemunhos tomados de diferentes épocas, as variações nas quais se inscreve essa reconstrução do passado que é o próprio da memória coletiva. Ele também não se preocupa em determinar com precisão "o que era na origem" e que deu nascimento ao extraordinário emaranhado de "crenças fundamentais, de lendas, de tradições puramente locais importadas de épocas diversas, de curiosidades arcaicas ou exóticas" etc., veiculadas pelos relatos dos viajantes. Os estudos eruditos dos exegetas e historiadores lhe fornecem apenas os pontos fixos, que permitem "esclarecer as transformações das crenças veiculadas pelos peregrinos de diferentes épocas, desde o momento

---

[34] M. Halbwachs. *La topographie légendaire des évangiles em Terre sainte. Étude de mémoire collective*. PUF, Paris, 1941; 2ª ed., 1972, p. 9.

em que elas aparecem". O que importa, acima de tudo, é encontrar, no bricabraque de crenças desenvolvidas a respeito dos lugares (bricabraque tanto mais complexo porque se trata, nessa matéria, de artigos de fé), as correntes de pensamento em que se fundamentam todas essas diversidades.

O mais antigo dos testemunhos disponíveis é o do peregrino de Bordeaux, que descobre os lugares santos cerca de trezentos anos depois da morte de Jesus de Nazaré. Seguindo passo a passo o relato de seu percurso (publicado pela primeira vez em 1589), Halbwachs mostra que a tradição cristã dos lugares é, nessa época, praticamente inexistente. A lembrança evangélica ainda não está bem localizada: as referências do peregrino se referem quase que exclusivamente aos episódios da Bíblia judaica (o Antigo Testamento). As localidades que ele atravessa – Nazaré, Tiberíades, Caná, o lago de Genesaré, o monte Tabor, Efraim, em que o Evangelho fixa a ressurreição de Lázaro, Emaús etc. não trazem ainda a lembrança da vida de Jesus. A primeira tradição dos lugares (a do judaísmo) está bem presente; a segunda (a do cristianismo) ainda não está fixada. Quando o peregrino descreve a piscina de Betesda, ele evoca as virtudes de cura da fonte, conhecidas e apreciadas pelos judeus. Não faz, porém, nenhuma alusão à cura do paralítico, tal como é relatada pelo evangelho de João (5,2): "Um judeu que tivesse ignorado tudo a respeito de Cristo teria podido também dizê-lo, relatando uma tradição judaica e uma curiosidade natural. É muito possível que nessa época, a cura do doente por Jesus ainda não fosse comemorada nesse lugar pelos cristãos". O mesmo em Jerusalém, onde o peregrino não evoca a Via-Sacra, pois o próprio Evangelho, por outro lado, menciona apenas o pretório e o Gólgota, de localização altamente incerta. Será preciso esperar as escavações ordenadas por Constantino para que o lugar da crucifixão seja estabelecido, gerando então, em torno da basílica construída em 336, uma proliferação de localizações sagradas... Mas o peregrino não viu nem o calvário nem o túmulo, que acabavam de ser descobertos e que ainda não davam lugar a nenhuma devoção particular. Toda a importância de seu testemunho vem do fato de que ele é quase contemporâneo à conversão de Constantino, reviravolta política maior, que transforma o cristianismo em religião dominante e marca com o concílio de Nicéia, em 325 o momento de sua unificação doutrinal, desejada pelo imperador.

Antes dessa reviravolta, a memória cristã ainda era flutuante: "Os cristãos procuravam os traços dos acontecimentos relatados nos evangelhos. Eles os encontravam estreitamente misturados com as tradições do Antigo Testamento, sejam por estas terem sido o suporte e a raiz daquelas, sejam pelo fato de essas tradições puramente judaicas se terem imposto à atenção por si mesmas. Essas últimas parecem ter sido as mais numerosas e as mais vívidas, porque mergulhavam mais no passado".[35] Essa fixação da memória nos lugares, tornada possível pela estruturação teológica da crença cristã, permite a redescoberta progressiva da memória judaica pela memória cristã. Esta encontra, no reinvestimento dos lugares da primeira tradição, a fonte de sua própria legitimação. Se o lugar do nascimento de Jesus foi fixado em Belém, é porque esse lugar é a pátria de Davi, onde se atesta, portanto, a vocação messiânica de Cristo: ao se inscrever em lugares da tradição judaica, a tradição cristã restabelece desse modo sua genealogia ao inverso. Ela afirma, ao mesmo tempo, a continuidade da primeira e da segunda aliança, a primeira que se realiza definitivamente na segunda, e sendo por esta abolida.

Mas essa localização da tradição não se petrificou de uma vez por todas: a mobilidade das localizações – que variam no decorrer do tempo – segue a fluidez da tradição que se fragmenta, se pluraliza e se reorganiza em função dos jogos sociais com os quais ela é confrontada. A localização do Cenáculo é particularmente interessante desse ponto de vista: nesse suposto lugar da instituição da Eucaristia, a tradição cristã associa progressivamente uma série de outras lembranças: a da descida do Espírito sobre os apóstolos no Pentecostes, a da dormição da Virgem etc. Esse desenvolvimento da me-

---

[35] *Ibid.*, pp. 61-62.

mória cristã está associado, em uma lógica legitimadora, análoga à que funcionou para o lugar do nascimento de Jesus, à presença do túmulo de Davi. Mas o lugar suposto desse túmulo, engrandecido nas tradições dos três monoteísmos, torna-se um jogo de lutas entre eles: do século XIV ao século XVI, ele cristaliza a concorrência dos cristãos e dos muçulmanos para o domínio simbólico dos espaços. Halbwachs prolonga a demonstração a respeito de outros lugares controvertidos, disputados e redefinidos no decorrer dos tempos: o pretório de Pilatos, as estações da Via-Sacra, o monte das Oliveiras – lugar da agonia e lugar da Ascensão – Nazaré, Tiberíades. No modo pelo qual os lugares são deslocados, inventados ou reinventados, inscrevem-se ao mesmo tempo o jogo dos conflitos interconfessionais e a dinâmica criadora da memória. Esta se constitui como tradição (como memória oficial e autorizada do grupo) ao reabsorver e absorver as tradições mais antigas (com as quais ela pode coexistir temporariamente, de modo "ilógico") e ao impor, por re-emprego e improvisação das referências legitimadoras que lhe vêm do passado, seu próprio sistema de tomada do espaço. Essa dinâmica reflete o estado das relações atuais entre comunidades presentes no lugar, mas ela corresponde, ao mesmo tempo, a lógicas de desenvolvimentos específicos: lógica funcional, ligada às pressões físicas e práticas impostas pelos próprios lugares; lógica formal, que localiza um episódio determinado em um sistema ordenado de localizações; lógica simbólica, finalmente, que associa a definição dos lugares a uma construção global do sentido.

O capítulo sobre a Via-Sacra, que traça novamente o processo histórico da localização dos momentos do suplício de Jesus, mostra de modo luminoso como essa tríplice lógica unifica, por tateios sucessivos, as contribuições múltiplas e disparatadas de memória popular. Encontramos, observa Halbwachs, "poucos exemplos mais notáveis de um sistema de localizações constituído depois, em condições tais que um quadro aparentemente lógico (determinado por um ponto de partida e um ponto de chegada, postos ou supostos), e de início completamente vazio, se enche pouco a pouco de lembranças e de imaginações dispersas à distância: lembranças evangélicas (Simão Cireneu, as santas mulheres etc.), lembranças apócrifas e formações lendárias (Verônica, a Santa Face), e tudo o que a memória cristã universal e principalmente europeia pouco a pouco a ele trará". "Por outro lado, essa memória coletiva também se completa, se organiza e se retifica, conforme necessidades de lógica e de simetria: prisões simétricas, portas simétricas, descansos simétricos; conforme a necessidade de espaçar suficientemente as estações e de não multiplicá-las demasiadamente (de onde a localização em um mesmo lugar e encontro de diversos episódios e, em seguida, fusão de um no outro e transformação de um pelo outro; por exemplo, um descanso de Cristo se torna uma queda porque ele encontra ao mesmo tempo o Cireneu); até que, finalmente, essas lembranças devam entrar no quadro místico, artificial e trazido de outros lugares, diferentes do caminho da Cruz". A construção do percurso de Jesus condenado em "caminho da Cruz" mostra que não existe "nenhuma proporção entre a intensidade da lembrança e a importância dos traços objetivos contidos nos lugares". A Via-Sacra é, para o essencial, um lugar inventado. Mas ela oferece à memória cristã o suporte no qual se apresenta, por meio do caminho concreto do suplício infligido ao deus feito homem, o próprio caminho da salvação oferecida ao homem prometido à divinização. A fixação dos lugares procede da homogeneização das memórias, ela própria fruto da estabilização teológica da tradição cristã.[36]

A religião reduzida à memória?

A progressão da sociologia da memória de Halbwachs se desdobra, como vimos, através dos textos que tratam da memória religiosa e, mais

---

[36] *Ibid.*, capítulo V.

amplamente, através das múltiplas referências à religião, que ele introduz para dar corpo a suas hipóteses sobre a dinâmica criadora da memória coletiva, ou então sobre a relação da memória com o espaço ou com o tempo. Acabamos de ver, ao evocar a *Topografia*, que Halbwachs utiliza os dados religiosos como matéria de exemplo, permitindo estudar e ilustrar, de modo particularmente eficaz, os funcionamentos da memória coletiva. Tudo acontece, do seu ponto de vista, como se a religião impelisse ao limite as lógicas da memória coletiva. Em retorno, a atenção dada aos fenômenos religiosos permite observar as leis gerais da memória, como se elas estivessem submetidas ao aumento de uma lupa. Mas podemos nos perguntar se o propósito de Halbwachs não vai mais longe, e se o privilégio particular, atribuído aos fatos religiosos enquanto fatos de memória, não corresponde para ele, mais profundamente, à convicção de que a religião se resume inteiramente às dinâmicas da memória que a religião põe em jogo. Se existe em Halbwachs uma teoria da religião, esta seria, portanto, inteiramente absorvida por sua teoria da memória coletiva: a religião seria, e seria apenas, fatos e jogos de memória.

Se quisermos sustentar esse ponto de vista – como o faz G. Namer,[37] não deixaremos de observar tudo aquilo que o separa, nesse terreno, de Durkheim, de Mauss e dos durkheimianos. De fato, a oposição fundadora do sagrado e do profano não ocupa em Halbwachs um lugar central. Ela é reduzida a uma oposição entre "as coisas" que se referem à vida concreta no presente, e o "espírito", que é o domínio da religião e que encontra do que se alimentar apenas na tradição, precisamente porque o domínio das coisas

---

[37] Em seu posfácio a *Cadres sociaux de la mémoire*: "A religião nos quadros sociais da memória é inteiramente memória. Ela se esgota na noção de memória religiosa e nada mais é que uma memória" (*Op. cit.*, p. 354). G. Namer salienta, ao mesmo tempo, o divórcio completo entre Durkheim, para quem a religião é geradora de ligação social, e Halbwachs, para quem a religião, enquanto memória indefinidamente disputada e procurando impor sua hegemonia, é inevitavelmente fonte de conflito e de violência.

lhe é fechado.[38] Ou então ela é evocada lateralmente, por exemplo, à respeito da estruturação espacial dos quadros da memória.[39] É claro, em todo caso, que a questão que ocupa Halbwachs não é a da religião como "representação coletiva", no sentido durkheimiano do termo. O que lhe interessa é a dinâmica do crer religioso, do qual a memória é a mola.

Ligando-se ao estudo desse grupo de memória particular que é um grupo religioso, Halbwachs coloca a especificidade do crer religioso em um modo particular de mobilização da lembrança, que permite, ao mesmo tempo, garantir a continuidade da mensagem através da sucessão das gerações crentes, e de fazer valer sua pertinência absoluta e imutável nas condições sociais e culturais, que não cessam de se transformar. A memória religiosa combina assim dois regimes do tempo, o da história e o da eternidade. Ela encontra suas referências em uma época antiga, mas ela se esforça, de todos os modos, de se destacar do tempo para constituir essa lembrança como uma verdade eterna.[40] Desse modo, "as coisas da religião parecem existir fora do tempo", em uma espécie de presente eterno, mas "é no passado que é preciso procurar a razão de ser de uma religião".

É nesse ponto preciso que se apresenta o problema da "redução" da religião à memória. Quando Halbwachs afirma que toda religião é uma "sobrevivência", que "ela *não é mais que* a comemoração de acontecimentos ou de personagens há muito tempo terminados ou desaparecidos",[41] pode-

---

[38] *Ibid.*, p. 215.
[39] A existência de lugares "sagrados", distintos dos espaços da vida ordinária, fornece, com efeito, achados essenciais para a mobilização das lembranças de um grupo religioso. Ao mesmo tempo em que constitui com outros uma comunidade visível, o fiel que penetra em uma igreja se incorpora a uma comunidade invisível, "feita de pensamentos e de lembranças comuns, que foram formados e mantidos nas épocas precedentes nesse mesmo lugar". Esses espaços sagrados se desvanecem à medida que a sociedade se seculariza e que as diferentes esferas da atividade social se destacam do domínio religioso, mas "a disposição de espírito, que é o fundo e o conteúdo mais importante da memória religiosa", pode, no entanto, ser ativada em todo lugar de culto em que os fiéis reunidos sabem que partilham crenças comuns (*La mémoire collective*, p. 227).
[40] *Les cadres sociaux de la mémoire, op. cit.*, p. 191s.
[41] *Ibid.*, p. 285.

mos, com efeito, considerar que ele confirma o "esgotamento" da religião na noção de "memória religiosa". O fato é que Halbwachs não se preocupa em isolar aquilo que constitui o conteúdo próprio da crença e da experiência religiosas (a "essência" da religião). Ele também não se propõe a identificar a função específica da religião no social. Ele se coloca, por esse motivo, fora dos empreendimentos clássicos de definição da religião, quer elas sejam de gênero substantivas ou de gênero funcionais. Mas essa abordagem da religião como fato de memória lhe permite precisamente escapar do debate que opõe sem fim a limitação etnocêntrica das definições que dizem respeito exclusivamente ao conteúdo das crenças e a extensividade improdutiva das definições "funcionais", que abarcam todo o conjunto das produções simbólicas de uma sociedade.[42] Quando sabemos a que ponto o confronto circular dessas duas abordagens esterilizou duravelmente a reflexão sociológica sobre a religião, podemos considerar que o "reducionismo" de Halbwachs comporta grandes vantagens, com a condição, bem entendido, de que o percebamos (ultrapassando o próprio Halbwachs), não como a última palavra sobre a religião, mas como um *ponto de vista* a partir do qual é possível ordenar – sem pretender esgotar toda a sua substância – a diversidade dos fatos religiosos empiricamente observáveis.

Um dos interesses desse ponto de vista é que ele permite enriquecer a apreensão sociológica da realidade religiosa, para além daquilo que cada religião dá a ver de si mesma, seja por ela se autodefinir exclusivamente a partir do corpo das verdades dogmáticas, das quais ela quer preservar a pureza, seja por ela reivindicar a singularidade inacessível da experiência espiritual individual que ela promove. Halbwachs insiste, como vimos, sobre a tensão, presente em todas as grandes religiões, entre os "dogmáticos" e os "místicos", uns e outros pretendendo dizer, cada um por sua conta, o que é a religião autêntica: "Os

---

[42] Sobre esse debate, cf. D. Hervieu-Léger. *La religion pour mémoire*. Cerf, Paris, 1993; Jean-Paul Willaime. *Sociologie des religions*. PUF, col. "Que sais-je?", Paris, 1995.

primeiros se esforçam para demonstrar a religião, e os místicos pretendem vivê-la; uns dão importância ao aspecto intemporal dos dogmas, os outros aspiram a entrar em íntima comunhão de pensamento e de sentimentos com os seres divinos representados como pessoas, tais como deveram se manifestar na origem, no momento em que a religião tomou nascimento".[43] Mas esse confronto é fictício, porque uns e outros desenvolvem seus caminhos religiosos próprios e antagônicos apenas no interior de uma tradição, ou seja, de uma memória que tem autoridade. Uma perspectiva "dogmática pura", que reduz a religião a um sistema de ideias, ou uma perspectiva "mística pura", que a identifica inteiramente com a experiência individual constituem, tanto uma como a outra, caminhos de saída da religião. O que faz manter junto, em uma "religião", a construção intelectual da crença e a experiência emocional do divino, é o dispositivo particular de memória que as associa junto com o acontecimento histórico fundador. É esse dispositivo de memória que o empreendimento sociológico – que nada pode dizer, por definição, sobre a verdade da crença nem sobre a autenticidade da experiência – pode se empenhar em colocar às claras. Poderíamos sugerir, forçando um pouco o traço, que os "substantivistas", que propõem uma definição da religião a partir dos conteúdos específicos da crença (referências a poderes sobrenaturais, ao além etc.) e os "funcionalistas", que atentam para os efeitos sociais da experiência emocional do "sagrado", reproduzem a seu modo – nos termos do discurso intelectual – algo do confronto entre os "dogmáticos" e os "místicos". Os primeiros valorizam as "ideias religiosas" e as implicações normativas do dogma; os segundos se atêm – colocando-a sobre o terreno coletivo – à dimensão expressiva da experiência religiosa e à "significação" do vivido individual e coletivo que ela opera. A problemática da memória religiosa permite ultrapassar a oposição artificial dessas duas perspectivas, combinando-as dentro de uma sociologia da tradição. A sociologia da memória de Halbwachs abriu, nessa questão, um caminho pioneiro.

---

[43] *Les cadres sociaux de la mémoire*, op. cit., p. 286.

Bibliografia

M. Halbwachs. *Les cadres sociaux de la mémoire*. Alcan, Paris, 1925; Albin Michel, Paris, 1994, com posfácio de Gérard Namer.

M. Halbwachs. *La topographie légendaire des évangiles en Terre sainte. Étude de mémoire collective*. PUF, Paris, 1941; 2ª ed. 1972.

M. Halbwachs. *La mémoire collective*. PUF, Paris, 1950; Albin Michel, Paris, 1997.

M. Halbwachs. *Les causes du suicide*, com prefácio de Serge Paugam. PUF, col. "Le Lien social", Paris, 2002.

A. Becker. Maurice Halbwachs, intellectuel en guerres mondiales 1914-1945, com prefácio de Pierre Nora. Agnès Viénot Éd., Paris, 2003.

Y. Deloye e C. Haroche (eds.). *Maurice Halbwachs: espaces, mémoires et psychologie collective*. Publications de la Sorbonne, Paris, 2004.

G. Namer. *Mémoire et société*. Méridiens Klincksieck, col. "Sociétés", Paris, 1987.

C. de Montlibert (ed.). *Maurice Halbwachs, 1877-1945*. Presses Universitaires de Strasbourg, Estrasburgo, 1997.

M. Verret, "Halbwachs ou le deuxième âge du durkheimisme", *Cahiers internationaux de sociologie*, vol. LIII. PUF, Paris, pp. 311-331.

V. Karady, Maurice Halbwachs. *Classes socials et morphologie*. Minuit, Paris, 1972.

P. Bourdieu. "L'assassinat de Maurice Halbwachs" em *La Liberté de l'esprit*, n. 16, outono de 1987.

7

GABRIEL LE BRAS (1891-1970)

Um iniciador da sociologia do catolicismo na França

Colocar Gabriel Le Bras na classe dos "clássicos" da sociologia das religiões não é algo evidente nem simples. Pouco conhecido e pouco lido hoje fora das fronteiras do hexágono, a obra de Le Bras não foi objeto de comentários nem de análises aprofundadas, além dos que foram suscitados por causa de sua célebre tipologia dos praticantes. Suas obras não estiveram no centro de debates intelectuais maiores. É na biblioteca, por outro lado, que é preciso descobri-las, porque não foram reeditadas e nada indica que o serão em futuro próximo. E, se o estilo inimitável de Le Bras merece indiscutivelmente que nos detenhamos um momento, podemos sem dúvida nos perguntar qual proveito o desenvolvimento atual da disciplina pode encontrar na releitura de uma obra tão claramente datada. Todavia, se essa apresentação figura em uma obra de introdução para a qual foi necessário fazer uma difícil seleção de autores, é porque temos a convicção de que a obra de Le Bras não merece apenas a consideração de especialistas da história da sociologia francesa. O fundador do *Grupo de sociologia das religiões* do CNRS – que foi também o iniciador da revista *Archives de sociologie des religions*[1] – não desempenhou apenas um papel institucional na estrutura-

---

[1] Revista própria do CNRS, publicada com o apoio da École des hautes études en sciences sociales, que se tornou, em 1973, *Archives des sciences sociales des religions*.

ção da disciplina na França. Ele deu o impulso decisivo para uma sociologia do fato católico, cujos temas e métodos tiveram um eco considerável não só entre os sociólogos e historiadores dos fatos religiosos, mas igualmente do lado da ciência política, da sociologia eleitoral, ou da sociologia rural.[2] São numerosas as pesquisas empíricas que visam a identificar os comportamentos políticos, sociais, econômicos ou culturais dos franceses, nas quais o fato de levar em conta o "fator religioso" leva duravelmente a marca, direta ou indireta, das categorias de Le Bras. Contudo, ao considerar apenas a fortuna da famosa classificação dos praticantes, esquecemos a riqueza – no cruzamento do direito, da história e da sociologia – de uma reflexão sobre as instituições religiosas que merece plenamente a atenção. Crente e católico fiel, Gabriel Le Bras esforçou-se para avaliar com rigor a situação do catolicismo em uma sociedade em que a influência social da religião não cessava de refluir. Se sua obra leva, em muitos aspectos, a marca de uma implicação religiosa pessoal, que ele jamais procurou dissimular, ela teve a imensa virtude de colocar a pesquisa empírica, minuciosamente realizada em campo, no centro da análise das relações entre a religião e a modernidade. Se a sociologia francesa do catolicismo deu grande importância a essa tradição de pesquisa, ela igualmente encontrou em Le Bras uma preocupação com a história que lhe deu, na paisagem internacional da pesquisa, um lugar particular. Le Bras não formulou teses inovadoras, que implicassem a ruminação crítica de gerações de pesquisadores. Mas os instrumentos que ele forjou para objetivar o lugar do catolicismo na França de seu tempo serviram, ao redor dele e depois dele, para abrir múltiplos canteiros de pesquisa. Situado pela idade – como o foi igualmente André Siegfried, a quem múltiplas proximidades o ligam – a meio-caminho entre os elementos mais jovens do grupo de *L'Année sociologique* (como Halbwachs, Simiand ou

---

[2] H. Mendras, discípulo de Le Bras, fez, sob a direção de G. Le Bras, um memorial para o diploma do Instituto de estudos políticos de Paris, *La paroisse de Novis*, 1919.

Davy) e a geração que constituiu a sociologia francesa das religiões como disciplina de pesquisa organizada (Desroche, Poulat, Isambert, Maître ou Séguy), Gabriel Le Bras é, se assim podemos dizer, um "clássico indireto". Mais que uma obra teórica original, servindo de "míssil" para trabalhos que a ela remetessem, ela deixou um espaço de pesquisa oferecido à imaginação científica e ao apetite conceitual de seus numerosos alunos: uma "rampa de lançamento" para um empreendimento coletivo que continua, sob muitos aspectos, a se desenvolver, na França e fora da França.

O homem e a obra

Dispomos, para introduzir uma apresentação rápida da trajetória pessoal e intelectual de Gabriel Le Bras, de um documento insólito que diz muito do humor do interessado e sobre a distância que ele soube conservar a respeito de si próprio, para além das numerosas honras institucionais que recebeu e apreciou. Trata-se do elogio fúnebre que ele redigiu para si mesmo, no momento de sua entrada na Academia das ciências morais e políticas em 1965, a fim de dispensar antecipadamente o presidente, o reitor e o decano do tríplice panegírico que seria pronunciado "um pouco mais tarde" – depois dos obséquios – "sobre o átrio sagrado, na Academia e na sessão de reinício da faculdade"... Vale a pena citar algumas linhas introdutórias: "Como sempre professei um verdadeiro horror por essas *Vitae Sanctorum* que são nossos elogios fúnebres, procurei fazer uma piedosa homenagem a minha pessoa, nem demasiado elogiosa, nem demasiado fúnebre, usando a meu respeito de uma invencível ironia que, graças a Deus, jamais me faltou, e que tratarei de manter na ponta das rédeas".[3]

---

[3] *Archives de sociologie des religions*, "Discours synthétique d'un récipiendaire", n. 29, janeiro-junho de 1970, pp. 7-14.

Nesse texto, G. Le Bras evoca com rapidez seus anos de juventude e de formação: nascido em Paimpol em 1891 em uma família de navegadores, teve de renunciar à carreira por motivos de saúde. "Como não lhe reconheciam nenhuma vocação particular, alojaram-no em uma caravela com dois andares: Letras e Direito, no porto de Rennes, sobre o rio Vilaine." O jovem sonhava cultivar a literatura, a eloquência e a música. Depois dos estudos de história e de direito, ele se contentou em "cantar direito canônico e sociologia". Seu interesse pessoal pela história da Igreja encontrou oportunamente suas competências de jurista: são as instituições que o ocuparam, e foi em direito eclesiástico que ele se especializou. Em 1920, defendeu uma tese de direito e ciência política sobre a "imunidade real" e, em 1922, uma tese de direito romano. É nomeado na Faculdade de direito de Estrasburgo para uma cátedra de direito romano. Paralelamente, ensina direito canônico no Instituto de direito canônico da Faculdade de teologia católica (que, em região concordatária, é uma faculdade de Estado). Nos anos 1923-1930, o meio universitário de Estrasburgo é de excepcional densidade, e Gabriel Le Bras forma então ligações muito estreitas com Marc Bloch e Lucien Febvre, igualmente a postos na capital alsaciana. É a história das instituições, disciplina tradicional do ensino das faculdades de direito, que o leva à sociologia, movido pela preocupação de "conhecer os homens para quem e por quem as instituições são criadas". Mauss, Bouglé e Halbwachs o encorajaram fortemente a se empenhar nesse caminho, que combinava a seus olhos – à distância das formalizações absolutizadoras do direito – o fato de levar em conta realidades coletivas vividas e a relativização que permite a comparação: "A esta ciência da qual ele evitava as abstrações prematuras, os vocabulários esotéricos, ele atribuía como finalidade a explicação concreta da vida das diversas sociedades e da paz, pela inteligência de suas originalidades e pela descoberta de sua comunidade".[4]

[4] *Ibid.*, p. 9.

Apaixonado pelo ensino, ele definia a si mesmo como um "defensor ferrenho da língua francesa", e punha seu considerável poder de trabalho, sua cultura enciclopédica e sua insaciável curiosidade a serviço de um programa que é também a "herança" que ele quer deixar: "Aprofundar sem descanso uma ciência particular, cujo ideal é o de se tornar mestre; ampliar por etapas a pesquisa, pedindo a todas as ciências vizinhas seu apoio sincrônico, a todos os direitos, a todas as religiões, e principalmente ao islamismo, ao budismo, ao hinduísmo, os termos de uma comparação: elevar-se gradualmente, do concreto, do humano, para o abstrato, da monografia para as generalidades. Ele insistia sobre os problemas do tempo – cronografia, cronotomia e cronologia – e os problemas do espaço – distâncias interiores, exteriores e superiores – das sociedades religiosas".[5]

Em 1929, é nomeado professor de direito canônico na Faculdade de direito de Paris e, dois anos mais tarde, alcança, como diretor de estudos, a V seção da École pratique des hautes études (ciências religiosas), na qual ensina sempre o direito canônico. Mas essa especialização jurídica é a própria fonte de sua sociologia: o que lhe interessa, em primeiro lugar, é a origem social das regras e os efeitos destas sobre a sociedade. Ativamente engajado no Comitê diretor da *Revue d'histoire de l'Église de France*, é nessa revista que ele publica, em 1931, um artigo em forma de programa de pesquisa, sob o título "Introdução à pesquisa sobre a prática e a vitalidade religiosas do catolicismo na França". O subtítulo explicita sua intenção: "Para um exame detalhado e para uma explicação histórica do estado do catolicismo nas diversas regiões da França". Os primeiros resultados dessa pesquisa aparecerão a seguir, regularmente, sob a forma de artigos, na mesma revista.[6]

---

[5] *Ibid.*, p. 10.
[6] O convite de 1931 foi colocado no início do primeiro volume dos *Études de sociologie religieuse*, vol. I: Sociologie de la pratique religieuse dans les campagnes françaises + bibliografia; vol. II: De la morphologie à la sociologie. PUF, Paris, 1955 e 1956. Cap. 1: "Introdução à pesquisa", pp. 1-24.

Levado à direção da V seção da École pratique des hautes études em 1942, ele assume essa responsabilidade durante a guerra e até à criação, em 1949, da VI seção (ciências sociais),[7] na qual ocupa a cátedra de sociologia religiosa. Duas obras delimitam o programa de pesquisa que ele regulamenta durante esses anos: o primeiro tomo da *Introdução à história da prática religiosa*, que aparece em 1942, e o segundo em 1945.[8] Professor extraordinariamente ativo, ele dá cursos não só na Sorbonne, onde mantém seu ensino regular, mas igualmente em faculdades da província, na Faculdade de farmácia, e principalmente no Instituto de estudos políticos de Paris, onde ele é muito próximo de André Siegfried. Viaja muito, principalmente na África, e mantém paralelamente uma carreira institucional particularmente densa: conselheiro do ministro dos Negócios estrangeiros para as questões eclesiásticas; membro da Sociedade de história da Igreja da França; membro do diretório do Centro nacional da pesquisa científica de 1945 a 1952. Membro – com Lucien Lévy-Bruhl, Georges Gurvitch e Georges Friedmann – do Centro de estudos sociológicos, ele participa da criação, em 1955, do Grupo de sociologia das religiões do CNRS. Essa posição institucional forte lhe proporciona os meios de pôr em relação meios católicos intelectuais em que se desenvolvem pesquisas em ciências sociais numerosas e frequentemente notáveis, e as instâncias da pesquisa pública. Foi assim que obteve o apoio financeiro do Centro de estudos sociológicos (CNRS), para os empreendimentos do Pe. Lebret no seio de *Economia e Humanismo*,[9] para o estudo sociológico de Michel Quoist sobre a cidade de

---

[7] Ancestral da École des hautes études en sciences sociales (EHESS), a VI seção tornou-se um estabelecimento de ensino superior e de pesquisa autônoma em relação à École pratique des hautes études em 1975. Cf. J. Revel e N. Wachtel. *Une école pour les sciences sociales. De la VI section à l'École des hautes études en sciences sociales*. Cerf/Éditions de l'EHESS, Paris, 1996.
[8] *Introduction à l'histoire de la pratique religieuse*. PUF, Paris, 1942 e 1943.
[9] Encontraremos precisões sobre o movimento Économie et humanisme, fundado e animado pelo Pe. Lebret *(op. cit.)* no capítulo seguinte, que trata de Henri Desroche.

Rouen,[10] para a do abade Kerleveo, professor na Universidade católica de Lille, sobre duas paróquias bretãs etc. Recenseia e acompanha uma série de pesquisas realizadas por sacerdotes ou institutos pastorais nas diferentes dioceses, com uma incansável preocupação de fazer todas as forças disponíveis cooperarem para a elaboração dessa morfologia do catolicismo francês que ele julga importante tanto para a ciência como para a ação pastoral.[11] Essa atividade institucional não se interromperá com a idade: em 1968, lança ainda, com D. Julia, M. Venard e J. Gadille, uma Pesquisa cooperativa sobre programa (RCP) do CNRS sobre as visitas pastorais. A Academia de ciências morais e políticas lhe havia aberto suas portas em 1965. Quando ele morre, em 1970, é uma instituição da vida universitária francesa do pós-guerra que desaparece, mas é igualmente um empreendedor da pesquisa notavelmente ativo. Ele deixa atrás de si, conforme Claude Langlois,[12] três posteridades:

– A primeira, que corresponde aos anos 1943 a 1954, é a da sociologia pastoral, dominada pela figura do cônego Boulard, que pôs em ação concreta o projeto de pesquisa definido por Le Bras.

– A segunda, que cobre o período de 1955-1962, é a dos sociólogos: em torno de Le Bras, do Grupo de sociologia das religiões do CNRS e da revista *Archives de sociologie des religions* se constitui um polo de pesquisa que deu impulso notável ao desenvolvimento das ciências sociais das religiões na França. Le Bras não pode, entretanto, ser considerado como o inspirador desse grupo que reúne desde a origem fortes personalidades de pesquisadores (F.-A. Isambert, É. Poulat, J. Maître, J. Séguy, para citar tão somente os mais conhecidos deles).

---

[10] M. Quoist. *La ville et l'homme*. Éd. Ouvrières, Paris, 1952.
[11] Cf. seu prefácio a uma pesquisa da revista católica *Lumen Vitae* (vol. III, 1948, n. 3, pp. 633-644), retomada no segundo volume dos *Études de sociologie religieuse*, sob o título "Influence des milieux sur la vie religieuse".
[12] Conferência apresentada no quadro do Seminário "Approches classiques en sociologie des religions", EHESS, 1995-1996.

– A terceira é a dos historiadores, que, a partir dos anos 1962, seguem seus passos: entre eles, L. Perouas, G. Cholvy, Y.-M. Hilaire etc.

Considerando essa trajetória institucional excepcionalmente rica, a bibliografia de Gabriel Le Bras aparece, sob certos aspectos, decepcionante. Ela não apresenta, em todo caso, nenhuma grande obra teórica que tenha se tornado uma referência inevitável. Os artigos em grande número delineiam, sem dúvida, um vasto projeto: partindo da geografia e da morfologia do catolicismo, este se estende para a análise da vitalidade religiosa das sociedades, para a sociologia histórica das práticas e apela mais largamente para uma sociologia de todas as religiões.[13] Esses artigos, porém – de caráter essencialmente programático – testemunham, ao mesmo tempo a repulsa do autor pelas teorias gerais e as formalizações sistematizantes, e a prioridade à qual ele atribuiu toda a sua vida no mais minucioso trabalho empírico. Essa dupla escolha afastou definitivamente Le Bras das vastas construções teóricas. A essa explicação principal acrescenta-se uma segunda: Gabriel Le Bras impulsionou um movimento, mas foram outros que lhe trouxeram as pesquisas de terreno que forneceram a matéria de seus artigos. Sua contribuição própria é a de uma metodologia da pesquisa, construída para responder a uma questão central: a do estado real do catolicismo em uma França que se diz correntemente "des-catolicizada". Nessa matéria, mais que em qualquer outra, as opiniões espontâneas se fundam sobre avaliações imprecisas, falsificadas pelas paixões contrárias, cristalizadas há dois séculos no confronto entre a Igreja romana e os regimes saídos da Revolução Francesa. Para sair das ideias recebidas e das simplificações demasiadamente fáceis, e para dar à análise da realidade religiosa da França um fundamento objetivo, é preciso dotar-se de um método de pesquisa rigorosa. Esta repousa sobre três colunas: primeiro, a contabilização precisa dos praticantes; em seguida, a diferenciação cartográfica dos conjuntos

---

[13] Essa progressão é posta em evidência no plano do segundo volume dos *Études*: "De la morphologie à la sociologie", que reúne os mais importantes desses artigos.

geográficos da prática; e, finalmente, a colocação em perspectiva histórica, porque é no passado (e até no passado mais longínquo) que a explicação do presente deve ser buscada.

Contar os praticantes

Desde o artigo programático de 1931, Le Bras põe à frente a necessidade de constituir "estatísticas e mapas explicados, ou seja, quadros precisos, expressivos e completos, da prática religiosa na França contemporânea". Em todos os domínios da vida econômica, política e social, a ciência estatística permite reunir dados confiáveis. Em matéria religiosa, as únicas estatísticas disponíveis são as relativas ao clero, que fornece o *Ordo* de cada diocese. A vida religiosa de um povo seria menos digna de atenção do que sua vida material? Muitos fenômenos sociais – variações da natalidade, representação política – serão plenamente inteligíveis – nota ele – somente "no dia em que pudermos confrontar, com as estatísticas e mapas de nascimento ou de óbitos que, estas sim, tiveram seus historiadores, as estatísticas e mapas da prática religiosa". "Recenseamos muito bem os bois e os cavalos, mas quem sonha em fazer a estimativa do número de católicos praticantes, cujo lugar é talvez tão apreciável em nosso solo? Entretanto, o que muitos de nós não dariam para conhecer o número de cidadãos fiéis aos deuses de Roma, sob o Império?"[14]

Para reparar essa carência, é indispensável providenciar um instrumento de avaliação dos comportamentos religiosos. Este só pode estar ligado àquilo que é mensurável, ou seja, à frequência dos atos que os indivíduos põem em conformidade com as normas fixadas pela instituição eclesiástica. O tipo de ato colocado, de um lado, e o afastamento da norma (para mais

---

[14] "Introduction à l'enquête", n. 5, *Études de sociologie religieuse*, vol. I, p. 3.

ou para menos), do outro lado, constituem critérios objetivos de diferenciação das práticas: é possível, nessa base, construir uma classificação dos indivíduos conforme seu grau de observância. Lembremos de memória os termos que se tornaram clássicos da classificação lebrasiana e as três populações que ela distingue:

– A primeira é a dos "conformistas sazonais, grupos de passantes, de migrantes, para quem a religião se define por três ritos: batismo, matrimônio, sepultamento e, em geral, primeira comunhão dos filhos. Pessoas que só entram na igreja quando o sino toca para eles e para avisar a paróquia que eles observam os usos e costumes dos antepassados".

– A segunda é a dos praticantes "que assistem à missa e comungam pela Páscoa, observam as regras da abstinência; que, frequentemente, fazem com que os filhos tenham a primeira comunhão privada, enviam-nos à catequese de perseverança, aceitam a extrema unção e a pedem para os membros de sua família em perigo de morte; as duas primeiras práticas: assistência aos adultos e comunhão pascal são as mais significativas e facilmente controláveis; convém enumerar separadamente os que têm menos de 16 anos, tanto os homens como as mulheres".

– O terceiro grupo é o das "pessoas piedosas ou zelosas, que fazem parte das associações de homens, de mulheres, de jovens, que assistem às vésperas, comungam semanalmente ou mensalmente, ou pelo menos nas grandes festas. As comunidades religiosas devem ser contadas à parte".[15]

Pessoas estranhas à vida religiosa podem igualmente estar presentes na circunscrição paroquial que é objeto do recenseamento. Gabriel Le Bras distingue entre esse conjunto e os três grupos precedentes, salientando seu caráter compósito. Dele fazem parte: 1) pessoas que pertencem à Igreja

---

[15] *Ibid.*, pp. 5-6: notemos, de passagem, a preocupação de Le Bras de guiar muito concretamente o trabalho do pesquisador. A mesma perspectiva prática caracteriza os dois volumes da *Introduction à l'histoire de la pratique religieuse en France*, verdadeiro manual do trabalho de campo que está longe de ter perdido todo interesse para um pesquisador que queira engajar-se no estudo monográfico de um grupo religioso.

apenas pelo acaso de seu batismo, e que recusam a assistência de um sacerdote em qualquer circunstância; 2) fiéis de outras religiões; 3) pessoas não incorporadas a um grupo religioso. Frequentemente, comentamos de modo crítico esse modo de reunir, de modo igual, protestantes, judeus, "pessoas sem religião", católicos desligados ou católicos nominais, que jamais foram socializados religiosamente. Ver nisso a marca de um ponto de vista "católico-cêntrico", que abarca em uma mesma rejeição todos aqueles que escapam da autoridade da instituição eclesiástica seria provavelmente injusto. É preciso observar, com efeito, que Gabriel Le Bras não faz dessas pessoas "fora do catolicismo" uma quarta componente (negativamente definida) de sua tipologia empírica dos praticantes. Contudo, seu interesse é dirigido antes do mais sobre as diferenciações positivamente encontráveis da prática católica. Desse ponto de vista, portanto, importa apenas a importância relativa desse quarto conjunto, em relação à massa de praticantes regulares, sazonais ou zelosos, em uma circunscrição paroquial ou em uma determinada região. Se houver católico-centrismo, ele tenderá mais à impossibilidade de utilizar essa tipologia para avaliar a situação de outras Igrejas. Émile Leonard, historiador do protestantismo na V seção das Ciências religiosas, salientou a ausência de pertinência do critério da prática para medir a pertença protestante, sabendo que o individualismo religioso que os caracteriza permite aos protestantes "pertencer ao mesmo tempo a dois agrupamentos ou de não aderir a nenhum, pois a fé não tem necessariamente manifestações enumeráveis".[16]

Na classificação tripartida regulamentada por Le Bras, a categoria que faz referência é a dos praticantes que se conformam rigorosamente às prescrições da Igreja. É em relação a esse grupo – correntemente designado como o dos praticantes "regulares" – que situamos os outros dois, aqueles

---

[16] É. Leonard. "Travaux de sociologie religieuse sur la catholicisme français", *Archives de sociologie des religions*, n. 2, julho-dezembro de 1956, 39-44, p. 40.

que o fazem menos e aqueles que o fazem mais. A noção de regularidade marca ao mesmo tempo a repetitividade dos gestos feitos, que dão o ritmo da vida cotidiana dos indivíduos, e a submissão institucional daqueles que os fazem. Para Gabriel Le Bras, que dirige à instituição um olhar de jurista, a pertença religiosa é analisada, antes de tudo, em termos de submissão às leis próprias da Igreja. O católico se define como o pertinente à alçada de um espaço de direito. A questão central é, portanto, a seguinte: como os indivíduos cumprem as obrigações que a autoridade eclesiástica lhe atribui? O objeto primeiro da pesquisa (ainda que esta deva ser estendida a outros objetos), é o conformismo religioso e suas condições de funcionamento: a sociologia do catolicismo à qual Le Bras pretende dar uma base estatística sólida é, antes de tudo, uma sociologia da conformidade institucional no catolicismo. Este propõe verdades a crer, ritos a observar, uma organização em que cada fiel encontra seu lugar e sua lei. Esse direito constitui a trama de toda a vida religiosa individual e coletiva. O que é necessário estabelecer é o modo como esse direito é aplicado realmente no seio do povo cristão.

É, evidentemente, a esse ponto preciso que se dirige a principal das críticas feitas à classificação lebrasiana: a de se manter na superfície das coisas, de não considerar da vida religiosa senão as manifestações exteriores controladas pela instituição, e de deixar escapar a realidade multiforme das crenças e das experiências religiosas. Gabriel Le Bras teve plena consciência dessa dificuldade. Desde o artigo de 1931, ele menciona que essa classificação "depende, *pela força das coisas*, das aparências": a prática não diz nada por si mesma sobre o engajamento pessoal na fé daquele que realiza os gestos conformes; ela não é o todo da observância, e menos ainda a única manifestação da crença e da ligação religiosa. No plano coletivo, as contabilizações de praticantes não permitem também proceder a uma avaliação do dinamismo religioso real de uma região ou de uma nação. Mas elas são – e essa é sua principal qualidade – um indicador objetivo da influência da instituição religiosa sobre as massas. Elas permitem circunscrever populações para as quais o grupo religioso permanece um grupo de referência positivo e que aceitar realizar os gestos que a Igreja impõe. Por meio dessas práticas enquadradas, uma "energia" é acumulada, despendida, renovada. Nesse sentido, as obrigações instituídas não poderiam ser separadas dessa "vitalidade religiosa" que anima, de modo diverso, conforme os períodos históricos, as populações cristãs. Ao contrário, elas a sustentam, a dirigem, a despertam ou despertam novamente, conforme as circunstâncias. Do mesmo modo que, na mesma época, historiadores como Lucien Febvre e Marc Bloch reagiam contra uma concepção da história que ignora a vida real dos povos, Gabriel Le Bras pretende demonstrar essa "religião vivida", que desconhece a pura técnica jurídica. O caráter abstrato das regras o desgosta tanto – observa ele – quanto a generalidade insana das opiniões comuns sobre as sociedades. "Milhões de criadores de porcos morreram desde o tempo em que Réginon exigia para sua modesta confraria o lazer da missa dominical. Embora a história conheça apenas os reis, teremos a insolência de escrever que esses milhões de criadores de porcos viveram, e que gostaríamos de saber como eles visivelmente proveram o cuidado de sua alma?"[17]

Esse gosto pelo humano permanece, entretanto, dentro da intenção primeira do jurista: a medida da regularidade observante é o que mais permite captar um estado genérico ou elementar da vida religiosa individual ou coletiva. Não deixaremos de notar que essa perspectiva teve igualmente como própria preservar uma definição da instituição perfeitamente coerente com a concepção que esta tem de si mesma. Longe de desconhecer esse último fato, que lhe foi frequentemente censurado, Gabriel Le Bras, a seu modo, o reivindica. É de seu compromisso católico, com efeito, que ele tira sua vontade de esclarecer, por meio de fatos verificados, as ideias que circulam quanto à conservação ou à perda coletiva da fé. É em função dessa implicação pessoal que ele define as "bases sadias" de uma colaboração com os pastores que preocupa a de-

---

[17] *Études de sociologie religieuse*, op. cit., pp. 362-363.

safeição religiosa dos fiéis. O esforço de conhecimento que ele deseja pôr em ação tem como intenção confessa esclarecer as condições da ação pastoral. A colaboração com aqueles que nela estão engajados não apresenta dificuldade: ela até se torna, a seu ver, indispensável, pela conjuntura que atravessa um catolicismo que entrou em um tempo crítico. O "tempo crítico", para uma religião, é aquele em que ela sofre a ação da sociedade civil, em vez de, ao contrário, a inspirar. O sociólogo tem como tarefa demonstrar, com seus instrumentos e métodos próprios, os dados de fato que indicam essa crise, mas sua ambição se detém aqui. Nisso não poderia haver um mal-entendido entre os pastores, que pedem aos sociólogos equipar suas estratégias pastorais para uma eficácia maior, e aos cientistas, que pretendem tratar fatos religiosos como fatos sociais entre outros.

Essa visão pacífica das relações entre sociologia e pastoral ficou longe de ser partilhada no próprio seio do grupo de pesquisa que Gabriel Le Bras contribuiu para suscitar. Ele próprio só pôde mantê-la com serenidade porque deixava, sem humores, que sua fé religiosa lhe indicasse os objetos legítimos de suas análises e aqueles que não o eram. Há – segundo ele – setores que o sociólogo católico se proíbe de explorar, e em primeiro lugar o da Revelação, "ditada por Deus ao homem, que se limita a traduzi-la em sua linguagem". Essa autolimitação do projeto científico é explicitamente formulada no artigo-programa que G. Le Bras colocou em destaque no primeiro número da revista *Archives de sociologie des religions*, ao tratar das condições nas quais a sociologia pode empreender o estudo da Igreja.[18] Enquanto esta é uma "sociedade supranacional", com seu povo, seus chefes, seu patrimônio, suas engrenagens de funcionamento, suas relações oficiais com as autoridades seculares, ela diz respeito inteiramente à investigação sociológica. Enquanto "sociedade sobrenatu-

---

[18] "Sociologie religieuse et sciences des religions", *Archives de sociologie des religions*, n. 1, janeiro-junho de 1956, pp. 3-20.

ral", cuja função é estabelecer ligações entre este mundo e o além, ela lhe escapa inteiramente. "Sua vocação a eleva a Deus, seu aparelho se adapta ao mundo: essa dupla atração constitui o drama permanente de sua vida." É essa dupla atração que faz da Igreja um objeto sociológico totalmente particular e, ao mesmo tempo, do empreendimento do sociólogo católico, dilacerado entre as exigências do discernimento espiritual e as da análise dos dados, uma "missão" totalmente específica: dos "três mundos" que constituem a Igreja: "o participativo, ou seja, a assembleia dos aderentes; o sobrenatural, onde se encontram os poderes escondidos; o civil, no meio do qual se estabelece a companhia", é ao primeiro que ele reservará principalmente seus interesses.[19]

Hoje, quando a sociologia das religiões conquistou plenamente sua autonomia epistemológica, tal linguagem parece singularmente superada. A legitimidade de tratar a religião em geral, e o catolicismo em particular, como um fato social analisável a partir de hipóteses verificáveis que não recorrem a um além do mundo, não apresenta mais – em princípio – dificuldade para ninguém. Torna-se tanto mais interessante compreender retrospectivamente como a ambiguidade claramente confessa da posição de um Gabriel Le Bras permite a este "falar alto" sobre o dilema de certo número de sociólogos crentes nos anos 1950. Os debates sobre as relações entre sociologia científica e sociologia pastoral foram, nessa época, de grande intensidade no seio da comunidade científica à qual ele havia dado um impulso decisivo. A solução de compromisso que ele próprio trouxe para esse problema sofreu vigorosos ataques da parte de seus mais próximos alunos que se tornaram colegas. Contudo, por meio das discussões e polêmicas, abertas ou silenciosas, que suscitou, ela contribuiu a seu modo para ativar o processo de construção do campo científico da sociologia das religiões.

---

[19] *Ibid.*, p. 6.

Da medida das observâncias à geografia da prática

Medir a prática é medir, ao mesmo tempo, os níveis de compromisso individual dos fiéis e a capacidade da Igreja de atrair e manter os praticantes. Mas é também dar a si mesmo os meios de captar, para além dos agregados de comportamentos individuais, tendências social e geograficamente diferenciadas, "costumes" particularizados. Estes se impõem aos indivíduos, limitam seus comportamentos, determinam suas condutas. A decisão – que permanece eminentemente pessoal – de assistir à missa ou de fazer sua páscoa não escapa a esse enquadramento.

A prática ou a abstenção religiosa é coletiva. Não que o indivíduo não tenha nenhuma liberdade, ou que minorias vigorosas não escapem do rebanho. Mas cada indivíduo nasce em um meio que o inclina a certa atitude. Esse meio é territorial e social. Nascer no cantão de La Gacilly ou no de Saint-Sulpice-des-Champs, é normalmente nascer católico ou semipagão. E "o filho de um diretor de fábrica é mais predestinado ao batismo do que o do operário. (...) Desse modo, o sentimento religioso depende da pessoa, sem dúvida, mas a escolha da prática, em grande medida, depende da classe, do lugar, do momento".[20]

Sensível à estruturação na longa duração desses "costumes", Gabriel Le Bras salienta, com particular insistência, sua inscrição em culturas regionais variadas. Ele salienta do mesmo modo a prudência com a qual é preciso acolher as evidências que manejamos demasiado espontaneamente para as descrever. Desde as primeiras linhas do artigo de 1931, Le Bras fixava como primeiro objetivo da pesquisa terminá-la com "estereótipos empolados para descrever o estado do catolicismo em nosso país". "Cada um sabe que a Bretanha é mais fervorosa que o Limousin, que as obras dispõem em Paris de recursos que lhes são recusados na Beauce ou na Brie (...). Nesses quadros sem matizes, em que simplificações oratórias se misturam a secas verdades,

---

[20] *Introduction à l'histoire de la pratique religieuse en France*, op. cit., p. 102.

nada pode satisfazer um espírito em busca de noções precisas. Seu primeiro cuidado é desprezá-los."[21] Para sair do impressionismo, é preciso tomar toda a medida da extraordinária diversidade terrenos em matéria religiosa, e afinar a observação, escolhendo escalas de observação suficientemente reduzidas para levar em conta variações locais da observância: "A primeira certeza é que a 'Bretanha fiel', a 'Champagne indiferente' são centenas de cantões, nos quais cada um tem suas particularidades: que em muitas dioceses, regiões fervorosas, ou pelo menos crentes, se avizinham a zonas de indiferença ou de irreligião, e que a 'França católica' é, como a Águia ou o Homem, e também como a 'França incrédula', uma ilusão verbal".[22]

Esse projeto de estabelecer sobre bases sólidas uma geografia religiosa da França entusiasmou Marc Bloch.[23] Sua ambição considerável era cruzar, "nos quadros da história, uma geografia ao mesmo tempo física e monumental, jurídica e espiritual", enriquecida pelas contribuições de todas as ciências auxiliares: topografia e arqueologia, direito e etnologia, estatística e cronologia. Le Bras embalava o sonho de poder inscrever em mapas – "ilustração e coroamento de todo estudo geográfico" – o conjunto dos "signos inscritos pelas crenças na vida das coletividades, desde os mais materiais até os mais espirituais, visando passo a passo à ocupação do solo, ao poder eclesiástico, à atividade religiosa, à vida do espírito".[24] Esse grande projeto foi apenas parcialmente realizado, mas fora lançado um movimento que renovou as perspectivas da sociologia eleitoral,[25] e que

---

[21] *Études de sociologie religieuse*, vol. I, p. 1.
[22] *Ibid.*
[23] Le Bras queria dedicar a Marc Bloch o volume *L'Église et le village*, que não pôde completar antes de sua morte e que foi publicado de modo póstumo: *L'Église et le village*. Flammarion, Paris, 1976.
[24] "Des enquêtes sur la pratique à une géographie religieuse de la France", *Études de sociologie religieuse*, cap. III, vol. II, pp. 490-525. Esse estudo foi publicado de início em *Annales d'histoire sociale (Mémorial Marc Bloch)*, t. VII (1945), p. 102s.
[25] Cf. "Géographie électorale et géographie religieuse", *Études de sociologie électorale, Cahiers de la fondation nationale des sciences politiques.* Colin, Paris, 1947 (44-46). *Études de sociologie religieuse*, vol. II, pp. 526-545.

permitiu esboçar, de modo cada vez mais refinado, todos os "matizes" do catolicismo na França.[26] "A França é dividida pela natureza e pela história em compartimentos de prática e de indiferença", mas esses contrastes, essas oposições às fronteiras sempre móveis se reúnem onde os indivíduos estão pessoalmente implicados: em cada cidade e em cada aldeia. Cada uma dessas aglomerações exigiria um exame detalhado. A mais acessível, a que fornece o quadro natural e a matriz social da vida religiosa, é a paróquia rural, ao mesmo tempo mundo vivo, pessoa jurídica e ser histórico. Não há dúvida de que Le Bras tem em mente, quando evoca a paróquia rural, um modelo de imbricação particularmente estreita da unidade religiosa e da unidade aldeã: um modelo que ele, nota F.-A. Isambert em uma recensão de *A Igreja e a aldeia*, frequentou longa e pessoalmente na região de Guérande, em que o habitat reflete particularmente bem o sistema aldeão-paroquial. Mas ele está igualmente consciente da diversidade das realizações locais desse modelo e evita mitificar a pretensa harmonia da comunidade aldeã.[27] Para captar essa diversidade, é preciso, portanto, multiplicar as monografias, sem nada negligenciar da organização social, da realidade econômica, das tradições políticas, das reações da paróquia durante as grandes crises religiosas (albigensianismo, Reforma, jansenismo, Revolução, Separação), das condições concretas do exercício da vida religiosa (facilidade de acesso à igreja, repartição do clero etc.), do estado das relações sociais (em torno do cabaré, das escolas, dos sindicatos, das butiques etc.). Le Bras estabelece o plano de tal monografia, precisando que sua ambição não é empreender ele próprio muitos desses "trabalhos de Hércules". Ele chama em seu auxílio "auxiliares competentes", que saberão mobilizar no lugar a "ajuda benevolente de todas as testemunhas qualificadas, a começar pelo cura".

---

[26] "Nuances régionales du catholicisme en France", *Revue de psychologie des peuples*, 1953, 1º trimestre, p. 12-23; *Études de sociologie religieuse*, vol. II, pp. 546-557.
[27] F.-A. Isambert, recensão de *L'Église et le village*, em *Archives de sociologie des religions*, n. 42, julho-dezembro de 1976, pp. 255-256.

A tarefa será muito mais complexa ainda no mundo urbano. Este será, de fato, durante muito tempo negligenciado pela pesquisa, por causa da dificuldade de nele estabelecer estatísticas: os habitantes das cidades formam, com efeito, uma sociedade instável, heterogênea, sem tradição local. Enquanto no mundo rural a comuna e a paróquia se fundem uma e outra em uma unidade social e geográfica territorializada, o território de uma cidade não forma uma verdadeira circunscrição religiosa. Desfaz-se, ao mesmo tempo, a afinidade social, cultural e até teológica que une as duas comunidades, civil e religiosa. A diferenciação social dos bairros reveste, ao contrário, uma significação maior do ponto de vista da prática religiosa. Bairro por bairro, é preciso, portanto, examinar com a maior minúcia a composição social da população: não só a classe, mas a profissão, a nacionalidade, a religião de origem. Devemos nos interessar igualmente pelos movimentos demográficos, pela mistura das populações, pelas formas da irradiação da cidade para além de seus próprios limites. É apreendendo – como "historiador psicólogo" – a personalidade própria dessas unidades urbanas que poderemos descobrir "os quadros totalmente novos da prática religiosa".[28]

Essa grande ambição implicava que o convite de Le Bras para empreender em todo lugar pesquisas que permitem "atingir o homem em seu meio" fosse efetivamente realizado em campo. Em um primeiro tempo, sua proposição não encontrou mais que ceticismo. As primeiras respostas chegam lentamente. Le Bras com elas alimenta suas "Notas de estatísticas e de história religiosas", publicadas na *Revue d'histoire de l'Église de France*. Mas o interesse por seu empreendimento se desenvolve. A partir de 1945, sua iniciativa pioneira é efetivada de múltiplos lados: em primeiro lugar figuram os estudos em campo do cônego Boulard, que publica, em 1947, nos *Cahiers du clergé rural*, o primeiro "Mapa da prática religiosa da França

---

[28] *Histoire de la pratique religieuse en France*, op. cit., cap. III.

rural". Este será reeditado em 1952, depois de quatro anos de verificações complementares junto ao clero de sessenta dioceses.[29] Aprovada pelo episcopado, a iniciativa de F. Boulard se inscreve em um projeto pastoral totalmente explícito: o conhecimento de campo é uma condição para toda ação de evangelização. A mobilização dos vigários de paróquia, aos quais ele pede que contem exatamente as pessoas que vêm à missa e aquelas que fazem suas páscoas, não é apenas um meio cômodo para colher materiais de pesquisa, mas também um empreendimento pedagógico que tende a difundir, no clero, uma concepção racionalizada da pastoral.

Graças à implicação maciça de todos esses sacerdotes rurais que ainda conhecem seus fiéis pelo nome, Boulard estabelece um mapa por cantões, em todas as zonas rurais, cuja densidade é, no máximo, de 200 habitantes/km². Esse mapa permite descobrir três grandes categorias de regiões:

– A categoria A agrupa regiões chamadas de "majoritárias", em que 45 a 100 % de adultos (com mais de vinte anos) fazem suas páscoas e assistem, em princípio, à missa dominical.

– A categoria B compreende as regiões minoritárias, mas com tradição católica. Os praticantes regulares adultos são minoria (44 a 0 %), mas o conjunto da população pertence ao conformismo sazonal e celebra religiosamente as grandes passagens da vida. Por meio desses atos solenes e públicos, os interessados permanecem ainda ligados à Igreja.

– Na categoria C estão reunidas as regiões chamadas "de missão" ou parcialmente desligadas. 20 % pelo menos das crianças que aí nascem não são batizadas nem catequizadas. Conscientemente ou não, a população dessas regiões não é ou não é mais de Igreja, e sim "de fora", e os espaços que ela ocupa estão para ser evangelizados ou re-envangelizados.

---

[29] Sobre esse trabalho sociológico-pastoral de F. Boulard, cf. F. Boulard, *Problèmes missionnaires de la France rurale*, 2 vol. Du Cerf, Paris, 1945; *Premiers itineraries en sociologie religieuse*. Éd. Ouvrières, Paris, "Économie et Humanisme", 1954 (prefácio de Gabriel Le Bras).

Em regiões A, a Igreja mantém contactos regulares com o conjunto da população. Em regiões B, esses contactos são episódicos, mas o sacerdote em questão ainda não perdeu toda a possibilidade de se dirigir diretamente àqueles que pertencem à sua circunscrição pastoral. Em regiões C, há ruptura de contacto: para falar à população, o sacerdote deve primeiro encontrar o modo de "penetrar no meio". Desse modo, essa cartografia religiosa se encontra justificada pelas necessidades da estratégia eclesiástica: o mapa que ela estabelece é, conforme os termos do próprio Fernand Boulard, um mapa de "posições". O que o mapa revela, segundo ele, ao mesmo tempo em que estados regionais da prática, são as forças e fraquezas da ação pastoral, fator principal de decadência ou de resistência ao cristianismo diante de todas as pressões do mundo moderno. O "Mapa da prática religiosa da França rural" se explica por uma lógica sócio-histórica da qual essa repartição em três zonas é o produto. E, nessa lógica, o modo como a Igreja "elaborou" cada região intervém de modo central. A descristianização é tão somente o produto recente da urbanização ou do laicismo, e encontra sua origem – mesmo quando a unanimidade da prática religiosa era então quase absoluta nos meios rurais – em diferenças provinciais já presentes sob o Antigo Regime, e que tornaram as diferentes regiões mais ou menos vulneráveis às pressões antirreligiosas dos tempos modernos e contemporâneos.

Mas esse mapa deixava em branco, deliberadamente, as zonas de grande densidade urbana. Os estudos referentes à prática religiosa nas cidades intervieram posteriormente, pondo aos pesquisadores problemas metodológicos inéditos. Um desses estudos, feitos por um aluno de Le Bras na paróquia de Saint-Laurent em Paris, em 1955, foi marcante por ter tirado, pela primeira vez, as consequências metodológicas do fato de que os sacerdotes urbanos não conhecem mais seus paroquianos, demasiadamente espalhados e móveis.[30] Não podendo recorrer a seu conhecimento preciso e pessoal dos fiéis, J. Petit propôs a estes responder a um questionário que se referia a sua situação

---

[30] J. Petit. "Structure sociale et vie religieuse d'une paroisse parisienne" ("avant-propos" e notas de F.-A. Isambert), *Archives de sociologie des religions*, n. 1, janeiro-junho de 1956, pp. 71-127.

pessoal (idade, domicílio, profissão etc.) e sobre a frequência de sua participação religiosa. O movimento das pesquisas por questionário estava lançado e, a seguir, se desenvolveu muito amplamente, completado pelos trabalhos referentes ao equipamento religioso das grandes cidades.[31]

Ele recorreu, em uma etapa seguinte, a uma normalização do material para tornar possível sua análise secundária; 105 cidades de mais de 25.000 habitantes (das quais todas as de mais de 50.000 habitantes) foram assim tratadas pelo cônego Boulard, associado a Jean Remy, da Universidade de Louvain.[32] Progressivamente, a totalidade do material foi retomada, homogeneizada e sintetizada: esse trabalho deu lugar, sob a direção de François-André Isambert e Jean-Paul Terrenoire, à realização de um monumental *Atlas da prática religiosa dos católicos na França*, publicado em 1980.[33] O empreendimento, iniciado por Gabriel Le Bras em 1931, terminava quase cinquenta anos mais tarde: por trás de cada tipo regionalmente identificado se esboçava uma "civilização de praticantes". O mapa estabelecido por F. Boulard, os – muito mais refinados – realizados, a partir do material reunido pelo cônego, pelos autores do *Atlas*, materializavam, com precisão crescente, uma situação globalmente esboçada pelo decano desde suas *Primeiras sínteses*, com os dados então disponíveis.

Partilhada em vastas regiões de fidelidade ou de indiferença, a França católica é uma confederação de regiões religiosas disparatadas. Três grandes zonas de prática se impõem: o Noroeste (Bretagne, Vendée), o Nordeste (Alsace, Lorraine) e o Maciço central. A isso devemos acrescentar algu-

---

[31] Cf., por exemplo, J. Labbens, *La pratique dominicale dans l'agglomération lyonnaise*. Institut de sociologie (Facultés canoniques), t. I, Lyon, 1955; t. 2: 1956; t. 3 (com R. Daille): 1957; Y. Daniel. *L'Équipement paroissial d'un diocèse urbain, Paris, 1802-1956*. Éd. Ouvrières, Paris, 1957.

[32] F. Boulard, J. Remy. *Pratique religieuse et regions culturelles*. Éd. Ouvrières, Paris, col. "Économie et Humanisme", 1968, 213 p.

[33] F.-A. Isambert e J.-P. Terrenoire. *Atlas de la pratique religieuse des catholiques en France*. Fondation nationale des sciences politiques / Centre national de la recherche scientifique, Paris, 1980.

mas pequenas regiões em que os que fazem a páscoa são a maioria, por vezes a quase-unanimidade: região basca, Terras frias do Dauphiné, Savoie, Queyras, esse cantão do Jura que comparamos à Vendée. Entre essas regiões se estendem "desertos da prática", em que a proporção de praticantes regulares está claramente abaixo dos 10 % da população adulta. Essa diversidade regional se cruza com outra linha divisória: a que divide, do ponto de vista da regularidade praticante, as classes sociais. As "espantosas analogias" evocadas por Gabriel Le Bras entre o mapa da observância regular e o das classes, profissões e hierarquias se tornaram perfeitamente visíveis pelo vasto trabalho de cartografia religiosa, realizada sob seu impulso. A abstenção operária – que há tempo interrogava a Igreja da França, antes até que fosse confrontada com as cifras fornecidas pelas primeiras pesquisas[34] – é doravante reconhecida estatisticamente: a taxa da prática operária é inferior a 2% em Paris, e gira em torno de 5 % nas grandes cidades (com a notável exceção de Lille e Saint-Étienne). De modo mais geral, o descontentamento da população ativa assalariada em relação à prática dominical é atestada. A fraqueza das taxas de prática urbana, as disparidades dessas taxas conforme as cidades, não seriam a tradução da proporção de operários – maciçamente desligados da Igreja – que elas concentram? Ou deveríamos fazer intervir outras causas, mais determinantes? Para responder a essa questão, que suscitou vivos debates entre os sociólogos do catolicismo nos anos 1950-1960, e para estabelecer as relações entre a geografia social e a geografia local da prática, seria preciso realizar um balanço normalizado e comparativo dos dados reunidos sobre o conjunto da França. F. Boulard e J. Remy fizeram esse balanço e sua resposta é formal: não há qualquer correlação entre a porcentagem de operários na população ativa e o nível geral dos participan-

---

[34] F.-A. Isambert. *Christianisme et classe ouvrière. Jalons pour une étude de sociologie historique*. Casterman, Paris-Tournai, 1961; "Christianisme et stratification sociale", *Social Compass*, n. 9, 1962: "Les ouvriers et l'Église catholique", *Revue française de sociologie*, 15/4, novembro-dezembro de 1974.

tes de missa[35] adultos na cidade. Se for verdade que a prática religiosa dos operários é claramente inferior à dos outros grupos profissionais, também não é menos patente que o nível de prática global é muito variável conforme as cidades. Ora, nenhuma correlação significativa aparece entre o nível da prática e a porcentagem de operários na população ativa de uma cidade, não mais que com sua estrutura econômica e notadamente industrial. Nenhuma correlação também com sua dimensão, nem com seu ritmo de desenvolvimento. A estrutura por idade e por sexo da população urbana não entra mais em linha de consideração. Ou, mais exatamente, cada um desses fatores tem um papel de diferenciação interna no seio da unidade cultural solidária que constituem a cidade e sua região. A clivagem principal e determinante é a que se estabelece entre essas unidades: entre as regiões cristãs de lado, e as regiões "afastadas" ou chamadas "de missão". Para explicar essa clivagem que remete a tradições culturais diferentes, estabilizadas na grande duração, é preciso, conforme os dois autores, recorrer à história da cristianização conhecida pelas diferentes regiões; afinal de contas, o fator mais explicativo das diversidades religiosas deveria ser procurado na história da ação pastoral. Vinte anos antes, para esclarecer a situação desigual das paróquias rurais em relação à prática, Fernand Boulard recomendava a mesma atenção à história da evangelização e das re-evangelizações sucessivas das diversas regiões.[36] O vigor dos debates que essa orientação suscitou não é de admirar se nos lembrarmos que, nos anos 1960, uma sociologia científica acabava de regular suas últimas contas com uma sociologia aplicada que ordenava, em última análise, o conhecimento sociológico para a ação pastoral.[37] Émile Poulat criticou vivamente, em um artigo publicado em 1969, os motivos ideológicos de tal perspectiva: ao explicar todo o pre-

---

[35] O francês diz "messés": participantes da missa recenseados no dia da pesquisa.
[36] F. Boulard. *Problèmes missionnaires de la France rurale, op. cit.*
[37] Cf. É. Poulat. "Catholicisme urbain et pratique religieuse", *Archives de sciences sociales des religions*, 29, 1969, pp. 96-117; e a resposta de F. Boulard e J. Remy. "Villes et regions culturelles: acquis et débats", *ibid.*, pp. 117-140.

sente pelo grau de cristianização legado pelo passado, Boulard e Remy se ligam ao processo pelo qual o fator religioso se torna uma componente da cultura; eles perseguem o segredo perdido de uma aculturação realizada pelo cristianismo, mas não se perguntam por meio de qual processo uma cultura afeta e transforma uma religião. Eles não interrogam, em outras palavras, os mecanismos sociais e culturais fundamentais do movimento de secularização que afeta todas as sociedades ocidentais.[38] Gabriel Le Bras não tomou parte pessoal em debates que seu empreendimento (com suas próprias ambiguidades) contribuiu para fazer surgir, e do qual emergiu progressivamente uma figura nova da sociologia do catolicismo. Mas foi a ele que essa sociologia, em suas diferentes tendências, deve ter posto no primeiro lugar de suas preocupações a organização em perspectiva diacrônica dos dados fornecidos pelas pesquisas empíricas.

No centro da herança lebrasiana: A opção pela história

O que constitui a contribuição principal de G. Le Bras à sociologia do catolicismo é, indiscutivelmente, sua opção firmemente acentuada em favor de uma abordagem histórica dos problemas do presente. O ponto de vista institucional que ele emprega como jurista sempre foi para ele inseparável de uma concepção diacrônica, que ele já havia ilustrado em seus primeiros

---

[38] "Faremos bem em manipular em todos os sentidos as variáveis e as variações da prática, generalizando o conceito pela atenção a todas as formas de vitalidade religiosa, jamais tirando disso o fato capital a ser explicado ou um embrião de explicação desse fato: durante séculos, Deus, o Sobrenatural, o Céu e o Inferno, Jesus filho de Deus, os milagres, o Diabo, foram pressuposições absolutas da Europa cristã, que não provocava a aberração de espíritos fortes ou de pequenos grupos. E hoje, não só de absolutas, elas se tornaram litigiosas, mas ainda mais, até aos olhos dos crentes, elas deixaram de aparecer como o fundamento necessário da ordem política que se instituiu e que eles aceitam. O consenso social repousa sobre outras bases, sobre um conjunto de evidências que se tornaram comuns, que progressiva e penosamente se constituiu, e da qual a revelação cristã, com sua história santa, achou-se proporcionalmente excluída": É. Poulat, artigo citado, pp. 97-116.

trabalhos sobre as instituições cristãs medievais. Em matéria de sociologia da prática católica contemporânea, essa consideração da história é a própria chave de toda explicação. Esse inventário dos praticantes, realizado a partir dos indivíduos, permite lançar as bases de uma descrição geográfica das atitudes coletivas em matéria de observância religiosa. Mas é a história que permite descobrir a lógica das estruturas desses conjuntos, assim como seus movimentos. É assim que ele observa, a respeito da diminuição muito geral da prática religiosa no período recente: "Esses problemas, quem pensaria em procurar todas as suas chaves no presente? 1940 é apenas um momento de nossa história, um ponto de passagem. Remontemos a 1789. Estabelecemos que, nesse tempo, quase todos os habitantes dos campos são observantes, ao passo que uma parte da nobreza, da burguesia, do povo comum das cidades, se limita ao conformismo sazonal, sem que possamos entrever grandes distinções entre as gerações ou entre os sexos. Por conseguinte, sobre todos os aspectos, o quadro da prática religiosa no fim do Antigo Regime difere de nossa visão de hoje. A observância, outrora normal, se tornou o fato de uma minoria decrescente. Nossa curiosidade se precisa: quando, como, por que se esboçaram as oposições regionais, as divergências sociais, os contrastes naturais que observamos hoje e que se acentuam sob nossos olhos?"[39]

A história é a chave dessas diversificações e, particularmente, das variações que se instauram entre as regiões do ponto de vista da prática: antes de 1789, o contraste é notável. A reconstituição do processo histórico (que ultrapassa muito amplamente, como vemos, apenas a história da pastoral) permite compreender a permanência de instituições ou sua transformação; ela leva a identificar os pólos de resistência ou de desestruturação. O mesmo naquilo que se refere às classes sociais e seu nível de observância: o contraste entre a burguesia e o povo existia sob o Antigo Regime, mas as posições foram invertidas. Desde quando? E por quê? Para explicar o presente, é

---

[39] *Études de sociologie religieuse*, p. 404.

preciso remontar para bem antes do "vaivém das classes sobre os caminhos da igreja". É preciso ir até às próprias origens da história nacional, estender a pesquisa histórica sobre quinze séculos, "desde o apostolado de são Martin, até o Apocalipse de 39", abraçando todas as eras da prática: "Uma época de conversão, que termina sob Carlos Magno; uma época de tradição, dividida por crises, que termina por 1750 a geração das Luzes; uma época de declínio e de sobressaltos, em que nos achamos implicados".[40]

Servida por uma excepcional erudição, essa opção em favor da história acha-se reforçada, mas também orientada, pela atenção central atribuída à instituição por G. Le Bras. Este salienta, de modo privilegiado, a continuidade da Igreja confrontada pelas transformações de seu meio ambiente, o grau de coerência ou, ao contrário, os sinais de fraqueza que ela manifesta através desse processo de longa duração, o modo como ela preserva sua identidade sob o choque das mudanças exteriores que caminham todas no sentido de seu enfraquecimento: industrialização, urbanização, emigração etc. Essa perspectiva não deixa de ter parentesco com a que prevaleceu em certos estudos de sociologia rural, tratando da aldeia como de uma microssociedade global, confrontada com uma sociedade global que ameaça sua coesão. Ela explica principalmente a importância atribuída à noção de "contato": o que determina o tipo e o nível do trabalho da Igreja em uma região, é, em grande parte, a intensidade das relações que ela mantém com o exterior, a multiplicidade das redes que garantem sua permeabilidade às influências de fora. Desse modo, a região parisiense, a região bordelesa, a região mediterrânea, três regiões abertas às circulações e às migrações, são regiões de não prática. Ao contrário, as regiões de prática regular são frequentemente regiões excêntricas, montanhosas, fechadas, distantes das correntes da civilização técnico-industrial.

---

[40] *Introduction à l'histoire de la pratique religieuse en France, op. cit.*; G. Le Bras vai a fundo em uma nota: "Uma vez mais, insistimos sobre o caráter histórico de nossa pesquisa. Exploraremos todos os séculos e daremos atenção tanto às origens cristãs como ao período contemporâneo que é, por outro lado, inexplicável sem um conhecimento profundo do passado".

A sociologia religiosa, acessível apenas, conforme G. Le Bras, ao historiador das religiões, deve, portanto, dotar a colocação em perspectiva histórica de uma instrumentação tipológica e comparativa, à qual o espaço serve de base. Mas é a história que permanece como princípio da explicação. Explicação pluralista, entendamos: longe de apelar a uma teoria unívoca do desenvolvimento histórico, Le Bras se remete, como jurista, ao método clássico do feixe de índices – tradição, ocupação, enquadramento, contactos etc. – para compreender contradições, retrocessos, deslizes e rupturas que caracterizam esse desenvolvimento.

Não separar a sociologia da história, procurar no passado a fonte da inteligibilidade do presente: essa lição de Gabriel Le Bras permanece indiscutivelmente seu legado mais precioso à sociologia contemporânea dos fatos religiosos. Contudo, podemos razoavelmente esperar mais da leitura de sua obra, quando o universo social e religioso para o estudo da qual ele preparou sua metodologia da pesquisa voou em cacos? Os trabalhos mais avançados sobre o catolicismo francês demonstram de modo notável o avanço de uma secularização externa e interna[41] do cristianismo, que definitivamente minou os fundamentos dessa "civilização paroquial", da qual Le Bras encontrava a presença mais ou menos preservada nas diferentes regiões francesas. O estudo notável de Yves Lambert sobre as transformações da religião na aldeia bretã de Limerzel desde o início do século XX mostrou que esse universo religioso envolvente, capaz de fornecer sentido e normas a todos os aspectos da vida individual e coletiva no decorrer das eras e das estações, sob a tutela de um clero onipresente, que encarnava a autoridade do divino sobre a terra, tinha começado a se fissurar com as perturbações da guerra de 1914-1918.[42] Partindo para o front por longos anos, os homens

---

[41] F.-A. Isambert, "La sécularisation interne du christianisme", *Revue française de sociologie*, n. 17, 1976.
[42] Y. Lambert. *Dieu change en Bretagne. La religion à Limerzel de 1900 à nos jours*. Cerf, Paris, 1985. Cf. também o dossiê dos *Archives de sciences sociales des religions*, n. 109, janeiro-março de 2000, preparado sob a direção de Y. Lambert, "Formes religieuses caractéristiques de l'ultre-modernité: France, Pays-Bas, États-Unis, Japon, analyses globales".

haviam descoberto universos sociais e culturais diferentes. Tinham, na lama das trincheiras, feito a experiência de um mundo insensato, esvaziado das evidências garantidas pela religião. Durante esse tempo, as mulheres haviam tomado em mãos as rédeas da vida econômica, haviam feito funcionar as fazendas e posto em questão, de modo mais ou menos implícito, as normas patriarcais que supostamente manifestavam a própria ordem da criação e que regiam "naturalmente" as hierarquias sociais, as relações de gênero e as relações de gerações sob a autoridade da religião. A Segunda Guerra Mundial, a reconstrução e os anos de crescimento que se seguiram terminaram o isolamento de uma região rural, que passou, em alguns decênios, da repetição dos gestos agrícolas tradicionais para a racionalidade econômica das porcarias industriais. A modernização política, econômica e cultural dessa aldeia da Bretanha apresenta, como um laboratório, as etapas de uma modernização religiosa que leva não ao desaparecimento do catolicismo, mas ao remanejamento radical das representações e das atitudes antigas. Ao mesmo tempo em se impõe um novo modo cognitivo, que repousa sobre a racionalidade científica e técnica, a ideia de um posicionamento individual e coletivo sobre o futuro do mundo supera o sentimento de dependência em relação ao passado e aos modos de vida antigos. O religioso perde sua capacidade exclusiva de legitimar o mundo tal como ele é e de sacralizar uma definição única das normas morais e sociais. As referências partilhadas se pluralizam ao mesmo tempo em que se individualizam as crenças religiosas, tornando-se matéria de opção em uma sociedade que a Igreja não rege mais. A espera de uma salvação no outro mundo, que tornava suportável os sofrimentos e as dificuldades de cá embaixo, se apaga em favor da esperança concreta de aceder, neste mundo presente, à prosperidade, à saúde e à realização de si mesmo. Na visão humanista de uma realização intramundana, que tende a se impor, a religião toma seu lugar como "um sistema simbólico de positivação", que permite àqueles que desejam a ela recorrer expressar suas necessidades, suas aspirações e sua expectativa de uma vida melhor desde já. Nessa perturbação cultural e simbólica maior, os quadros espaço-temporais da atividade religiosa se fragmentam. A própria noção de observância, inseparável da noção de obrigação (e, portanto, do controle de um poder religioso), perde sua pertinência.[43] O número de praticantes diminui, mas é principalmente a significação da prática que muda, tornando-se a escolha pessoal de um indivíduo que se afirma como sujeito crente. Essa autonomização das opções religiosas que se inscreve na pluralização das visões religiosas do mundo é a chave da pluralização das opções políticas dos católicos. Mas a "liberdade de escolha", da qual Jean-Marie Donegani estabeleceu que ela governava doravante as relações entre o religioso e o político,[44] abarca igualmente as opções morais dos fiéis e até seus modos de se relacionar com as verdades formuladas e garantidas pelas instituições. Essa "improvisação" de crenças, longamente posta em evidência pelas pesquisas empíricas se impõe até entre os praticantes regulares mais integrados nas estruturas eclesiais.[45] O crer religioso contemporâneo se estabelece maciçamente sob o signo do relativismo e do "probabilismo".[46] Seria ilusão salientar a novidade absoluta dessa situação: é provável, com efeito, que os fiéis católicos "pegam e deixam", como sempre, em relação às crenças prescritas pela Igreja. O que é verdadeiramente novo, é a afirmação do direito de cada um à subjetividade crente e o primado reconhecido (aí compreendendo boa parte dos próprios clérigos) à "autenticidade" do processo pessoal do crente, mais do que à conformidade dogmática das crenças que ele professa. Ainda que tenha avançado de modo desigual, essa

---

[43] Sobre o desaparecimento da figura do praticante como figura central da cena religiosa moderna, cf. D. Hervieu-Léger. *Le pèlerin et le converti. La religion en mouvement.* Flammarion, Paris, 1999.

[44] J.-M. Donegani. *La liberté de choisir. Pluralisme et pluralisme politique dans le catholicisme français contemporain.* Presses de la Fondation nationale des sciences politiques, Paris, 1993.

[45] Cf., entre outros estudos sobre as crenças contemporâneas, K. Dobbelaere e L. Voyé. "D'une religion instituée à une religion recomposée", em Voyé, Bawin, Kerkhofs e Dobbelaere. *Belges, heureux et satisfaits. Les valeurs des Belges dans les années 1990.* De Boeck/FRB, Bruxelas, 1992, pp. 159-238.

[46] Y. Lambert. "Un paysage religieux en profonde évolution", em H. Riffault (ed.). *Les valeurs des Français.* PUF, Paris, 1994, pp. 123-162.

mutação profunda do regime da verdade no próprio seio da instituição católica modifica o laço de implicação, postulado pela perspectiva institucional do decano Le Bras, entre a regularidade da prática e a conformidade da adesão crente. Sem dúvida, esse laço está longe de estar completamente rompido e podemos facilmente mostrar que os praticantes mais regulares (aqueles que frequentam a missa todos os domingos) conservam as oportunidades maiores de expressar as crenças em maior conformidade com o credo católico oficial. Esse "núcleo firme" dos fiéis regulares testemunha igualmente, em matéria de opções políticas, comportamentos éticos, de relação com o dinheiro etc, uma relativa homogeneidade.[47] Mas a própria redução do número desses fiéis regulares faz com que se perca sua função clássica de padrão da conformidade católica que lhes era atribuído pelas grandes pesquisas sobre a prática religiosa dos franceses. Uma pluralidade de comportamentos religiosos tende a se afirmar, e estes não podem mais ser compreendidos a partir de uma representação linear dos "graus da prática", eles próprios relacionados com graus da adesão. Numerosos trabalhos formalizaram a disjunção do laço classicamente estabelecido entre crença e pertença.[48] Outros apontam a mudança de natureza de identidades confessionais que não se apagam, mas se recompõem e se redefinem.[49] Crença, prática e afirmação subjetiva da adesão a uma linhagem crescente são hoje compreendidas como dimensões desencaixadas umas em relação às outras, que articulam – combinando-se de modo diverso – identidades religiosas (e católicas) plurais e moduláveis. No pós-Segunda Guerra Mundial, as grandes pesquisas inspiradas pelo decano Le Bras permitiram esclarecer as falhas, as persistências e as transformações de um mundo paroquial relacionado com a diversidade das "civilizações dos praticantes", nas quais ele

---

[47] D. Boy e N. Mayer. *L'électeur a ses raisons*. Presses de sciences politiques, Paris, 1997, cap. 3: "Que reste-t-il des variables lourdes?"
[48] G. Davie. *La religion des Britanniques*. Labor et Fides, Genebra, 1996.
[49] R. Campiche, A. Dubach, C. Bovay, M. Kruggeler, P. Voll. *Croire en Suisse(s)*. L'Âge d'Homme, Lausanne, 1992.

se ancorava. Longe de anular as aquisições desses trabalhos, as abordagens novas da modernidade religiosa têm tudo a ganhar com a preservação da prudência histórica, do rigor empírico, da preocupação com o espaço e com a longa duração, dos quais esses trabalhos devem permanecer como referência inevitável para a compreensão do presente.

Bibliografia

Introduction à l'histoire de la pratique religieuse. PUF, Paris, vol. I: 1942; vol. II: 1945.

Études de sociologie religieuse, vol. I: Sociologie de la pratique religieuse dans les campagnes françaises + bibliografia. PUF, Paris, 1955; vol. II: De la morphologie à la sociologie. PUF, Paris, 1956.

"Sociologie religieuse et sciences des religions", *Archives de sociologie des religions*, n. 1, janeiro-junho de 1956, pp. 3-20.

L'Église et le village. Flammarion, Paris, 1976.

8

HENRI DESROCHE (1914-1994)

Uma sociologia da esperança

Colocar a apresentação da obra de Henri Desroche sob o signo de uma "sociologia da esperança" tem algo de esperado. Tomada do título de um de seus livros importantes, a fórmula já foi utilizada pelo menos duas vezes: uma por Émile Poulat, que deu esse título a uma crônica *in memoriam* no cotidiano *La Croix*, no momento de seu desaparecimento em 1994,[1] e outra vez por F.-A. Isambert, no início de um capítulo central em um livro de homenagem, publicado em 1997.[2] Essa expressão tem o mérito de contar, ao mesmo tempo, o homem e seu projeto intelectual. A dinâmica da esperança fez de Henri Desroche um "fazedor de livros",[3] um animador comprometido com o movimento cooperativo, um criador infatigável de empreendimentos de pesquisa e de formação, um incansável despertador de vocações intelectuais e militantes. Ela é também o tema central de trabalhos científicos pelos quais ele se inscreve nessa "galeria de retratos" dos fundadores – antigos ou mais recentes – da sociologia das religiões. É "a ronda das esperanças e das desilusões" que ritma a história humana que Desroche persegue em

---

[1] *La Croix*, 6 de julho de 1994.
[2] F.-A. Isambert. "Une sociologie de l'espérance", em É. Poulat e C. Ravelet. *Henri Desroche: un passeur de frontières*. L'Harmattan, Paris, 1997.
[3] H. Desroche. *Mémoires d'un faiseur de livres*. Entretiens et correspondance ave Thierry Paquot (agosto de 1991). Lieu Commun, Paris, 1992.

suas primeiras explorações da ligação entre o cristianismo, o marxismo e a constelação dos socialismos que se esforçaram para pensar e fazer chegar os céus sobre a terra. É o incansável relance das expectativas coletivas, para além dos fracassos e das desilusões da história, que alimentou seu interesse constante pelos messianismos e milenarismos. É ainda o renascimento da "irmã esperança", jamais desarmada, que ele descobre na vasta população das experiências utópicas, comunitárias ou cooperativas. Ele próprio se comprometeu com algumas, de Boimondau à Universidade cooperativa internacional, à qual se dedicou até o fim de sua vida para suscitar. Ele estudou isso muito, a propósito desses *Shakers americanos*, que foram a matéria de sua primeira obra em sociologia das religiões.[4] Contudo, de certo modo, ele as sonhou todas, dedicando-se a encontrar a dinâmica dessa "expectativa fremente" que atravessa o tempo e o espaço, e a identificar a multiplicidade de suas expressões e de suas manifestações, a compreender seu poder criador até nos fracassos induzidos por seu confronto com a realidade. Ele mobilizou, para esse empreendimento, que ordenou tanto sua vida como sua atividade de pesquisador, uma imaginação científica servida por uma formidável erudição. Essa capacidade inventiva é atestada pela amplitude de sua bibliografia, mas também por uma escrita ao menos pouco comum. Quem lê Desroche hoje pode ficar surpreso (e às vezes exasperado) por seu gosto pelos jogos retóricos, por suas acumulações de adjetivos, por seu gosto imoderado pelas vastas recapitulações classificatórias ou por seu abuso de neologismos. Os estudantes, dos quais ele suscitou e formou a vocação para a sociologia das religiões nos anos 1960-1970, frequentemente já o eram. Mas eles percebiam que essa efervescência por vezes desproporcionada da linguagem era, a seu modo, o índice de uma liberdade da imaginação científica infinitamente preciosa, no momento

---

[4] H. Desroche. *Les Shakers américains*. Éd. de Minuit, Paris, 1955.

em que se impunham simultaneamente para eles a glaciação estruturalista e a petrificação dogmática do marxismo. Se os pesquisadores que trabalharam a seu lado, no Grupo de sociologia das religiões do CNRS e no comitê de redação da revista *Archives de sociologie des religions*, do qual ele foi um dos fundadores em 1956, testemunham com fervor o papel desempenhado por Henri Desroche na estruturação intelectual e institucional de sua disciplina (o que não significa que tenham necessariamente partilhado sua concepção da tarefa do sociólogo), o *establishment* sociológico atual não atribui muito crédito a uma obra por demais frequentemente reduzida a sua dimensão "missionária", nos domínios da cooperação e da ação pedagógica que ocuparam prioritariamente os quinze últimos anos de sua vida. O propósito desta apresentação não é fazer justiça apenas ao sociólogo das religiões, esforçando-se para esquecer o homem de campo, cujos empreendimentos, desigualmente coroados de sucesso, foram incensados aqui e severamente criticados lá. Com efeito, a sociologia de Desroche dos fatos religiosos só encontra sua coerência ao olhar do percurso do homem de ação, e vice-versa. Uma e outra são inteligíveis apenas (e juntas) se as recuperarmos em uma trajetória que ata intimamente, desde sua origem, uma experiência pessoal do engajamento e uma paixão intelectual que procurou sem fim os caminhos de sua comunicação.

A formação de um "atravessador de fronteiras": A experiência de "economia e humanismo"

Designando-o como um "atravessador de fronteiras" [passeur de frontières], o título do livro de homenagem dirigido por É. Poulat e C. Ravelet marca a impossibilidade de classificar Henri Desroche, de atribuí-lo a um lugar, a uma disciplina, a uma escola ou a um grupo, seja ele qual for. "É preciso, nota É. Poulat em sua *Introdução*, um dissidente de toda comunidade que, durante sua vida, não deixou de suscitá-la, estimulá-la, alimentá-la, cavalgando os séculos e olhando o futuro".[5] Esse percurso não traçado de Henri Desroche é marcado, em todo caso, por duas rupturas, que se referem diretamente ao projeto de compreender sua obra científica. A primeira – e a mais decisiva – é sua saída da ordem dominicana em 1951. A segunda é sua decisão, tomada no fim dos anos 1970, de abandonar o campo da sociologia das religiões por um investimento exclusivo na esfera da cooperação. A primeira ruptura aconteceu depois do conflito que o opôs às autoridades da Igreja romana, por causa da publicação de sua obra *Significação do marxismo*. As circunstâncias do acontecimento são bem conhecidas por nós, graças particularmente à tese de Denis Pelletier sobre a aventura do movimento *Économie et humanisme*, com a qual Henri Desroche esteve estreitamente associado.[6] Sobre a segunda ruptura, que o interessado significou de diferentes modos, sem explicá-la precisamente, compreendemos menos os motivos e as consequências. De fato, podemos sugerir que essa retirada coincidiu com o momento em que a sociologia das religiões rompia finalmente um fechamento ao menos relativo, mantido em parte pelas suspeitas que permaneciam ligadas, no contexto francês, a qualquer interesse – ainda que científico – pelos fenômenos religiosos. Esse reconhecimento correspondia em grande parte (mas não somente) aos esforços do próprio Henri Desroche. Temia ele que tal reconhecimento acadêmico e universitário significasse a insipidez (a "rotinização") do vasto programa comparativo, interdisciplinar e "metaecumênico", no qual ele queria fazer com que se unificasse dialeticamente "uma sociologia não-religiosa da religião e uma sociologia religiosa da não-religião? Via ele nessa normalização o risco

---

[5] É. Poulat. "Henri Desroche, compagnon et maître", em É. Poulat e C. Ravelet. *Henri Desroche : un passeur de frontières, op. cit.*, p. 13.
[6] D. Pelletier. *Économie et humanisme. De l'utopie communautaire au combat pour le Tiers Monde. 1941-1966.* Cerf, Paris, 1996. As considerações sobre *Économie et humanisme* feitas neste capítulo se apóiam amplamente sobre as análises desse excelente e muito completo estudo.

de uma diluição do projeto de tecer junto "uma sociologia dos fatores não-religiosos dos fenômenos religiosos e uma sociologia dos fatores religiosos dos fenômenos não-religiosos?"[7] Seja qual for a resposta a essas questões, podemos considerar que em qualquer estado de causa, alguma coisa provavelmente escapou – de uma ruptura para a outra – desse destino da utopia que ele analisou longamente: votada ao fracasso, seja pela pressão externa, seja pelo desgaste interno, a utopia é também sempre prometida a renascer sob uma forma nova. Quando, nos anos 1969-1970, H. Desroche cria o Centro Thomas More nos locais do convento de La Tourette[8], concebido por Le Corbusier e desertado pelos jovens estudantes dominicanos que deviam ocupá-lo, é o projeto jamais abandonado de uma reconciliação crítica da teologia cristã e das ciências humanas das religiões que ele novamente lança a novos preços, em um espaço aberto a múltiplas colaborações intelectuais em que poderia ser antecipado, para além de todos os sincretismos duvidosos, algo de uma mutação radical das relações entre a religião e a cultura de um mundo definitivamente secular. Em 1979, ele deixará para outros a preocupação de viabilizar duravelmente esse projeto, racionalizando sua organização e os objetivos científicos do Centro: a utopia, para se manter, ainda escolhia mais uma vez se fragmentar.[9] Em mais de um aspecto, o percurso pessoal de Desroche recortou desse modo sua sociologia.

Henri Desroche nasceu em 1914 em Roanne. Ele é filho, criado por sua mãe viúva, de um operário curtidor de saudável origem rural.[10] Aos 20 anos, depois dos estudos no seminário maior, ele entra para a ordem dominicana e se orienta para a história da filosofia. Mobilizado em 1939 e

---

[7] H. Desroche. *Sociologies religieuses*. PUF, Paris, 1968, col. "Le sociologue", p. 6.
[8] Em L'Arbresle, perto de Lyon.
[9] Sobre a criação do Centre Thomas More, cf. R. Ducret, "Henri Desroche et le Centre Thomas More", em É. Poulat e C. Ravelet. *Op. cit.*, pp. 41-52.
[10] H. Desroche evoca a experiência comunitária primeira, que foi para ele a vida paroquial em um universo urbano, ainda profundamente marcado pela ruralidade em suas conversas com Thierry Paquot. *Mémoire d'un faiseur de livres, op. cit.*, pp. 51-52.

liberado em Dunkerque, entra em 1943 no *Économie et humanisme*, movimento fundado em 1941 pelo padre Louis-Joseph Lebret. O objetivo de Lebret era "confrontar a doutrina social da Igreja com as ciências humanas, a fim de tentar elaborar uma 'economia humana" que correspondesse, ao mesmo tempo, às exigências da modernidade econômica e às da ética cristã".[11] Desse movimento, D. Pelletier salientou o enraizamento no antiliberalismo visceral do catolicismo intransigente e pôs em evidência as convergências iniciais com a Revolução nacional do regime de Vichy. Salientou igualmente o percurso de uma tomada de distância que não fez certamente de *Économie et humanisme* um movimento de resistência, mas que o orientou cada vez mais claramente para a pesquisa autônoma de novas formas de engajamento comunitário cristão, no seio de uma sociedade sujeita à empresa considerada detestável (e espiritualmente mortal) do capitalismo e do individualismo modernos. Essa utopia comunitária era alimentada pela tradição de um catolicismo social que valorizava os corpos intermediários e as comunidades orgânicas naturais, dos quais a família é o modelo. Mas ela apresentava concepções diferentes e por vezes contraditórias da comunidade: desse modo, o comunitarismo a-histórico, anti-igualitário e antidemocrático de um Gustave Thibon nele encontrou lugar por certo tempo, mas o pessimismo radical de sua crítica do mundo moderno o levou a deixar, em 1943, a equipe dirigente do *Économie et humanisme*. O economista François Perroux fez igualmente parte dessa primeira equipe. Seu ideal comunitário, inspirado pela sociologia de Tönnies, explica que esse professor na Faculdade de direito de Paris tenha podido fazer a teoria do corporativismo do regime de Vichy. Mas sua concepção de uma regulação da economia pelo mercado e sua ligação ao primado do indivíduo sobre o grupo dele o afastaram e o levaram a se demitir, em 1943, da Fundação Carrel. A mesma concepção realista da

---

[11] D. Pelletier. "Signification du marxisme (1949). Histoire d'un livre", em É. Poulat e C. Ravelet. *Op. cit.*, p. 144.

economia moderna o fez se debater vigorosamente com o padre Lebret – do qual ele criticou as concepções comunitárias arcaizantes em matéria econômica – e o levou a tomar distância em relação ao movimento. Em 1943, Henri Desroche entra, portanto, no *Économie et humanisme*, em um tempo de recomposição da equipe dirigente, para nela tomar como cargo o setor de pesquisas das "bases doutrinais". Mas o momento é antes de tudo o do encontro entre a utopia comunitária, pensada e sonhada no seio do movimento e a utopia praticada e engajada pela Comunidade dos fabricantes de caixas de relógios do Dauphiné, sob o impulso de Marcel Barbut. Essa comunidade operária, conhecida como a "comunidade Boimondau", representou, para os dominicanos do *Économie et humanisme*, uma experimentação em grandeza real de uma alternativa comunitária de inspiração personalista, eficazmente em oposição ao capitalismo. A concepção voluntária dos laços no seio do grupo, o primado atribuído a uma formação humana total, referindo-se a todos os aspectos da pessoa, o horizonte de um mundo novo, antecipado no presente, a busca de uma transparência tão grande quanto possível das relações intracomunitárias: todas essas dimensões da experiência Boimondau reuniam-se diretamente à visão comunitária do movimento. A convergência dos dois empreendimentos se inscreveu concretamente em um projeto de constituir uma comunidade de trabalho dos leigos do *EH*. Tratando-se de um grupo de produção intelectual – desdobrado de acréscimo entre a comunidade religiosa dos dominicanos e a dos membros leigos do movimento, a inventar –, o projeto se revelou difícil de ser posto em prática. Ele foi relançado, sob outra forma, pela criação de um movimento de leigos que se comprometia a pôr em prática, em sua vida de trabalho, os princípios e as orientações morais do *EH*. Esses "Companheiros da Verdade" eram concebidos, no espírito do Pe. Lebret, como uma Ordem dedicada a trabalhar, na linha do *EH*, para a reestruturação da sociedade e para a emancipação do mundo operário. "Cada um se compromete, nota D. Pelletier, a lutar até a supressão da condição proletária, em nome de uma revolução permanente e ascendente, que não é mais que a revolução comunitária cristã".[12] A dupla referência dessa comunidade espiritual, reunida a cada ano para uma sessão de pesquisa e um retiro, foi inseparavelmente a da comunidade operária de Marcel Barbut, e a da ordem, sob as duas formas medievais da ordem leiga de cavalaria e da ordem religiosa mendicante. A dificuldade de articular de modo coerente essa utopia comunitária e a problemática católica da missão – formalizada, na época, no seio dos movimentos de Ação católica – foi uma das causas do fracasso dos Companheiros. Instalada em La Tourette, nas alturas de Lyon, a equipe do *Économie et Humanisme*, soldada em torno da figura carismática do Pe. Lebret e do grupo dos dominicanos, torna-se progressivamente o pivô de uma vasta empresa com vocação científica e pedagógica, na qual a *Revue* ocupa um lugar central. Organização de sessões de formação, constituição de laboratórios de entrevistas e de pesquisa, atividades editoriais: é claro que o dispositivo do *Économie et humanisme* continuará a inspirar os empreendimentos de Henri Desroche, muito depois de sua saída da ordem dos Pregadores.

Em 1945, ele se encontra com Guillaume Dunstheimer, na chefia da "seção de pesquisa sobre as ideologias e os movimentos da era atual", dedicada principalmente à reflexão, que se tornou central no seio do movimento, sobre o marxismo e sobre os socialismos.[13] A ambição de que *Économie et humanisme* se tornasse "o centro católico de estudo aprofundado do marxismo-leninismo" fora visada pelo Pe. Lebret desde a fundação do movimento e concretamente formulada por ele por ocasião da assembléia geral de março de 1945. A ideia era a de fornecer aos movimentos de Ação católica e aos sindicatos cristãos os métodos de uma abordagem teórica e prática renovada da questão operária, assim como os instrumentos intelectuais do debate com os comunistas, encontrados no cotidiano da pas-

---

[12] D. Pelletier. *Op. cit.*, p. 74.
[13] *Ibid.*, p. 88.

toral operária. É a Henri Desroche que foi confiada essa tarefa, mas foi justamente a discussão constante com os marxismos que esta implicava que cavou progressivamente a distância entre ele próprio e o fundador do *Économie et humanisme*.

Do marxismo à sociologia das religiões

Nesse empreendimento, servido pelas ricas coleções marxistas e comunistas da biblioteca do *Économie et humanisme*, H. Desroche encontra, com efeito, dois interlocutores que vão contribuir para orientar sua perspectiva em um sentido diferente da de Lebret. O primeiro é seu colega, Guillaume Dunstheimer, alemão emigrado, especialista nas tradições comunitárias anarquistas e socialistas, que entra para o *EH* em 1945 e nele introduz uma leitura erudita dos textos originais de Marx, Engels ou Kautski. O segundo é o Pe. Chenu, do qual um artigo-chave é publicado no mesmo ano na revista. O teólogo põe novamente em questão a ideia (que era a de Lebret) de uma convergência ética possível do catolicismo com um marxismo esvaziado de seu ateísmo. Recusando o golpe de esperteza que consiste em compor com o marxismo, separando sua face negra materialista e sua face branca humanista, M.-D. Chenu pleiteia o reconhecimento da coerência filosófica de uma teoria que encontra e enfrenta, sobre a questão da emancipação humana, a teologia cristã da história.[14] O problema que mobiliza inteiramente Desroche durante esses anos de trabalho no *EH* não é o da "boa triagem" a ser feita no marxismo para que um cristão possa reconhecer sua operacionalidade sociológica. É o da superação dialética possível da contradição entre a visão da libertação dos povos que põe à frente o marxismo e o da desalienação radical que é parte integrante da promessa de salvação cristã. Uma retomada existencialista da

---

[14] M.-D. Chenu. "L'homo oeconomicus et le chrétien. Réflexions d'un théologien à propos du marxisme". *EH*, 19, maio-junho de 1945, pp. 225-236, citado em D. Pelletier. *Op. cit.*, p. 224.

problemática marxista, poderosamente inspirada pelo pensamento de Henri Lefebvre,[15] é o instrumento teórico dessa síntese original, da qual D. Pelletier mostrou bem a diversidade e a coerência dos diferentes fios que ela reúne: "Realismo filosófico (Tomás de Aquino), materialismo (Marx e Engels), anarquismo comunitário (Kropotkin), existencialismo (Lefebvre, Berdiaeff; em menor grau, Sartre), Evangelho dos pobres (Bloy, mas também são Paulo, citado em diversas passagens). No decorrer desses dois anos de pesquisa, o pensamento de Desroche jorra e se espalha em múltiplas referências, sob o efeito de uma pesquisa pessoal e de um engajamento militante. Ela o afasta sempre mais do *Économie et humanisme*, até não encontrar mais seu lugar na revista".[16] Durante todo esse período, Henri Desroche raciocina como teólogo que interroga o movimento da história e põe a questão do futuro da Igreja no horizonte de uma sociedade nova, na qual a supressão das classes e dos poderes reabilitará, em escalas inéditas, a unidade das comunidades primitivas.[17] Com efeito, essa realização coletiva da humanidade que se realiza na história tem uma significação inseparavelmente social, política e religiosa. A emergência de uma sociedade nova marca também o fim da divisão clerical do trabalho religioso: as massas que assumem seu destino social e político acedem ao mesmo tempo a uma autonomia religiosa coletiva, inscrita desde já na teologia do laicato colocada à frente, por exemplo, em um movimento como *Juventude da Igreja (Jeunesse de l'Église)*. A filiação propriamente teológica dessa perspectiva com a eclesiologia do Pe. Chenu (que alimentará, no Vaticano II, a teologia do povo de Deus) é claramente marcada. Mas Henri Desroche a retoma em um duplo movimento de alargamento utópico: um primeiro movimento que restabelece, por meio de uma inspiração marxista revisitada, os céus sobre a terra; um segundo movimento, que alarga a visão

---

[15] H. Lefebvre. *Le matérialisme dialectique*. PUF, Paris, 1990 (1ª ed., 1940).
[16] D. Pelletier. *Op. cit.*, pp. 233-239.
[17] "*Laïcisme athée et structures religieuses*", *Cahiers de jeunesse de l'Église*, "Je bâtirai mon Église", 8, 1948, pp. 117-144.

escatológica da Igreja realizada na sociedade inteira. Aqui não se trata tanto de reconciliar o cristianismo com o marxismo, e sim operar a dupla superação das representações puramente religiosas e das representações puramente políticas da libertação coletiva.[18] Ora, esse grande movimento da história foi anunciado e preparado em todas as épocas por meio de uma multidão de experiências comunitárias que anteciparam, em sua escala, o cruzamento entre a utopia cristã do Reino e o processo da desalienação social, política e religiosa, que a análise marxista torna inteligível. Ele se inscreve nos êxodos de múltiplos dissidentes, obrigados a deixar a pátria de uma sociedade e/ou de uma religião, para responder, a preço de todos os perigos e de todas as perseguições, ao imperativo escatológico que lhes tornava o mundo inaceitável como tal. Essas tentativas voluntárias os conduziram a explorar, inventando um mundo novo, "não sem nostalgia" daquele que acreditaram ter de deixar. A problemática teológico-política, apresentada em *Significação do marxismo (Signification du marxisme)* abre nesse ponto um projeto sociológico de enorme ambição: o de reconstituir, pela pesquisa sócio-histórica, a dinâmica desse trabalho utópico que é o próprio movimento da história e seu princípio de mudança. H. Desroche explicou, no fim de sua vida, que havia, em duas obras publicadas posteriormente (*Marxisme et religions* em 1962 e *Socialismes et sociologie religieuse* em 1965), "reorganizado a *Signification* em um díptico: o primeiro, tentando uma história das religiões (européias) por meio de uma leitura marxológica decididamente revisitada, e o segundo, tentando inversamente a decifração de um corpus Marx (e Engels) por meio de uma releitura de sociologia religiosa".[19] Essa avaliação retrospectiva, no entanto, não torna *Signification du marxisme* uma obra de sociologia das religiões. J. Séguy, que

---

[18] Encontraremos uma análise particularmente aguda da relação de H. Desroche com o marxismo na contribuição de J. Maître no volume de homenagem dirigido por É. Poulat e C. Ravelet. *Henri Desroche, un passeur de frontières, op. cit.*, pp. 157-166: "Henri Desroche, introducteur du marxisme dans le champ de la sociologie des religions en France".

[19] H. Desroche. *Mémoires d'un faiseur de livres, op. cit.*, p. 97.

foi o interlocutor crítico mais próximo de H. Desroche e o conhecedor mais atento de seus empreendimentos de pesquisa, salienta com razão esse ponto, observando que o interessado pensa, entretanto, seu livro publicado em 1950 como a "matriz" de sua obra, "não no sentido de primeira obra em uma lista de produções impressas, mas enquanto momento de primeira síntese, portadora potencial do que se seguirá, que o autor concebe vagamente ainda ou, às vezes, de nenhum modo".[20]

A atenção às "margens religiosas"

Que o interesse e até a "obsessão"[21] que habitaram H. Desroche em relação a todos os "atravessadores de fronteiras" encontram sua origem em sua experiência comunitária na ordem dominicana, e depois em seu próprio êxodo para fora de sua família religiosa, não deixa evidentemente nenhuma dúvida. Mas eles procedem igualmente de uma convicção intelectual que lhe valeu, desde sua entrada no CNRS, em 1954, vivos debates com seu "padrinho", Gabriel Le Bras. Não que Henri Desroche recusasse a abordagem do catolicismo institucional pela sociologia das práticas cultuais, posta em prática sob o impulso daquele que contribuiu de modo decisivo para a criação do Grupo de sociologia das religiões. Contudo, ele resistia à ideia de que os não-conformismos e os desvios religiosos encontráveis na periferia desses fenômenos de massa fossem definitivamente "encaixados em uma marginalidade que os explicaria". Designado para a "sociologia das seitas" no seio de *L'Année sociologique*, na qual contribuiu durante alguns anos, e depois na primeira equipe da revista *Archives de sociologie des religions*, da qual ele foi, a partir de 1956, o fundador e o primeiro animador, ele era sensível ao mesmo tempo às críticas de um outro de seus mestres – Émile

---

[20] J. Séguy, "Communautés et religion", em É. Poulat e C. Ravelet. *Op. cit.*, p. 28.
[21] H. Desroche. *Les religions de contrebande*. Mame, Paris, 1974, p. 12.

Leonard, especialista do protestantismo na V seção da École pratique des hautes études – em relação a uma "sectologia", assim como a uma "heresiologia", dedicadas a atestar a "normalidade" da religião dominante, encerrando os dissidentes em um museu de monstruosidades religiosas. Seu objetivo se explicitou rapidamente, como o de compreender os não conformismos não só como os analisadores de uma conjuntura religiosa particular, revelando as contradições de uma religião e de uma sociedade determinadas, mas igualmente como emergências de um movimento que fermenta a história na longa duração e que antecipa continuamente seu desenvolvimento. Introduzindo mais tarde seu *Dictionnaire des messianismes et millénarismes de l'ère chrétienne (Dicionário dos messianismos e milenarismos da era cristã)*, H. Desroche insistirá ainda fortemente sobre o fato de que esse "repertório dos homens da Espera" não deve, em nenhum caso, apesar "de fenômenos estranhos, insólitos ou anômicos que nele pululam", ser considerado como um anuário teratológico. Com efeito, o fenômeno humano inteiro, e o fenômeno religioso em particular, não avançam, como a ciência, senão por suas margens. O imaginário que esses fenômenos arrastam é precisamente aquilo pelo qual eles podem desenvolver seu poder criativo. O estudo das margens, das dissidências e dos desvios religiosos se refere, portanto, à própria emergência de uma religiosidade coletiva ainda não aprisionada nas redes de uma ortodoxia e de uma ortopraxia prescritas por uma instituição. Ela diz respeito a uma sociologia da espera, ela própria "parte significativa para uma sociologia do imaginário".[22] Por meio do imaginário, os homens renovam permanentemente, através das tribulações da história e do peso dos sistemas de dominação, o "milagre da corda". "A esperança é uma corda": colocada como epígrafe da introdução à *Sociologie de l'espérance*, essa fórmula de Angelus Silesius indica o projeto de H. Desroche. Como no prodígio típico do faquirismo, os homens que sonham um mundo diferente e, por vezes, se

---

[22] H. Desroche. *Dieux d'hommes. Dictionnaire des messianismes et millénarismes de l'ère chrétienne*. Mouton e École pratique des hautes études, Paris e La Haye, 1969, p. 3.

põem a antecipá-lo, lançam uma corda para o ar. Ela deveria cair de novo, mas "ela se ancora misteriosamente em algum lugar. A corda não solta. Ela segura. E ela sustenta o peso do homem em ascensão".[23] Essa parábola dá sentido à obra inteira em matéria de sociologia das religiões e ao incansável trabalho de exploração das dissidências ao qual Desroche se consagrou.

Convicto de que o esclarecimento das lógicas gerais da dissidência passa necessariamente "pela análise profunda de pelo menos uma dissidência", H. Desroche consagrou dois anos ao estudo de um grupo norte-americano fundado no fim do século XVIII por Ann Lee, profetiza progressivamente deificada no seio de um movimento que suscitou, entre 1770 e 1930, um florescimento de experiências comunitárias que viviam da agricultura e do artesanato, e que representava cerca de 20.000 pessoas.[24] Operária de uma fábrica têxtil de Manchester, Ann Lee tinha recebido por revelação a missão de criar uma nova Igreja nos Estados Unidos. No cerne da pregação de Ann Lee, há o anúncio da introdução progressiva e imanente do milênio no mundo por meio da generalização de uma vida monástica autárquica, aberta a crentes regenerados, pondo fim eles próprios, pela abstenção sexual, à sucessão das gerações. Restituindo, em 1973, a significação dessa experiência de pesquisa, H. Desroche esclarece ao mesmo tempo qual foi o desígnio de conjunto de seu percurso intelectual: retomar cada emergência utópica singular e localizá-la na continuidade de uma dinâmica utópica de mais vasto porte, cuja posteridade pode ser re-encontrada até no presente contemporâneo. "A análise de uma minidissidência, a dos Shakers, fez-me visitar profetas cevenóis na França do Grande Século e os French Prophets, Quakers e Metodistas na Inglaterra do capitalismo manchesteriano, para me encaminhar finalmente entre as peripécias da Guerra de independência entre as proliferações não conformistas do Novo Mundo. A fundadora des-

---

[23] H. Desroche. *Sociologie de l'espérance*. Calmann-Lévy, Paris, 1973, p. 7.
[24] H. Desroche. *Les Shakers américains. D'un néo-christianisme à un pré-socialisme*. Éd. de Minuit, Paris, 1955 (trad. Americana em 1971).

sa "seita" – jovem do fim do século XVIII – tornara-se familiar a mim, tão verossímil quanto plausível. Todavia, foi apenas vinte anos depois que pude medir a atualidade de uma história aparentemente tão fora de atualidade, ao observar as jovens americanas das "comunas" contemporâneas que tinham vindo em visita – ia escrever em peregrinação – à aldeia-testemunha dos Shakers de Hancock (Ma.), e ao me admirar do interesse delas por uma versão inglesa de minha velha monografia".[25] Podemos pensar que H. Desroche teria ficado apaixonado pelo renovado interesse pelo shakerismo nos movimentos de renovação espiritual do fim dos anos 1990, interesse capaz de suscitar conversões que a decadência folclorizante do movimento não permitia mais pressentir, no momento em que ele próprio salientava apenas continuidades longínquas entre experiências utópicas antigas e experimentações comunitárias contemporâneas".[26] Mas é seu modo de proceder que deve chamar a atenção: a profetiza Ann Lee e aqueles que sua pregação ligam a elas se tornam sociologicamente "plausíveis", a partir do momento que as liguemos a uma arborescência utópico-religiosa, da qual eles não são, na bizarrice efervescente de suas práticas e de suas computações milenaristas, mais que um minúsculo ramo. Desse modo, reintroduzido em uma genealogia social e espiritual, que torna sociologicamente inteligível a inovação profética, operada pela fundadora, o grupo pode ser compreendido como um ponto de cristalização (e até como um ponto de possível relançamento) de uma corrente utópica que se desdobra até o presente. Mas essa continuidade utópica só pode ela própria ser apreendida por meio do reconhecimento da diversidade desses fenômenos que, em nenhum caso, se trata de remeter a um modelo único. O "ludismo sagrado" de Ann Lee, que visa, pela difusão de um monaquismo misto, a interromper a reprodução

---

[25] *Sociologie de l'espérance, op. cit.*, p. 15.
[26] Cf., por exemplo, o relato recentemente publicado de uma convertida vinda do catolicismo: Susan Skees. *God among the Shakers. A Search for Stillness and Faith in Shabbatday.* Hyperion, New York, 1998.

biológica (no momento, observa Desroche, em que os cortejos ludistas interrompem a produção, quebrando as máquinas nos subúrbios industriais miseráveis de Manchester) não desenvolve a mesma esperança que a teologia mórmon ou adventista, que se espalham na mesma época na América do Norte. E "todas são diferentes da teologia de Leveller um século mais cedo ou da teologia de Léon Bloy um século mais tarde". No panorama interminável dos movimentos religiosos protestatários que contestam ao mesmo tempo a ordem social e a ordem religiosa dominantes, há teologias diversas. Há igualmente esperanças sem teologias, seja por não terem tido "os meios de se equipar com tal expressão" (como os cultos do cargueiro na Oceania, a Ghost Dance na América, o Conselheiro no Sertão etc.), seja por terem "desesperado os deuses", esvaziando-os de uma "esperança do homem no homem", sem saída possível em uma renovação da ordem terrestre.[27] Algumas dessas esperanças permanecem sonhos despertos, outras inauguram expectativas efervescentes à escala de um determinado grupo, outras alimentam utopias generalizadas na sociedade inteira. Há esperanças criativas e dinâmicas, mas há igualmente esperanças confrontadas com o fracasso: esperanças falidas, esvaziadas, minadas, e até "esperanças inesperadas", portadoras de uma promessa que, por definição, não pode ser mantida etc. A fascinação do inventário da diversidade de expectativas através do tempo e do espaço, e a paixão da descoberta dos "cheios e vazios" da esperança suscitam uma vasta ambição tipológica, cruzando permanentemente (e isso não sem parentesco com o empreendimento de Troeltsch, a respeito das igrejas cristãs) uma tipologia dos períodos históricos e uma tipologia das formas de protesto. A referência a Troeltsch é, por outro lado, explícita, por exemplo, na apresentação das constelações utópicas que organizam a população dos "marginais da consciência religiosa no Ocidente":[28]

---

[27] *Sociologie de l'espérance, op. cit.*, p. 16.
[28] *Les religions de contrebande, op. cit.*, cap. II.

dissidências medievais do século XI ao XV; margens radicais da Reforma no século XVI; renovos revolucionários ingleses no século XVII; florescimento milenarista americano nos séculos XVIII-XIX; novos cristianismos na França pós-revolucionária no século XIX; resistências religiosas russas do século XVII ao XIX; proliferações culturais do Terceiro Mundo nos séculos XIX e XX;[29] não conformismos e fenômenos sectários contemporâneos. Mas essa tipologia histórica dos ciclos do protesto sociorreligioso é inseparável de uma referência igualmente central para Durkheim e para sua teoria da emoção das profundidades, como fonte de toda religião. Cada um desses movimentos "quentes", que apelam para uma mudança radical da ordem social e religiosa e para uma subversão de todos os poderes, são os lugares de uma refundação religiosa permanente, na qual se recriam, através dos tempos, "os grandes ideais sobre os quais repousam as civilizações",[30] antes que esses fundamentos renovados sejam progressivamente recobertos, enfraquecidos e desnaturados por sua vez pelos grandes dispositivos oficiais da "administração do sagrado" e da gestão social do poder. Compreendemos então que o trabalho de habilitação histórica dos dissidentes, marginais e outros precursores, ao qual se dedica Henri Desroche, não é apenas uma salvação para as vítimas da história, uma galeria de retratos daqueles cujas intuições foram sufocadas e recobertas pelas ortodoxias, pelas disciplinas e pelas tutelas impostas pelos poderes políticos e religiosos. A ambição vai mais longe, porque é a de esclarecer a dialética criadora que se instaura em todas as épocas entre os fenômenos religiosos *críticos* e os fenômenos religiosos *orgânicos*: "Religiões da oposição diante das religiões do poder ou, se quisermos, polos de uma religião contestadora em relação aos oligopólios e aos monopólios das religiões atestadas; contrajogo de um mercado negro de bens simbólicos por baixo dos jogos que presidem o co-

---

[29] Das quais a quimbanda foi, para H. Desroche, a referência mais significativa.
[30] H. Desroche cita aqui diretamente Durkheim. *Les religions de contrebande, op. cit.*, p. 44.

mércio desses bens simbólicos quando são objeto de truste pelo domínio de uma Igreja e/ou de um Estado".[31] Em um momento em que a evidência da desregulação institucional do religioso e os processos de disseminação de crenças se impõem aos sociólogos das religiões, essa atenção às periferias, aos pequenos grupos ultraminoritários e aos fenômenos marginais de subversão da ordem simbólica dominante aparece sem dúvida muito menos original do que o era em um período em que a abordagem institucional do religioso se impunha de modo maciço. Mas é preciso salientar a que ponto a sensibilidade de Desroche aos "fenômenos religiosos críticos" e às utopias, que são seu prolongamento em regime de secularização, abria um caminho pioneiro para a pesquisa nos anos de fundação da disciplina. A noção de utopia – esse modo de invocar, contra um presente que se recusa, um futuro totalmente diferente, em nome, na maioria das vezes, de um passado magnificado como Era de Ouro[32] – permitia, com efeito, ler a reabsorção moderna da religião ao mesmo tempo por meio do desaparecimento social da religião (a "perda de influência" dos sistemas religiosos, longamente medida pelas pesquisas empíricas) e por meio da realização dos ideais religiosos dentro de uma modernidade que os incorpora e ao mesmo tempo os laiciza. A religião podia reconhecer, por meio desse viés, uma capacidade efetiva de "elaborar o social", para além até da perda de influência social e cultural das instituições religiosas nas quais se inscrevia sua dominação hegemônica antiga sobre as sociedades e sobre as consciências. Desse modo, era mantido aberto um programa de pesquisa sobre as lógicas simbólicas da modernidade, nesses anos em que o ponto de vista secularista se impunha ao conjunto da sociologia ao mesmo tempo em que esta atestava, com isenção, a ideia da "grande divisão" entre sociedades tradicionais e sociedades

---

[31] *Ibid.*, p. 17.
[32] Conforme a definição dada por J. Séguy da utopia: "Une sociologie des sociétés imaginées", *Annales ESC*, março-abril de 1971, pp. 328-354; retomado em J. Séguy, *Conflit et utopie, ou réformer l'Église. Parcours wébérien en douze essais*. Cerf, Paris, 1999, cap. II.

modernas. Com Jean Séguy, que desenvolveu esse projeto em uma direção mais sistematicamente teórica e mais especificamente weberiana,[33] H. Desroche foi, sem qualquer dúvida possível, o principal artesão dessa abertura do ponto de vista da pesquisa histórica. Ele o inscrevia até simbolicamente, em seus empreendimentos editoriais: o volume de *Dieux d'hommes. Dictionnaire des messianismes et millénarismes de l'ère chrétienne (Deuses de homens. Dicionário dos messianismos e milenarismos da era cristã)* comporta uma série de páginas em branco, inseridas no meio do texto escrito. Não se trata de um defeito de fabricação. H. Desroche queria significar, deixando aos leitores presentes e futuros a possibilidade de acrescentar suas fichas à enorme compilação já realizada, o caráter interminável do inventário empreendido: interminável porque muitas experiências históricas ainda não foram exumadas; interminável também porque novas experiências são sempre suscetíveis de surgir, na situação em que a acumulação insuportável das opressões e das frustrações econômicas, sociais, políticas, culturais e simbólicas produz a cristalização coletiva, e até a condensação comunitária, do protesto contra todos os poderes estabelecidos.

Messianismos, milenarismos, utopias: Uma sociologia da expectativa

Primeiros na lista das "colônias comunistas recentemente constituídas e ainda existentes", estabelecida por Engels,[34] os Shakers chamaram

---

[33] J. Séguy. *Conflit et utopie, ou réformer l'Église. Parcours wébérien en douze essais, op. cit.*: essa obra, que retoma um conjunto de artigos escritos entre 1971 e 1993, constitui atualmente a melhor suma teórica sobre os problemas da utopia em suas relações com a religião.

[34] Sobre a publicação pioneira, por H. Desroche, da *Description des colonies communistes récemment constituées et encore existantes*, escrita três anos antes do *Manifesto*, cf. F.-A. Isambert, "Une sociologie de l'espérance", em É. Poulat e C. Ravelet. *Op. cit.*, p. 96. Cf. H. Desroche. *Socialismes et sociologie religieuse*. Cujas, Paris, 1965, pp. 89-115.

a atenção de H. Desroche, porque ofereciam um cenário típico da lógica utópica, característica dos momentos de expectativa coletiva exacerbada, em que "os deuses se refazem (ou, mais precisamente: aspiram a se refazer) em uma sociedade a ponto de se desfazer".[35] Essa lógica utópica define, para além da diversidade extrema das manifestações históricas que eles podem revestir, um gênero particular de fenômenos sociais. No seio desse gênero, os fenômenos messiânicos constituem uma "espécie"[36] particular, extremamente numerosa e diversificada. H. Desroche torna sua a definição do messianismo dada por Hans Kohn: "A crença religiosa na vinda de um redentor que porá fim à ordem atual das coisas, seja de modo universal, seja por um grupo isolado e que instaurará uma ordem nova, feita de justiça e de felicidade".[37] Diversamente do profeta, que se prevalece apenas de uma missão recebida de Deus, o messias mantém uma ligação de parentesco ou de identificação com Deus. O profeta é escolhido por Deus. O messias emana de Deus e sua intervenção instaura uma ordem social nova. Aqui se estabelece a ligação entre o messianismo e o milenarismo, dois termos frequentemente empregados um pelo outro: "O milenarismo é o movimento sociorreligioso do qual o messias é o personagem". Com efeito, a associação dos dois termos remete à dupla dimensão – religiosa e social – do mesmo fenômeno, ainda que "nele não haja necessariamente personagem e movimento".[38] Messianismo e milenarismo parecem se inscrever, pela própria etimologia dos dois termos, na tradição judaica e cristã, mas as ideias e os fatos recobertos por esses termos transbordam largamente, conforme H. Desroche, a área judaico-cristã: tomados em um sentido sociológico e não teológico, eles cobrem "uma população de situações importantes

---

[35] *Sociologie de l'espérance, op. cit.*, p. 62.
[36] F.-A. Isambert, "Une sociologie de l'espérance", em É. Poulat e C. Ravelet. *Op. cit.*, p. 100.
[37] *Dieux d'hommes, op. cit.*, p. 7.
[38] *Sociologie de l'espérance, op. cit.*, p. 67.

na história das religiões, situações em que um personagem fundador de um movimento histórico de libertação sociorreligiosa é identificado com um Poder supremo, "emitindo" sobre o conjunto da história das religiões, como que sociedades".[39] Essa definição permite estabelecer a continuidade que existe, no seio do gênero utópico, entre os messianismos e milenarismos propriamente religiosos e os movimentos seculares (em parte saídos da esperança escatológica milenarista) nos quais igualmente se inscreve o sonho de uma inversão radical da ordem do mundo, estendido a uma humanidade inteira e definitivamente regenerada. *Les Dieux revés* (Os deuses sonhados), obra publicada em 1972,[40] um ano antes da *Sociologie de l'espérance*, e que passava em revista uma série de utopias estritamente seculares, indicava, por seu próprio título, o projeto de fazer explodir, por meio de uma sociologia da utopia, as classificações habituais dos fenômenos em "religiosos" e "não religiosos". Em uma linha bem durkheimiana, a sociologia de Desroche da esperança apreende a dinâmica da autocriação do social em todas as manifestações coletivas em que se exprime a capacidade dos grupos humanos de transcender pelo imaginário as determinações da vida ordinária. Ao fazer isso, ela passa, através dos biombos habituais da sociologia, entre sociologia religiosa e sociologia dos movimentos sociais, sociologia das ideações coletivas e sociologia política. Ela perturba, de início, os achados habituais da sociologia das religiões: "Religião. Deus. Sagrado. Revelação. Igreja. Fé... Todos esses termos, que uma linguagem sumária tende a amalgamar, os avanços da utopia religiosa manifestam como eles são suscetíveis de explodir, de se dividir e até de se opor: religião sem deuses ou deus sem religião, sagrado sem religião ou deus, dessacralização da religião ou de deus, revelação sem igreja, igreja sem dogmas

---

[39] *Dieux d'hommes*, op. cit., p. 7.
[40] *Les dieux rêvés. Théisme et athéisme en utopie*. Desclée, Paris, 1972.

etc., etc. E, no entanto, cada uma dessas contribuições privativas é de natureza a fomentar um comportamento, por vezes uma mística; em todo caso, porém, uma ética pertinente a um "uteísmo".[41]

O projeto de restituir, em uma sociologia da utopia, a unidade das manifestações ativas da esperança coletiva não significa, evidentemente, que as encerremos em uma descrição única. Muito ao contrário, o próprio sentido dessa unidade se desvela apenas na descoberta das variedades históricas múltiplas de suas expressões. A "messialogia" de Henri Desroche tem vocação essencialmente comparativa. A tipologia dos personagens e a tipologia dos reinos (ou dos movimentos) são assim prometidas a se cruzarem e a se redistribuírem em todos os sentidos, em uma vasta tipologia das estimativas numéricas.

– Do lado dos personagens, a figura que se impõe em primeiro lugar é a do messias historicamente presente, seja por reivindicar ele próprio sua ligação nativa com a divindade (messias pretendente), seja por esse título lhe ser atribuído por seus discípulos ou por seus descendentes (messias pretendido). Mas não é raro que o messias esteja historicamente ausente e que se manifeste apenas disfarçadamente na cena social. É o caso em que o messias, embora tendo chegado, permanece ignorado por todos, quando permanece escondido e acessível apenas a alguns, quando ele aparece, desaparece e deve ser esperado novamente, quando se anuncia a iminência extrema de sua vinda etc. O reconhecimento só intervirá mais tarde, no seio de um movimento histórico que se reapropria da figura desse messias ausente. Entre presença e ausência, há lugar para a intervenção, sob formas variáveis, dos vigários do personagem, profetas, precursores, lugares-tenentes etc.

---

[41] *Les dieux rêvés*, op. cit., p. 212. F.-A. Isambert, que cita igualmente esse texto, o acompanha com uma nota etimológica muito interessante sobre o termo "uteísmo". "Por uteísmo [uthéisme], não penso – escreve ele – que Desroche tenha desejado negar Deus, mas, considerando a divindade como um campo conceitual, ele faz essas criações dos seres não definidos pelas coordenadas de nosso pensamento comum ou erudito em relação a esse campo. *A existência* parece fazer parte dessas coordenadas". F.-A. Isambert. "Une sociologie de l'espérance", em É. Poulat e C. Ravelet. *Op. cit.*, n. 47, p. 106.

– Do lado dos reinados ou reinos messiânicos, a tipologia se organiza em função do eixo principal da mudança social, associada à mudança religiosa. Se as utopias messiânicas abarcam em geral todos os aspectos possíveis do mundo novo que elas anunciam, elas fazem correntemente de uma dimensão particular da vida coletiva o pivô dessa transformação global: o político, a economia, a organização sexual e familiar, a relação com a natureza ou com o cosmo etc.

– A tipologia das estimativas numéricas se articula principalmente em torno da distinção dos pré- e dos pós-milenarismos. Os pré-milenarismos se colocam na expectativa de um acontecimento futuro, que intervirá do alto, sem que a intervenção do homem possa fazer algo para apressá-lo. O Reino de Deus se instaurará repentinamente, por arrombamento e desintegração do mundo tal como ele é. Nele entrarão aqueles que estarão preparados para sua vinda. Para o pós-milenarismo, o acontecimento inaugural do Reino já teve lugar, e ele desenvolve progressivamente seus efeitos no mundo, em um processo evolutivo para o qual os esforços humanos podem concorrer. Ao contrário do pré-milenarismo, que se realiza de cima para baixo, instantaneamente, o pós-milenarismo opera de baixo para cima na duração, e é o progresso da conversão dos homens ao mundo novo que torna possível seu desdobramento no espaço. O pré-milenarismo pertence ao registro da iminência. O pós-milenarismo pertence ao registro da imanência. Neste último caso, o processo evolutivo, de gênero "macro-milenarista", pode se referir de início à sociedade inteira (como um fermento cujos efeitos se difundem progressivamente); ele pode também intervir do exterior, por meio das realizações alternativas micromilenaristas, que testemunham o caráter irreformável da ordem sociorreligiosa estabelecida. Estas antecipam a ordem nova que virá e absorvem progressivamente a ordem antiga. Tanto em um caso como no outro, o papel de minorias agentes é essencial: elas podem recorrer a meios violentos para acelerar a vinda do Reino, ou preconizar, ao contrário, uma não violência radical, recusando qualquer contato com a ordem na qual se inscreve a violência política e religiosa estabelecida.

Esse empreendimento tipológico é inseparável da colocação em perspectiva histórica dos grandes ciclos messiânicos: a marcha para o Reino se interrompe inevitavelmente a partir do fato de que o movimento deva compor com as forças que a ele se opõem, com as lógicas contraditórias que se desenvolvem em seu seio, com a própria duração. Esperávamos o Reino, mas é, conforme a célebre fórmula de Loisy, a Igreja que veio, porque o projeto de transformação global do mundo tal como ele é se fecha em uma versão puramente religiosa da alternativa. Ou, bem ao contrário, o desígnio utópico se detém na sociedade política, e a expectativa do Reino, também seguramente se torna efêmera. Esta pode igualmente se desdobrar, a certa etapa dada do percurso, em duas versões distintas, uma política e a outra religiosa. Em todos os casos apresentados, a interação do personagem e do reino, do religioso e do político, do céu e da terra se reorganiza por meio do fracasso do projeto mobilizador inicial. Mas esse fracasso inevitável é verdadeiramente fracasso? Porque ele libera, seja qual for o resultado do movimento inicial, uma dinâmica inovadora que produz seus efeitos sobre outros campos. "Na história sociorreligiosa há, talvez – nota Henri Desroche no fim de sua Introdução ao *Dictionnaire des messianismes et millénarismes de l'ère chrétienne* –, apenas messianismos que falharam. Essa hipótese teria ao menos como contrapartida uma interrogação: esse messianismo cujo sucesso não seria localizável em nenhum lugar, não se manifesta em outro lugar, e por seu próprio fracasso, latente um pouco em todo lugar, na gênese daquilo que, por outro lado, pode ser considerado como sucesso? Poderíamos até, no limite, nos perguntarmos se o desenvolvimento histórico em todas as suas dimensões é, finalmente, uma coisa diferente de um messianismo que falhou. Armadilha da história! Tudo aconteceria como nessas viagens de descoberta da Renascença: as caravelas partiam para encontrar a localização do Paraíso perdido. Elas, naturalmente, não encontravam esse Paraíso: haviam, portanto, fracassado. Elas aportavam, no entanto, em um continente novo e, portanto, haviam tido sucesso. O próprio sucesso delas teria como motivo um projeto destinado ao fracasso."[42]

---

[42] *Dieux d'hommes, op. cit.*, p. 39.

A questão colocada por essa abordagem da história sociorreligiosa por seus fracassos criativos[43] é, evidentemente, a de sua extensão possível às formas da "esperança realizadora", que não mobilizam nenhuma referência supraterrestre e sobrenatural. Em que medida há continuidade e, portanto, possibilidade de tratar junto os fenômenos messiânicos religiosos encontráveis na área judaico-cristã e para além dela, e os fenômenos utópicos e revolucionários modernos que não colocam mais na vontade divina a vinda da mudança social? Ao salientar a capacidade de intervenção dos homens na vinda esperada de uma terra nova, a categoria do pós-milenarismo permite precisamente estabelecer essa ligação. Com efeito, a convicção de que o Reino está a caminho pode surgir da convicção de que a revelação dela foi dada, em acréscimo, por meio da revelação de um personagem inspirado, mantendo uma relação privilegiada (da ordem da filiação) com a divindade. Mas essa fé pode se eufemizar, se mundanizar, se atualizar historicamente em uma tomada de consciência coletiva – e puramente secular – da urgência da mudança. O sonho utópico de absorver progressivamente a sociedade inteira em um contramodelo social experimentado na escala comunitária coloca Saint-Simon, Cabet ou Fourier na linhagem secularizada das

---

[43] Leremos com interesse a interpretação que Roger Bastide deu dessa categoria, central em Desroche, do "fracasso que é também um sucesso", categoria que lhe parece manter uma ligação, não só com o peso do real, mas igualmente com o "peso do pecado original". Ele diz a esse respeito sua concordância com Desroche para não encantoar a sociologia religiosa na análise das determinações dos fatos religiosos pelos fatos não religiosos, mas para abri-la para uma "sociologia das superestruturas ideológicas ou utópicas, que constituem as religiões". "A categoria do pecado original é uma dessas superestruturas – acrescenta ele – e devemos reintroduzi-la, acreditamos, na nova sociologia das religiões". Essa observação de Bastide esclarece bem a finalidade atribuída pelo próprio Desroche a sua sociologia dos fatos religiosos. R. Bastide. "Trois livres et un dialogue", *Archives de sciences sociales des religions*, n. 36, julho-dezembro de 1973, pp. 125-131. Essa nota de leitura de Bastide sobre três livros de Henri Desroche é provavelmente a última contribuição do autor de *Amériques noires* para a sociologia das religiões, depois da publicação de seu livro *Le rêve, le transe et la folie*. Flammarion, Paris, 1972. Ele faleceu em 1974, e foi H. Desroche que lhe prestou uma homenagem *in memoriam* nos *Archives de sciences sociales des religions*, n. 37, janeiro-junho de 1974, pp. 3-4, homenagem que constitui o último passo de um longo companheirismo intelectual, testemunhado por esses dois textos.

antecipações messiânicas da qual provém, por exemplo, a pequena operária de Manchester, que se tornou fundadora divinizada dos Shakers. A dinâmica histórica das grandes revoluções – a inglesa, a americana e a francesa – se inscreve na continuidade de projetos utópicos progressivamente despojados, conforme a célebre fórmula de Engels a propósito da Revolução Francesa, de sua veste religiosa, mas que trazem, sob formas cada vez mais expressamente políticas, a mesma aspiração alternativa à igualdade radical dos seres humanos. Toda questão é saber de que modo as utopias revolucionárias "realizam" o projeto religioso messiânico: seja por rejeitar este último em um submundo religioso definitivamente desaparecido, seja por cumprir suas promessas, atualizando-o sob uma forma secular. Essa ambiguidade chega muito perto, parece, da recusa de Henri Desroche (salientada por F.-A. Isambert)[44] de separar claramente entre duas concepções diferentes da religião, por outro lado presentes juntas em Durkheim: uma que implica que as "logias" científicas (antropo-, socio-, psico-) substituem as "logias" religiosas (teologias), desvalorizadas pela racionalidade moderna; a outra, postulando que "há na religião algo de eterno", alguma coisa (a "urgia") que se refere à própria emergência da ligação social e que encontra sua fonte "nessa vida muito particular que emerge dos homens reunidos". "Se essa função não for garantida por uma liturgia religiosa, ela será, diz H. Desroche, assumida por uma dramaturgia social."[45] A chave dessa ambiguidade cultivada, das "religiões messiânicas" às "religiões utópicas" encontra-se provavelmente em uma confissão que veio muito mais tarde, e que esclarece a relação pessoal de H. Desroche com a religião: "Inventei, diz ele a Thierry Paquot que o interroga sobre seu percurso na sociologia das religiões, entre teísmo e ateísmo, a concepção e o conceito de um "uteísmo", ou, "os deuses tais como teriam podido ser e tais como jamais o foram", e coloquei o

---

[44] *Ibid.*, pp. 102-103.
[45] *Sociologie de l'espérance, op. cit.*, p. 29.

todo sob a proteção e os auspícios de um provérbio do qual me disseram que era russo: "Graças a Deus, Deus não existe; mas, se Deus dele próprio nos preservasse, Deus existiria do mesmo modo?"[46] Deixemos de lado a leviandade do propósito: se os deuses são uma força que põe os homens em marcha, eles agem, quer existam ou não. E se eles agem, eles existem de fato como dinâmica, para além das afirmações religiosas, não religiosas ou anti religiosas que se refiram à sua existência. O percurso da vida religiosa dominicana para a carreira universitária, da teologia para a sociologia das religiões encontra sem dúvida aqui o princípio de sua coerência, exatamente por meio das rupturas que implicou. Mas, ao mesmo tempo, essa experiência pessoal, de ordem inseparavelmente intelectual e espiritual, funda um modo original de pensar a lógica religiosa de uma modernidade, que efetivamente se tornou indiferente aos deuses e aos profetas, mas que deixa trabalhar em seu seio, de modo mais ou menos invisível, o fermento ativo (o poder do imaginário coletivo) que não cessava de subverter as instituições político-religiosas que correspondiam à ordem antiga. A análise da gênese religiosa do individualismo moderno, inseparável da construção autônoma do político, funda, desde Max Weber, uma sociologia da secularização que põe em cena, de diversos modos, a perda religiosa das sociedades modernas. A sociologia da esperança desenvolvida por Henri Desroche não se desenvolve como contracorrente desse movimento. Ela nele se inscreve, ao contrário, mas convidando a se ligar ao "trabalho no vazio" dessa dinâmica religiosa esvaziada, no próprio coração das sociedades que Marcel Gauchet descreve como sociedades "que saíram da religião".[47] No momento em que os sociólogos das religiões se esforçam para captar junto os processos da desqualificação social e cultural dos códigos e das instituições religiosas em

---

[46] *Mémoire d'un faiseur de livres, op. cit.*, p. 104.
[47] M. Gauchet. *Le désenchantement du monde. Une histoire politique de la religion.* Gallimard, Paris, 1985; *La religion dans la démocratie. Parcours de la laïcité.* Gallimard, "Le Débat", Paris, 1998.

todas as sociedades modernas, e os fenômenos de recomposição das crenças e das identidades que convocam, nessas mesmas sociedades, à continuidade de uma linhagem crente sonhada, reencontrada, ou inventada, esse convite é de atualidade singular, e provavelmente desconhecido.

Bibliografia

Obras de Henri Desroche

(Obras referentes à sua sociologia das religiões apenas, retomadas da bibliografia geral, estabelecida por C. Ravelet e S. Desroche, para a obra de homenagem, dirigida por É. Poulat e C. Ravelet, Henri Desroche: un passeur de frontières. L'Harmattan, Paris, 1997.)

Signification du marxisme. Éd. Ouvrières, 1949, 400 p.
Les Shakers américains. D'un néo-christianisme à un pré-socialisme. Éd. de Minuit, 1955, 332 p.
Marxisme et religions. PUF, 1962, 128 p.
Socialismes et sociologie religieuse. Éd. Cujas, 1965, 456 p.
Sociologies religieuses. PUF, 1968, 224 p.
Dieux d'hommes. Dictionnaire des messianismes et millénarismes de l'ère chrétienne. Mouton, 1969, 282 p.
Saint-Simon. Le nouveau christianisme et les écrits sur la religion. Seuil, 1969, 192 p.
Les dieux revés. Théisme et athéisme en utopie. Desclée, 1972, 234 p.
L'Homme et ses religions. Sciences humaines et expériences religieuses. Cerf, 1972, 240 p.
Les religions. Encyclopédie thématique Weber. La Pensée, Barcelona, CIESA, 1972, pp. 69-133.
Sociologie de l'espérance. Calmann-Lévy, 1973, 256 p.

Les religions de contrebande. Essais sur les phénomènes religieux en périodes critiques. Mame, 1974, 232 p.

Humanismes et utopies. Histoire des moeurs. Éd. NRF, "Bibliothèque de la Pléiade", 1991, t. III.

Hommes et religions. Histoires mémorables. Éd. Quai Voltaire, 1992, 176 p.

Mémoires d'un faiseur de livres. Entretiens et correspondance avec Thierry Paquot. Lieu Commun, 1992, 296 p.

Esta obra foi composta em CTcP
Capa: Supremo 250g – Miolo: Pólen Soft 80g
Impressão e acabamento
Gráfica e Editora Santuário